小学校学習指導要領(平成 29 年告示)解説

体育編

平成 29 年 7 月

文部科学省

まえがき

　文部科学省では，平成29年3月31日に学校教育法施行規則の一部改正と小学校学習指導要領の改訂を行った。新小学校学習指導要領等は平成32年度から全面的に実施することとし，平成30年度から一部を移行措置として先行して実施することとしている。

　今回の改訂は，平成28年12月の中央教育審議会答申を踏まえ，

①　教育基本法，学校教育法などを踏まえ，これまでの我が国の学校教育の実績や蓄積を生かし，子供たちが未来社会を切り拓くための資質・能力を一層確実に育成することを目指すこと。その際，子供たちに求められる資質・能力とは何かを社会と共有し，連携する「社会に開かれた教育課程」を重視すること。

②　知識及び技能の習得と思考力，判断力，表現力等の育成のバランスを重視する平成20年改訂の学習指導要領の枠組みや教育内容を維持した上で，知識の理解の質を更に高め，確かな学力を育成すること。

③　先行する特別教科化など道徳教育の充実や体験活動の重視，体育・健康に関する指導の充実により，豊かな心や健やかな体を育成すること。

を基本的なねらいとして行った。

　本書は，大綱的な基準である学習指導要領の記述の意味や解釈などの詳細について説明するために，文部科学省が作成するものであり，小学校学習指導要領第2章第9節「体育」について，その改善の趣旨や内容を解説している。

　各学校においては，本書を御活用いただき，学習指導要領等についての理解を深め，創意工夫を生かした特色ある教育課程を編成・実施されるようお願いしたい。

　むすびに，本書「小学校学習指導要領解説体育編」の作成に御協力くださった各位に対し，心から感謝の意を表する次第である。

平成29年7月

スポーツ庁次長

今里　　譲

文部科学省初等中等教育局長

髙橋　道和

目次

● 第1章　総説 ……………………………………………… 1

　　1　改訂の経緯及び基本方針 …………………………… 1

　　(1)　改訂の経緯 …………………………………… 1

　　(2)　改訂の基本方針 …………………………… 2

　　2　体育科改訂の趣旨及び要点 ……………………… 5

　　(1)　体育科改訂の趣旨 ………………………… 5

　　(2)　体育科改訂の要点 ………………………… 7

　　　　ア　目標の改善 ………………………………… 8

　　　　イ　内容構成の改善 …………………………… 9

　　　　ウ　内容及び内容の取扱いの改善 …………… 10

　　　　エ　指導計画の作成と内容の取扱いの改善 … 14

● 第2章　体育科の目標及び内容 ……………………… 17

　● 第1節　教科の目標及び内容 ……………………… 17

　　1　教科の目標 ………………………………………… 17

　　2　学年の目標 ………………………………………… 23

　　3　教科の内容 ………………………………………… 23

　　4　各領域の内容 ……………………………………… 25

　● 第2節　各学年の目標及び内容 …………………… 36

　　〔第1学年及び第2学年〕

　　1　目標 ………………………………………………… 36

　　2　内容 ………………………………………………… 38

　　3　内容の取扱い ……………………………………… 65

　　〔第3学年及び第4学年〕

　　1　目標 ………………………………………………… 67

　　2　内容 ………………………………………………… 70

　　3　内容の取扱い ……………………………………… 110

　　〔第5学年及び第6学年〕

　　1　目標 ………………………………………………… 112

2　内容　……………………………………………………　116

　　　3　内容の取扱い　………………………………………　158

● 第3章　指導計画の作成と内容の取扱い　………………　161

　　　1　指導計画の作成　……………………………………　161

　　　2　内容の取扱い　………………………………………　167

　　　3　体育・健康に関する指導　…………………………　169

　　　参考　小学校及び中学校の領域別系統表　…………　174

● 付　録

　● 付録1：学校教育法施行規則（抄）…………………　190

　● 付録2：小学校学習指導要領　第1章　総則　………　194

　● 付録3：小学校学習指導要領　第2章　第9節
　　　　　　体育　………………………………………………　202

　● 付録4：中学校学習指導要領　第2章　第7節　保健
　　　　　　体育　………………………………………………　212

　● 付録5：小学校学習指導要領　第3章　特別の教科
　　　　　　道徳　………………………………………………　224

　● 付録6：「道徳の内容」の学年段階・学校段階の一覧表
　　　　　　　………………………………………………………　230

　● 付録7：幼稚園教育要領　………………………………　232

第1章　総説

●1　改訂の経緯及び基本方針

(1) 改訂の経緯

　今の子供たちやこれから誕生する子供たちが，成人して社会で活躍する頃には，我が国は厳しい挑戦の時代を迎えていると予想される。生産年齢人口の減少，グローバル化の進展や絶え間ない技術革新等により，社会構造や雇用環境は大きく，また急速に変化しており，予測が困難な時代となっている。また，急激な少子高齢化が進む中で成熟社会を迎えた我が国にあっては，一人一人が持続可能な社会の担い手として，その多様性を原動力とし，質的な豊かさを伴った個人と社会の成長につながる新たな価値を生み出していくことが期待される。

　こうした変化の一つとして，人工知能（AI）の飛躍的な進化を挙げることができる。人工知能が自ら知識を概念的に理解し，思考し始めているとも言われ，雇用の在り方や学校において獲得する知識の意味にも大きな変化をもたらすのではないかとの予測も示されている。このことは同時に，人工知能がどれだけ進化し思考できるようになったとしても，その思考の目的を与えたり，目的のよさ・正しさ・美しさを判断したりできるのは人間の最も大きな強みであるということの再認識につながっている。

　このような時代にあって，学校教育には，子供たちが様々な変化に積極的に向き合い，他者と協働して課題を解決していくことや，様々な情報を見極め知識の概念的な理解を実現し情報を再構成するなどして新たな価値につなげていくこと，複雑な状況変化の中で目的を再構築することができるようにすることが求められている。

　このことは，本来，我が国の学校教育が大切にしてきたことであるものの，教師の世代交代が進むと同時に，学校内における教師の世代間のバランスが変化し，教育に関わる様々な経験や知見をどのように継承していくかが課題となり，また，子供たちを取り巻く環境の変化により学校が抱える課題も複雑化・困難化する中で，これまでどおり学校の工夫だけにその実現を委ねることは困難になってきている。

　こうした状況を踏まえ，平成26年11月には，文部科学大臣から新しい時代にふさわしい学習指導要領等の在り方について中央教育審議会に諮問を行った。中央教育審議会においては，2年1か月にわたる審議の末，平成28年12月21日に「幼稚園，小学校，中学校，高等学校及び特別支援学校の学習指導要領等の改善及び必要な方策等について（答申）」（以下「中央教育審議会答申」という。）を示し

た。

　中央教育審議会答申においては，"よりよい学校教育を通じてよりよい社会を
創る"という目標を学校と社会が共有し，連携・協働しながら，新しい時代に求
められる資質・能力を子供たちに育む「社会に開かれた教育課程」の実現を目指
し，学習指導要領等が，学校，家庭，地域の関係者が幅広く共有し活用できる
「学びの地図」としての役割を果たすことができるよう，次の6点にわたってそ
の枠組みを改善するとともに，各学校において教育課程を軸に学校教育の改善・
充実の好循環を生み出す「カリキュラム・マネジメント」の実現を目指すことな
どが求められた。

① 「何ができるようになるか」（育成を目指す資質・能力）

② 「何を学ぶか」（教科等を学ぶ意義と，教科等間・学校段階間のつながりを
　踏まえた教育課程の編成）

③ 「どのように学ぶか」（各教科等の指導計画の作成と実施，学習・指導の改
　善・充実）

④ 「子供一人一人の発達をどのように支援するか」（子供の発達を踏まえた指
　導）

⑤ 「何が身に付いたか」（学習評価の充実）

⑥ 「実施するために何が必要か」（学習指導要領等の理念を実現するために必
　要な方策）

　これを踏まえ，平成29年3月31日に学校教育法施行規則を改正するとともに，
幼稚園教育要領，小学校学習指導要領及び中学校学習指導要領を公示した。小学
校学習指導要領は，平成30年4月1日から第3学年及び第4学年において外国語
活動を実施する等の円滑に移行するための措置（移行措置）を実施し，平成32年
4月1日から全面実施することとしている。また，中学校学習指導要領は，平成
30年4月1日から移行措置を実施し，平成33年4月1日から全面実施することと
している。

(2) 改訂の基本方針

　今回の改訂は中央教育審議会答申を踏まえ，次の基本方針に基づき行った。

① 今回の改訂の基本的な考え方

　ア　教育基本法，学校教育法などを踏まえ，これまでの我が国の学校教育の
　　実践や蓄積を生かし，子供たちが未来社会を切り拓くための資質・能力を
　　一層確実に育成することを目指す。その際，子供たちに求められる資質・
　　能力とは何かを社会と共有し，連携する「社会に開かれた教育課程」を重
　　視すること。

イ　知識及び技能の習得と思考力，判断力，表現力等の育成のバランスを重視する平成20年改訂の学習指導要領の枠組みや教育内容を維持した上で，知識の理解の質を更に高め，確かな学力を育成すること。

ウ　先行する特別教科化など道徳教育の充実や体験活動の重視，体育・健康に関する指導の充実により，豊かな心や健やかな体を育成すること。

② **育成を目指す資質・能力の明確化**

中央教育審議会答申においては，予測困難な社会の変化に主体的に関わり，感性を豊かに働かせながら，どのような未来を創っていくのか，どのように社会や人生をよりよいものにしていくのかという目的を自ら考え，自らの可能性を発揮し，よりよい社会と幸福な人生の創り手となる力を身に付けられるようにすることが重要であること，こうした力は全く新しい力ということではなく学校教育が長年その育成を目指してきた「生きる力」であることを改めて捉え直し，学校教育がしっかりとその強みを発揮できるようにしていくことが必要とされた。また，汎用的な能力の育成を重視する世界的な潮流を踏まえつつ，知識及び技能と思考力，判断力，表現力等をバランスよく育成してきた我が国の学校教育の蓄積を生かしていくことが重要とされた。

このため「生きる力」をより具体化し，教育課程全体を通して育成を目指す資質・能力を，ア「何を理解しているか，何ができるか（生きて働く「知識・技能」の習得）」，イ「理解していること・できることをどう使うか（未知の状況にも対応できる「思考力・判断力・表現力等」の育成）」，ウ「どのように社会・世界と関わり，よりよい人生を送るか（学びを人生や社会に生かそうとする「学びに向かう力・人間性等」の涵養）」の三つの柱に整理するとともに，各教科等の目標や内容についても，この三つの柱に基づく再整理を図るよう提言がなされた。

今回の改訂では，知・徳・体にわたる「生きる力」を子供たちに育むために「何のために学ぶのか」という各教科等を学ぶ意義を共有しながら，授業の創意工夫や教科書等の教材の改善を引き出していくことができるようにするため，全ての教科等の目標及び内容を「知識及び技能」，「思考力，判断力，表現力等」，「学びに向かう力，人間性等」の三つの柱で再整理した。

③ **主体的・対話的で深い学びの実現に向けた授業改善の推進**

子供たちが，学習内容を人生や社会の在り方と結び付けて深く理解し，これからの時代に求められる資質・能力を身に付け，生涯にわたって能動的に学び続けることができるようにするためには，これまでの学校教育の蓄積を生かし，学習の質を一層高める授業改善の取組を活性化していくことが必要

であり，我が国の優れた教育実践に見られる普遍的な視点である主体的・対話的で深い学びの実現に向けた授業改善（アクティブ・ラーニングの視点に立った授業改善）を推進することが求められる。

今回の改訂では，主体的・対話的で深い学びの実現に向けた授業改善を進める際の指導上の配慮事項を第1章総則に記載するとともに，各教科等の「第3　指導計画の作成と内容の取扱い」において，単元や題材など内容や時間のまとまりを見通して，その中で育む資質・能力の育成に向けて，主体的・対話的で深い学びの実現に向けた授業改善を進めることを示した。

その際，以下の6点に留意して取り組むことが重要である。

ア　児童生徒に求められる資質・能力を育成することを目指した授業改善の取組は，既に小・中学校を中心に多くの実践が積み重ねられており，特に義務教育段階はこれまで地道に取り組まれ蓄積されてきた実践を否定し，全く異なる指導方法を導入しなければならないと捉える必要はないこと。

イ　授業の方法や技術の改善のみを意図するものではなく，児童生徒に目指す資質・能力を育むために「主体的な学び」，「対話的な学び」，「深い学び」の視点で，授業改善を進めるものであること。

ウ　各教科等において通常行われている学習活動（言語活動，観察・実験，問題解決的な学習など）の質を向上させることを主眼とするものであること。

エ　1回1回の授業で全ての学びが実現されるものではなく，単元や題材など内容や時間のまとまりの中で，学習を見通し振り返る場面をどこに設定するか，グループなどで対話する場面をどこに設定するか，児童生徒が考える場面と教師が教える場面をどのように組み立てるかを考え，実現を図っていくものであること。

オ　深い学びの鍵として「見方・考え方」を働かせることが重要になること。各教科等の「見方・考え方」は，「どのような視点で物事を捉え，どのような考え方で思考していくのか」というその教科等ならではの物事を捉える視点や考え方である。各教科等を学ぶ本質的な意義の中核をなすものであり，教科等の学習と社会をつなぐものであることから，児童生徒が学習や人生において「見方・考え方」を自在に働かせることができるようにすることにこそ，教師の専門性が発揮されることが求められること。

カ　基礎的・基本的な知識及び技能の習得に課題がある場合には，その確実な習得を図ることを重視すること。

④　**各学校におけるカリキュラム・マネジメントの推進**

各学校においては，教科等の目標や内容を見通し，特に学習の基盤となる

資質・能力（言語能力，情報活用能力（情報モラルを含む。以下同じ。），問題発見・解決能力等）や現代的な諸課題に対応して求められる資質・能力の育成のためには，教科等横断的な学習を充実することや，主体的・対話的で深い学びの実現に向けた授業改善を，単元や題材など内容や時間のまとまりを見通して行うことが求められる。これらの取組の実現のためには，学校全体として，児童生徒や学校，地域の実態を適切に把握し，教育内容や時間の配分，必要な人的・物的体制の確保，教育課程の実施状況に基づく改善などを通して，教育活動の質を向上させ，学習の効果の最大化を図るカリキュラム・マネジメントに努めることが求められる。

このため第1章総則において，「児童や学校，地域の実態を適切に把握し，教育の目的や目標の実現に必要な教育の内容等を教科等横断的な視点で組み立てていくこと，教育課程の実施状況を評価してその改善を図っていくこと，教育課程の実施に必要な人的又は物的な体制を確保するとともにその改善を図っていくことなどを通して，教育課程に基づき組織的かつ計画的に各学校の教育活動の質の向上を図っていくこと（以下「カリキュラム・マネジメント」という。）に努める」ことについて新たに示した。

⑤　**教育内容の主な改善事項**

このほか，言語能力の確実な育成，理数教育の充実，伝統や文化に関する教育の充実，体験活動の充実，外国語教育の充実などについて第1章総則や各教科等において，その特質に応じて内容やその取扱いの充実を図った。

●2　体育科改訂の趣旨及び要点

中央教育審議会答申において，教育課程の基準の改善のねらいが示されるとともに，各教科等の主な改善事項を示している。この度の小学校体育科の改訂は，これらを踏まえて行ったものである。

(1)　体育科改訂の趣旨
①　現行学習指導要領の成果と課題

体育科，保健体育科における現行学習指導要領の成果と課題については，中央教育審議会答申において次のように示されている。

「生涯にわたって健康を保持増進し，豊かなスポーツライフを実現することを重視し，体育と保健との一層の関連や発達の段階に応じた指導内容の明確化・体系化を図りつつ，指導と評価の充実を進めてきた。その中で，運動やスポーツが好きな児童生徒の割合が高まったこと，体力の低下傾向に歯止

めが掛かったこと,『する,みる,支える』のスポーツとの多様な関わりの必要性や公正,責任,健康・安全等,態度の内容が身に付いていること,子供たちの健康の大切さへの認識や健康・安全に関する基礎的な内容が身に付いていることなど,一定の成果が見られる。

他方で,習得した知識及び技能を活用して課題解決することや,学習したことを相手に分かりやすく伝えること等に課題があること,運動する子供とそうでない子供の二極化傾向が見られること,子供の体力について,低下傾向には歯止めが掛かっているものの,体力水準が高かった昭和60年頃と比較すると,依然として低い状況が見られることなどの指摘がある。また,健康課題を発見し,主体的に課題解決に取り組む学習が不十分であり,社会の変化に伴う新たな健康課題に対応した教育が必要との指摘がある。」としている。

② 改訂の基本的な考え方

それらを踏まえた体育科,保健体育科の改訂の基本的な考え方は,次のとおりである。

ア 小学校,中学校及び高等学校を通じて,「体育科,保健体育科では,これらの課題を踏まえ,心と体を一体としてとらえ,生涯にわたって健康を保持増進し,豊かなスポーツライフを実現する資質・能力を育成することを重視する観点から,運動や健康に関する課題を発見し,その解決を図る主体的・協働的な学習活動を通して,『知識・技能』,『思考力・判断力・表現力等』,『学びに向かう力・人間性等』を育成することを目標として示す。」としている。

イ 「体育科,保健体育科における学習過程については,これまでも心と体を一体としてとらえ,自己の運動や健康についての課題の解決に向け,積極的・自主的・主体的に学習することや,仲間と対話し協力して課題を解決する学習等を重視してきた。これらを引き続き重視するとともに,体育科,保健体育科で育成を目指す『知識・技能』,『思考力・判断力・表現力等』,『学びに向かう力・人間性等』の資質・能力の三つの柱を確実に身に付けるために,その関係性を重視した学習過程を工夫する必要がある。」としている。

ウ 「体育科,保健体育科の指導内容については,『知識・技能』,『思考力・判断力・表現力等』,『学びに向かう力・人間性等』の育成を目指す資質・能力の三つの柱に沿って示す」とするとともに,体育については,「児童生徒の発達の段階を踏まえて,学習したことを実生活や実社会に生かし,豊かなスポーツライフを継続することができるよう,小学校,中学校,高

等学校を通じて系統性のある指導ができるように示す必要がある。」としており，保健においては，「健康な生活と疾病の予防，心身の発育・発達と心の健康，健康と環境，傷害の防止，社会生活と健康等の保健の基礎的な内容について，小学校，中学校，高等学校を通じて系統性のある指導ができるように示す必要がある。」としている。

③　改善の具体的事項

ア　運動領域においては，「運動の楽しさや喜びを味わうための基礎的・基本的な『知識・技能』，『思考力・判断力・表現力等』，『学びに向かう力・人間性等』の育成を重視する観点から，内容等の改善を図る。また，保健領域との一層の関連を図った内容等について改善を図る。

　　　・　全ての児童が，楽しく，安心して運動に取り組むことができるようにし，その結果として体力の向上につながる指導等の在り方について改善を図る。その際，特に，運動が苦手な児童や運動に意欲的でない児童への指導等の在り方について配慮する。

　　　・　オリンピック・パラリンピックに関する指導の充実については，児童の発達の段階に応じて，ルールやマナーを遵守することの大切さをはじめ，スポーツの意義や価値等に触れることができるよう指導等の在り方について改善を図る。」としている。

イ　保健領域においては，「身近な生活における健康・安全についての基礎的・基本的な『知識・技能』，『思考力・判断力・表現力等』，『学びに向かう力・人間性等』の育成を重視する観点から，内容等の改善を図る。その際，自己の健康の保持増進や回復等に関する内容を明確化するとともに，『技能』に関連して，心の健康，けがの防止の内容の改善を図る。また，運動領域との一層の関連を図った内容等について改善を図る。」としている。

ウ　体力の向上については，心身ともに成長の著しい時期であることを踏まえ，「体つくり運動」の学習を通して，体を動かす楽しさや心地よさを味わい，様々な基本的な体の動きを身に付けるようにするとともに，健康や体力の状況に応じて体力を高める必要性を認識できるようにする。また，「体つくり運動」以外の運動に関する領域においても，学習した結果としてより一層の体力の向上を図ることができるようにする。

(2) 体育科改訂の要点

　体育科については，中央教育審議会答申の趣旨を踏まえて，次の方針によって改訂を行った。

① 運動領域においては，生涯にわたって運動やスポーツに親しみ，スポーツとの多様な関わり方を場面に応じて選択し，実践することができるよう，「知識及び技能」，「思考力，判断力，表現力等」，「学びに向かう力，人間性等」の育成を重視し，目標及び内容の構造の見直しを図ること。

② 「カリキュラム・マネジメント」及び主体的・対話的で深い学びの実現に向けた授業改善を推進する観点から，発達の段階のまとまりを考慮し，各領域で育成することを目指す具体的な内容の系統性を踏まえた指導内容の一層の充実を図ること。

③ 運動やスポーツとの多様な関わり方を重視する観点から，体力や技能の程度，年齢や性別及び障害の有無等にかかわらず，運動やスポーツの多様な楽しみ方を共有することができるよう指導内容の充実を図ること。その際，共生の視点を重視して改善を図ること。

④ 生涯にわたって豊かなスポーツライフを実現する基礎を培うことを重視し，「知識及び技能」，「思考力，判断力，表現力等」，「学びに向かう力，人間性等」の内容の一層の明確化を図ること。

⑤ 保健領域においては，生涯にわたって健康を保持増進する資質・能力を育成することができるよう，「知識及び技能」，「思考力，判断力，表現力等」，「学びに向かう力，人間性等」に対応した目標，内容に改善すること。

⑥ 自己の健康の保持増進や回復等に関する内容を明確化し，「技能」に関連して心の健康，けがの防止の内容の改善を図るとともに，運動領域との一層の関連を図った内容等について改善すること。

体育科の目標，内容及び内容の取扱い等の改訂の要点は，次のとおりである。

ア　目標の改善

教科の目標については，従前，「心と体を一体としてとらえ，適切な運動の経験や健康・安全についての理解を通して，生涯にわたって運動に親しむ資質や能力の基礎を育てるとともに健康の保持増進と体力の向上を図り，楽しく明るい生活を営む態度を育てる」としていたものを，次のように改善を図った。

「体育や保健の見方・考え方を働かせ，課題を見付け，その解決に向けた学習過程を通して，心と体を一体として捉え，生涯にわたって心身の健康を保持増進し豊かなスポーツライフを実現するための資質・能力を次のとおり育成することを目指す。

(1) その特性に応じた各種の運動の行い方及び身近な生活における健康・安全について理解するとともに，基本的な動きや技能を身に付けるようにする。

(2) 運動や健康についての自己の課題を見付け，その解決に向けて思考し判

断するとともに，他者に伝える力を養う。

(3) 運動に親しむとともに健康の保持増進と体力の向上を目指し，楽しく明るい生活を営む態度を養う。」

このことは，中央教育審議会答申において，学校教育法第30条2項の規定を一層明確化するため，全ての教科等において，資質・能力を示す三つの柱を踏まえ，各教科等を共通した目標の示し方としたためである。

また，**体育や保健の見方・考え方を働かせ**ることを通して，「体育科，保健体育科においては，各種の運動がもたらす体の健康への効果はもとより，心の健康も運動と密接に関連している。」ことを実感できるようにし，生涯にわたって心身の健康を保持増進し豊かなスポーツライフを実現するための資質・能力を育むことが大切であることを強調したものである。

なお，「知識及び技能」，「思考力，判断力，表現力等」，「学びに向かう力，人間性等」については，**課題を見付け，その解決に向けた学習過程を通して相**互に関連させて高めることが重要である。

さらに，体育科，保健体育科においては，生涯にわたって運動に親しむこと，健康の保持増進及び体力の向上についての「学びに向かう力，人間性等」を相互に密接に関連させて育成する中で，現在及び将来の生活を健康で活力に満ちた楽しく明るいものにすることが大切であることを示した。

イ 内容構成の改善

運動領域の内容構成については，従前，(1) 技能（「体つくり運動」は運動），(2) 態度，(3) 思考・判断としていたものを，(1) 知識及び技能（「体つくり運動系」は知識及び運動），(2) 思考力，判断力，表現力等，(3) 学びに向かう力，人間性等の内容構成とした。

このことは，中央教育審議会答申において，「体育については，『体育の見方・考え方』を働かせて，資質・能力の三つの柱を育成する観点から，運動に関する『知識・技能』，運動課題の発見・解決等のための『思考力・判断力・表現力等』，主体的に学習に取り組む態度等の『学びに向かう力・人間性等』に対応した目標，内容に改善する。」としていることを踏まえたものである。

また，保健領域については，「保健については，『保健の見方・考え方』を働かせて，資質・能力の三つの柱を育成する観点から，健康に関する『知識・技能』，健康課題の発見・解決のための『思考力・判断力・表現力等』，主体的に健康の保持増進や回復に取り組む態度等の『学びに向かう力・人間性等』に対応した目標，内容に改善する。その際，健康な生活と疾病の予防，心身の発育・発達と心の健康，健康と環境，傷害の防止，社会生活と健康等の保健の基礎的な内容について，小学校，中学校，高等学校を通じて系統性のある指導が

できるように示す必要がある。」としていることを踏まえ，「知識及び技能」，「思考力，判断力，表現力等」の内容構成とした。

なお，各教科等の内容については，指導事項のまとまりごとに，児童が身に付けることが期待される資質・能力を三つの柱に沿って示すこととしているが，特に「学びに向かう力，人間性等」については，目標において全体としてまとめて示し，指導事項のまとまりごとに内容を示さないことを基本としている。しかし，運動領域においては，豊かなスポーツライフを実現することを重視し，従前より「態度」を指導内容として示していることから，「学びに向かう力，人間性等」に対応した内容を示すこととした。

ウ　内容及び内容の取扱いの改善

(ア)　資質・能力の育成に向けた内容構造の整理

体育については，「体育の見方・考え方」を働かせて，資質・能力の三つの柱を育成する観点から，運動に関する「知識及び技能」，運動に関する課題の発見・解決等のための「思考力，判断力，表現力等」，主体的に学習に取り組む態度等の「学びに向かう力，人間性等」に対応した内容で示すこととした。その際，児童生徒の発達の段階を踏まえて，学習したことを実生活や実社会に生かすとともに運動の習慣化につなげ，豊かなスポーツライフを継続することができるよう，小学校，中学校，高等学校を通じて系統性のある指導ができるように，引き続き指導内容の体系化を図ることを重視した。

なお，運動領域においては，「学びに向かう力，人間性等」に対応した，公正，協力，責任，参画，共生及び健康・安全の具体的な指導内容を示すこととした。

(イ)　指導内容の系統性を踏まえた指導内容の一層の充実

生涯にわたる豊かなスポーツライフの実現に向けて，小学校から高等学校までの12年間を見通して，学習したことを実生活や実社会に生かし，運動の習慣化につなげ，豊かなスポーツライフを継続することができるよう，各種の運動の基礎を培う時期，多くの領域の学習を経験する時期，卒業後も運動やスポーツに多様な形で関わることができるようにする時期といった発達の段階のまとまりを踏まえ，幼稚園並びに中学校との接続を重視し，系統性を踏まえた指導内容の一層の明確化を図ることとした。

具体的には，生涯にわたる豊かなスポーツライフの実現に向けて，発達の段階のまとまりを踏まえて，体育科で求められる資質・能力を育成するためには，「カリキュラム・マネジメント」及び主体的・対話的で深い学びの実現に向けた授業改善を推進することが重要であることから，幼稚園段階との接続及び中学校への見通しを重視し，指導内容の系統性を改めて整理し，各

領域における指導内容の重点化を図ることとしたものである。

(ウ) 運動やスポーツとの多様な関わりを重視した内容の改善

豊かなスポーツライフの実現を重視し，スポーツとの多様な関わり方を楽しむことができるようにする観点から，体力や技能の程度，年齢や性別及び障害の有無等にかかわらず，運動やスポーツの多様な楽しみ方や関わり方を共有することができるよう，共生の視点を踏まえて指導内容を示すこととした。

(エ) 体つくり運動系

低学年については，新たに領域名を「体つくりの運動遊び」とし，内容を「体ほぐしの運動遊び」及び「多様な動きをつくる運動遊び」で構成した。

中学年については，従前どおり領域名を「体つくり運動」とし，内容を「体ほぐしの運動」及び「多様な動きをつくる運動」で構成した。

高学年については，従前どおり領域名を「体つくり運動」とし，内容を「体ほぐしの運動」及び「体の動きを高める運動」で構成した。また，「体の動きを高める運動」については，**体の柔らかさ及び巧みな動きを高めることに重点を置いて指導する**ことを，従前どおり「内容の取扱い」に示した。

なお，「体つくりの運動遊び」及び「体つくり運動」については，**2学年間にわたって指導する**ことを，従前どおり「内容の取扱い」に示した。

(オ) 器械運動系

低学年については，従前どおり領域名を「器械・器具を使っての運動遊び」とし，内容を「固定施設を使った運動遊び」，「マットを使った運動遊び」，「鉄棒を使った運動遊び」及び「跳び箱を使った運動遊び」で構成した。

中・高学年についても，従前どおり領域名を「器械運動」とし，内容を「マット運動」，「鉄棒運動」及び「跳び箱運動」で構成した。

(カ) 陸上運動系

低学年については，従前どおり領域名を「走・跳の運動遊び」とし，内容を「走の運動遊び」及び「跳の運動遊び」で構成した。

中学年についても，従前どおり領域名を「走・跳の運動」とし，内容を「かけっこ・リレー」，「小型ハードル走」，「幅跳び」及び「高跳び」で構成した。

高学年についても，従前どおり領域名を「陸上運動」とし，内容を「短距離走・リレー」，「ハードル走」，「走り幅跳び」及び「走り高跳び」で構成した。

なお，「走・跳の運動（遊び）」及び「陸上運動」については，**児童の実態**

に応じて投の運動（遊び）を加えて指導することができることを新たに「内容の取扱い」に示した。

(キ) 水泳運動系

低学年については，従前どおり領域名を「水遊び」とし，内容を「水の中を移動する運動遊び」及び「もぐる・浮く運動遊び」で構成した。

中学年については，新たに領域名を「水泳運動」とし，内容を「浮いて進む運動」及び「もぐる・浮く運動」で構成した。

高学年についても，新たに領域名を「水泳運動」とし，内容を「クロール」，「平泳ぎ」及び「安全確保につながる運動」で構成した。また，**水中からのスタートを指導する**こと及び**学校の実態に応じて背泳ぎを加えて指導することができる**ことを，従前どおり「内容の取扱い」に示した。

なお，適切な水泳場の確保が困難な場合には，「水遊び」及び「水泳運動」を取り扱わないことができるが，これらを安全に行うための**心得については，必ず取り上げること**を，従前どおり「指導計画の作成と内容の取扱い」に示した。

(ク) ボール運動系

低学年については，従前どおり領域名を「ゲーム」とし，内容を「ボールゲーム」及び「鬼遊び」で構成した。

中学年についても，従前どおり領域名を「ゲーム」とし，内容を「ゴール型ゲーム」，「ネット型ゲーム」及び「ベースボール型ゲーム」で構成した。また，「ゴール型ゲーム」については，**味方チームと相手チームが入り交じって得点を取り合うゲーム及び陣地を取り合うゲームを取り扱うものとする**ことを，新たに「内容の取扱い」に示した。

高学年についても，従前どおり領域名を「ボール運動」とし，内容を「ゴール型」，「ネット型」及び「ベースボール型」で構成した。また，**ゴール型はバスケットボール及びサッカーを，ネット型はソフトバレーボールを，ベースボール型はソフトボールを主として取り扱うものとするが，これらに替えてハンドボール，タグラグビー，フラッグフットボールなどア，イ及びウの型に応じたその他のボール運動を指導することもできる**ことを，新たに「内容の取扱い」に示した。なお，学校の実態に応じてベースボール型は取り扱わないことができることを，従前どおり「内容の取扱い」に示した。

(ケ) 表現運動系

低学年については，従前どおり領域名を「表現リズム遊び」とし，内容を「表現遊び」及び「リズム遊び」で構成した。また，「リズム遊び」について

は，**簡単なフォークダンスを含めて指導することができる**ことを，従前どおり「内容の取扱い」に示した。

中学年についても，従前どおり領域名を「表現運動」とし，内容を「表現」及び「リズムダンス」で構成した。また，**学校や地域の実態に応じてフォークダンスを加えて指導することができる**ことを，従前どおり「内容の取扱い」に示した。

高学年についても，従前どおり領域名を「表現運動」とし，内容を「表現」及び「フォークダンス」で構成した。また，**学校や地域の実態に応じてリズムダンスを加えて指導することができる**ことを，従前どおり「内容の取扱い」に示した。

(コ) オリンピック・パラリンピックに関する指導

オリンピック・パラリンピックに関する指導については，各運動領域の内容との関連を図り，**ルールやマナーを遵守することやフェアなプレイを大切にすることなど，児童の発達の段階に応じて，運動を通してスポーツの意義や価値等に触れることができるようにする**ことを，新たに「指導計画の作成と内容の取扱い」に示した。

(サ) 集団行動

集団行動については，**各学年の各領域（保健を除く。）において適切に行う**ことを，引き続き「指導計画の作成と内容の取扱い」に示した。

(シ) 雪遊び，氷上遊び，スキー，スケート，水辺活動などの取扱い

自然との関わりの深い活動については，**学校や地域の実態に応じて積極的に行うことに留意する**ことを，引き続き「指導計画の作成と内容の取扱い」に示した。

(ス) 保健領域

保健領域については，第3学年・第4学年では，「健康な生活」及び「体の発育・発達」の知識と思考力，判断力，表現力等の指導内容を明確にし，内容を構成した。

また，第5学年・第6学年では，「心の健康」，「けがの防止」の知識及び技能，「病気の予防」の知識と，それぞれの思考力，判断力，表現力等の指導内容を明確にし，内容を構成した。

なお，運動領域との関連を重視する視点から，「健康な生活」，「体の発育・発達」，「病気の予防」については，運動に関する内容を充実して示すこととした。

エ 指導計画の作成と内容の取扱いの改善

(ｱ) 学習指導の改善・充実

　㋐ カリキュラム・マネジメントの実現

　　今回の改訂では，子供たちの姿や地域の実情を踏まえて，各学校が設定する学校教育目標を実現するために，学習指導要領等に基づき教育課程を編成し，それを実施・評価し改善していく「カリキュラム・マネジメント」の実現が求められている。

　　体育科においても，同様に，「カリキュラム・マネジメント」の視点に基づいた学習指導の充実を図ることが大切である。

　○　6年間の見通しをもった年間指導計画の作成

　　教育課程の編成においては，各学校が主体的に行うことが大切である。その際，「指導計画の作成と内容の取扱い」を踏まえて，6年間の見通しをもった年間指導計画を作成することとなるが，運動領域と保健領域の指導内容の関連を踏まえること，体育・健康に関する指導につながる健康安全・体育的行事等との関連について見通しをもつことなど，体育科を中心とした「カリキュラム・マネジメント」の視点から年間指導計画を立てることが大切である。

　○　子供たちの実態に基づいた計画の作成・実施・評価・改善

　　年間指導計画で配当した単元ごとの指導計画を作成する際，「知識及び技能」，「思考力，判断力，表現力等」，「学びに向かう力，人間性等」の具体的な指導内容を計画的に配当し，学習指導要領の趣旨を踏まえた指導を充実することが大切である。

　○　地域の人的・物的資源等の活用

　　児童の主体的・対話的で深い学びの実現に向けた授業改善を推進するため，必要に応じて，地域の人的・物的資源等の活用を検討しておくことも大切である。特に，障害のある児童への支援や実生活へのつながりを充実する観点から，活用可能な人的・物的資源等との連携を図り，指導の充実につなげることが重要である。

　㋑　主体的・対話的で深い学びの実現に向けた授業改善

　　今回の改訂では，子供たちが，学習した内容を人生や社会の在り方と結び付けて深く理解し，これからの時代に求められる資質・能力を身に付け，生涯にわたって能動的に学び続けることができるようにするために，主体的・対話的で深い学びの実現に向けた授業改善を推進することが求められる。

　　体育科においても，同様に，主体的・対話的で深い学びの実現に向けた

授業改善を推進することが大切である。

具体的には，例えば次の視点等を踏まえて授業改善を行うことにより，体育科で求められる資質・能力を育んだり，体育や保健の見方・考え方を更に豊かなものにしたりすることにつなげることが大切である。

・　運動の楽しさや健康の意義等に気付き，運動や健康についての興味や関心を高め，課題の解決に向けて自ら粘り強く取り組み，考察するとともに学習を振り返り，課題を修正したり新たな課題を設定したりするなどの主体的な学びを促すこと。

・　運動や健康についての課題の解決に向けて，児童が他者（書物等を含む）との対話を通して，自己の思考を広げたり深めたりするなどの対話的な学びを促すこと。

・　それらの学びの過程を通して，自己の運動や健康についての課題を見付け，解決に向けて試行錯誤を重ねながら，思考を深め，よりよく解決するなどの深い学びを促すこと。

なお，これら三つの学びの過程をそれぞれ独立して取り上げるのではなく，相互に関連を図り，体育科で求められる学びを一層充実することが重要である。また，これら三つの学びの過程は，順序性や階層性を示すものでないことに留意することが大切である。

また，主体的・対話的で深い学びの実現に向けた授業改善の推進については，指導方法を工夫して必要な知識及び技能の習得を図りながら，子供たちの思考を深めるために発言を促したり，気付いていない視点を提示したりするなど，学びに必要な指導の在り方を追究し，必要な学習環境を積極的に設定していくことが大切である。それらの学習が展開される中で，着実な習得を促す学習が展開され，主体的・能動的な活用・探究の学習を展開することができると考えられる。

㋒　低学年における他教科等や幼稚園教育との関連

低学年の児童の学習上の特性や傾向を考慮し，他教科等との関連を積極的に図るようにすること及び幼稚園教育との関連を図ることについて示した上で，特に小学校入学当初における教育課程編成上の工夫について示したものである。

㋓　障害のある児童などについての指導方法の工夫

障害のある児童などについては，学習活動を行う場合に生じる困難さに応じた指導内容や指導方法の工夫を計画的，組織的に行うことが求められる。

また，障害の有無を超えたスポーツの楽しみ方の指導の充実として，合

理的な配慮に基づき障害の有無にかかわらずスポーツをともに楽しむ工夫
をする経験は，スポーツを通した共生社会の実現につながる学習機会であ
る。学習指導要領で示される領域の内容は，「知識及び技能」，「思考力，
判断力，表現力等」及び「学びに向かう力，人間性等」で示されているこ
とから，「思考力，判断力，表現力等」や「学びに向かう力，人間性等」
の内容との関連を図りながら，仲間の状況に応じてルールや場を工夫する
など，様々な楽しみ方や関わり方があることを学ぶ機会とすることなども
考えられる。

(イ) 内容の取扱いにおける配慮事項

⑦ 個々の児童の運動経験や技能の程度などに応じた指導等の工夫

各領域の内容を指導する際，学校や地域の実態を考慮するとともに，
個々の児童の運動経験や技能の程度などに応じた指導に留意すること及
び，児童自らが運動の課題の解決を目指す活動を行えるよう指導方法を工
夫することとした。

① 言語活動の更なる充実

各領域の内容を指導する際，コミュニケーション能力や論理的な思考力
の育成を促すための言語活動を積極的に行うこととした。

⑦ 情報手段の積極的な活用

各領域の内容を指導する際，コンピュータや情報通信ネットワークなど
の情報手段を積極的に活用することとした。

㋓ 体験を伴う学習の充実

運動を通じて「する，みる，支える，知る」のスポーツとの多様な関わ
り方について，具体的な体験を伴う学習を取り入れたり，保健の実習を取
り入れたりするなどの工夫をすることとした。

㋔ オリンピック・パラリンピックに関する指導の充実

オリンピック・パラリンピックに関する指導として，各運動領域の内容
との関連を図り，運動を通してスポーツの意義や価値等に触れることとし
た。

㋕ 保健の指導方法の工夫

保健の指導に当たっては，保健の内容に関心をもてるようにするととも
に，健康に関する課題を解決する学習活動を積極的に行うなどの指導方法
の工夫を行うこととした。

第2章　体育科の目標及び内容

第1節　教科の目標及び内容

● 1　教科の目標

　体育科の目標は，小学校教育の中で体育科が担うべきものを示すとともに，体育科の学習指導を方向付けるものである。また，これは，学習指導要領第1章総則の第1の2の(3)に示した学校の教育活動全体を通じて行う「体育・健康に関する指導」の方向を示すものでもある。

　今回改訂した体育科の目標は，義務教育段階で育成を目指す資質・能力を踏まえつつ，引き続き，体育と保健を関連させていく考え方を強調したものである。

　体育や保健の見方・考え方を働かせ，課題を見付け，その解決に向けた学習過程を通して，心と体を一体として捉え，生涯にわたって心身の健康を保持増進し豊かなスポーツライフを実現するための資質・能力を次のとおり育成することを目指す。

(1)　その特性に応じた各種の運動の行い方及び身近な生活における健康・安全について理解するとともに，基本的な動きや技能を身に付けるようにする。

(2)　運動や健康についての自己の課題を見付け，その解決に向けて思考し判断するとともに，他者に伝える力を養う。

(3)　運動に親しむとともに健康の保持増進と体力の向上を目指し，楽しく明るい生活を営む態度を養う。

　この目標は，(1)～(3)の目標が相互に密接な関連をもちつつ，体育科の究極的な目標である，生涯にわたって心身の健康を保持増進し豊かなスポーツライフを実現するための資質・能力を育成することを目指すことを示している。

　学校教育法では，小学校において「義務教育として行われる普通教育のうち基礎的なものを施す」ことや「生涯にわたり学習する基盤が培われるようにする」ことが規定されており，今回の改訂においては，この視点をより明確に示した。また，**その特性に応じた各種の運動の行い方及び身近な生活における健康・安全**についての理解と，**基本的な動きや技能を身に付けるようにする「知識及び技能」，運動や健康についての自己の課題を見付け，その解決に向けて思考し判断**

するとともに，他者に伝える力を養う「思考力，判断力，表現力等」，運動に親しむとともに健康の保持増進と体力の向上を目指し，楽しく明るい生活を営む態度を養う「学びに向かう力，人間性等」の三つの目標が相互に密接な関連をもっていることを示すとともに，体育科の重要なねらいであることを示したものである。

次に，体育科の目標に示されている各部分を解説すると次のとおりである。

体育や保健の見方・考え方の「体育の見方・考え方」とは，生涯にわたる豊かなスポーツライフを実現する観点を踏まえ，「運動やスポーツを，その価値や特性に着目して，楽しさや喜びとともに体力の向上に果たす役割の視点から捉え，自己の適性等に応じた『する・みる・支える・知る』の多様な関わり方と関連付けること」であると考えられる。小学校においては，運動やスポーツは特性に応じた楽しさや喜びがあることと体力の向上につながっていることに着目するとともに，「すること」だけでなく「みること」，「支えること」，「知ること」など，自己の適性等に応じて，運動やスポーツとの多様な関わり方について考えることを意図している。

「保健の見方・考え方」とは，疾病や傷害を防止するとともに，生活の質や生きがいを重視した健康に関する観点を踏まえ，「個人及び社会生活における課題や情報を，健康や安全に関する原則や概念に着目して捉え，疾病等のリスクの軽減や生活の質の向上，健康を支える環境づくりと関連付けること」であると考えられる。小学校においては，特に身近な生活における課題や情報を，保健領域で学習する病気の予防やけがの手当の原則及び，健康で安全な生活についての概念等に着目して捉え，病気にかかったり，けがをしたりするリスクの軽減や心身の健康の保持増進と関連付けることを意図している。

特に，「見方・考え方」については，中央教育審議会答申において，「『見方・考え方』には教科等ごとの特質があり，各教科等を学ぶ本質的な意義の中核をなすものとして，教科等の教育と社会をつなぐもの」，「『見方・考え方』は，新しい知識及び技能を既に持っている知識及び技能と結び付けながら社会の中で生きて働くものとして習得したり，思考力・判断力・表現力を豊かなものとしたり，社会や世界にどのように関わるかの視座を形成したりするために重要なもの」としている。

体育科においては，「見方・考え方」を働かせる学習過程を工夫することにより，体育科で育成を目指す資質・能力がより豊かになり，体育科の目標である，「生涯にわたって心身の健康を保持増進し豊かなスポーツライフを実現するための資質・能力」の育成につなげることを目指すものである。

運動領域においては，運動をする子供とそうでない子供の二極化傾向が見られ

ることや，様々な人々と協働し自らの生き方を育んでいくことの重要性などが指摘されている中で，体力や技能の程度，年齢や性別，障害の有無等にかかわらず，運動やスポーツの特性や魅力を実感したり，運動やスポーツが多様な人々を結び付けたり豊かな人生を送ったりする上で重要であることを認識したりすることが求められる。その際，各種の運動やスポーツが有する楽しさや喜び及び関連して高まる体力などの視点から，自己の適性等に応じた多様な関わり方を見いだすことができるようになることが必要であることを示したものである。

保健領域においては，社会の変化に伴う現代的な健康に関する課題の出現や，情報化社会の進展により様々な健康情報の入手が容易になるなど，環境が大きく変化している中で，児童が生涯にわたって正しい健康情報を選択したり，健康に関する課題を適切に解決したりすることが求められる。その際，保健に関わる原則や概念を根拠としたり活用したりして，疾病等のリスクの軽減や生活の質の向上，さらには健康を支える環境づくりを目指して，情報選択や課題解決に主体的に取り組むことができるようにすることが必要であることを示したものである。

このような見方・考え方を働かせることができるような学習過程を工夫することが求められる。

課題を見付け，その解決に向けた学習過程とは，運動や健康についての興味や関心を高め，運動や健康等に関する課題を見付け，粘り強く意欲的に課題の解決に取り組むとともに，自らの学習活動を振り返りつつ，課題を修正したり，新たに設定したりして，仲間と共に思考を深め，よりよく課題を解決し，次の学びにつなげることができるようにすることを示している。課題を見付け，その解決に向けて取り組む学習過程においては，自分や仲間が直面する課題を比較，分類，整理することや，複数の解決方法を試し，その妥当性を評価し，他者との対話を通して，よりよい解決策を見いだしていく主体的・対話的で深い学びの実現に向けた授業改善の推進が期待される。

心と体を一体として捉えとは，児童の心身ともに健全な発達を促すためには，心と体を一体として捉えた指導が重要であり，心と体の発達の状態を踏まえ，運動による心と体への効果，健康，特に心の健康が運動と密接に関連していることなどを理解することの大切さを示したものである。そのためには，「心の健康」で学んだことと「体ほぐしの運動（遊び）」など具体的な活動を通して，心と体が深く関わっていることを体験できるよう指導することが必要である。

生涯にわたって心身の健康を保持増進し豊かなスポーツライフを実現するための資質・能力とは，「知識及び技能」，「思考力，判断力，表現力等」，「学びに向かう力，人間性等」の三つを指している。

これらの資質・能力を育成するためには，児童の発達の段階，能力や適性，興

味や関心等に応じて，運動の楽しさや喜びを味わい，自ら考えたり工夫したりしながら運動の課題を解決するなどの学習が重要である。このことにより，生涯にわたって運動やスポーツを日常生活の中に積極的に取り入れ，生活の重要な一部とすることを目指しているものである。また，児童が身近な生活における健康・安全に関心をもち，自ら考えたり，判断したりしながら，健康に関する課題を解決するなどの学習が重要である。このことにより，現在及び将来の生活において，健康に関する課題に対応して，保健の知識及び技能等を活用して，自己の健康を保持増進するために的確に思考し判断するとともに，それらを表現することができるような資質・能力を育成することを目指している。そのため，健康に関する課題を解決するなどの学習を取り入れ，知識を身に付ける指導に偏ることなく，資質・能力の三つの柱をバランスよく育むことができる学習過程を工夫し，充実を図ることが大切である。

　なお，これらの資質・能力は，児童の発達の段階を踏まえて，適切かつ意図的に指導されることが大切である。また，指導に当たっては，児童の心身の発達的特性の把握，施設や気候条件への配慮，指導内容の選定，指導計画の作成，学習活動の展開，学習評価などについての検討が必要である。さらに，運動やスポーツとの多様な関わり方ができるようにする観点から，運動やスポーツについての興味や関心を高め，技能の指導に偏ることなく，「する，みる，支える」に「知る」を加え，資質・能力の三つの柱をバランスよく育むことができる学習過程を工夫し，充実を図ることが大切である。

　次に，体育科の目標に示されている各部分を解説すると次のとおりである。

　(1)の「知識及び技能」は，個別の事実的な知識のみを指すものではなく，それらが相互に関連付けられ，更に社会の中で生きて働く知識となるものを含むとされている。体育においては，この趣旨を踏まえ，運動の楽しさや喜びを味わったり，身近な生活で健康の保持増進をしたりするための基礎的・基本的な「知識及び技能」を踏まえて設定されている。生涯にわたって心身の健康を保持増進し豊かなスポーツライフを実現するためには，スポーツとの多様な関わり方を含めた運動やスポーツの行い方や身近な健康について理解することが必要になる。また，その学習が児童にとって有意味に行われることが必要になる。

　各種の運動とは，体つくり運動系，器械運動系，陸上運動系，水泳運動系，ボール運動系及び表現運動系という六つの運動領域の総称である。

　その特性に応じた行い方について理解するとは，これら各種の運動は，楽しみ方や解決すべき課題やその解決方法が異なることに対応している。そのため，各種の運動で得られる楽しさや喜び，そこで解決すべき課題，それらの解決方法に応じた行い方を理解することを意図している。また，それらの理解は，各種の運

動の基本的な動きや技能を身に付けることに効果的であることを意図している。加えて，各種の運動の基本的な動きや技能は，各種の運動で解決すべき課題と関連付けてその必要性や効果を理解できるようにすることが重要であることを示している。

身近な生活における健康について理解するとは，主として第3学年及び第4学年，第5学年及び第6学年の保健領域に関連したねらいを示すものである。具体的には，健康な生活，体の発育・発達，心の健康，けがの防止及び病気の予防についての基礎的・基本的な内容を実践的に理解することである。また，これらの理解は，単に知識を記憶としてとどめるだけではなく，児童が，身近な生活における学習課題を見付け，それを解決する過程を通して，健康に関する課題解決に役立つ保健領域の主要な概念を習得することを目指したものである。

基本的な動きや技能を身に付けるようにするとは，生涯にわたって運動やスポーツを豊かに実践していくためには，小学校段階において，発達の段階を踏まえ，その基礎となる各種の運動の基本的な動きや技能を，解決すべき課題と関連付けながら，確実に身に付けることが重要であることを示したものである。また，身近な生活を中心とした保健に関わる基本的な技能も含んでいる。

各種の運動は，楽しさや喜び，解決すべき課題やその解決方法に違いが見られる。生涯にわたって心身の健康を保持増進し豊かなスポーツライフを実現するためには，各種の運動の特性に触れる楽しさや喜びを知り，運動と健康の保持増進との関係を実感することが不可欠である。また，特性に応じた課題やその解決方法に関する知識及び技能を，状況に応じて既存の知識と関連付けることで，様々な場面で活用できる概念としていくことや，習熟した技能として身に付けることが必要であることを示している。

例えば，走り幅跳びにおける走る，跳ぶ，着地するなど種目特有の基本的な技能は，それらを段階的に習得してつなげるようにするのみならず，他種目や日常生活の動きにつなげることができるような気付きを促すことにより，生涯にわたる豊かなスポーツライフの中で主体的に活用できる技能として習得されることになる。

(2)の「思考力，判断力，表現力等」は，情報を捉えて多角的に精査したり，課題を見いだし他者と協働しながら解決したり，自分の考えを形成し伝え合ったり，思いや考えを基に創造したりするために必要な資質・能力である。そのため，新たな情報と既存の知識を活用しながら課題を解決したり，自己の考えを形成したり，新たな価値を創造したりするために必要な情報を選択し，思考していくことが必要になる。また，伝える相手や状況に応じた表現力を培うことが求められる。

また，自己の運動や健康についての課題を見付け，解決に向けて試行錯誤を重ねながら，思考を深め，よりよく解決する学びの過程である主体的・対話的で深い学びの実現に向けた授業改善を推進することを通して，体育科の「思考力，判断力，表現力等」を養うことを重視するものである。

運動や健康についての自己の課題を見付けとは，各領域の特性を踏まえ，動きや技のポイントを見付けたり，自己の行い方についての課題を見付けたりすることを示している。また，健康に関わる事象や健康情報などから自己の課題を見付けることを示している。

その解決に向けて思考し判断するとは，自己の課題に応じて，運動の行い方や練習の仕方などを選んだり，応用したりすることを示している。また，自己の健康課題について習得した知識及び技能を活用し，解決方法を考えるとともに，様々な解決方法の中からよりよい解決に向けて判断することを示している。

他者に伝えるとは，自己の課題について，思考し判断したことを，言葉や文章及び動作などで表したり，仲間や教師などに理由を添えて伝えたりすることを示している。

(3)の「学びに向かう力，人間性等」は，主体的に学習に取り組む態度も含めた学びに向かう力や，自己の感情や行動を統制する能力，自らの思考の過程等を客観的に捉える力など，いわゆる「メタ認知」に関するもの（学びに向かう力）と，多様性を尊重する態度や互いのよさを生かして協働する力，持続可能な社会づくりに向けた態度，リーダーシップやチームワーク，感性，優しさや思いやりなど（人間性等）から構成されている。

運動に親しむとは，それぞれの運動が有する特性や魅力に応じて，その楽しさや喜びを味わうとともに，公正に取り組む，互いに協力する，自己の役割を果たす，仲間の考えや取組を認める，安全に留意するなどの態度を育むことを示している。

健康の保持増進とは，自己の健康の大切さを認識し，健康の保持増進や回復等に主体的に取り組み，健康で豊かな生活を営む態度の育成を重視する観点から，自己の健康に関心をもち，自己の健康に関する取組のよさを認める，自己の健康の保持増進や回復等のために主体的，協働的に活動する等の態度を育成する「学びに向かう力，人間性等」の資質や能力の基礎を育成することを示したものである。

体力の向上を目指しとは，各種の運動を適切に行うことにより，その結果として体力の向上を図ることができるようにすることを示したものである。そのためには，発達の段階に応じて高める体力を重点化し，自己の体力や体の状態に応じた高め方を理解するとともに，学習したことを家庭などで生かすなど，体力の向

上を図るための実践力を身に付けることができるようにすることが必要である。また，体力は，人間の活動の源であり，健康の維持のほか意欲や気力といった精神面の充実に大きく関わっており，「生きる力」の重要な要素であることを強調したものである。

楽しく明るい生活を営む態度とは，生涯にわたる豊かなスポーツライフを実現するための資質・能力，健康で安全な生活を営むための実践力及び健やかな心身を育てることによって，現在及び将来の生活を健康で活力に満ちた楽しく明るいものにすることである。

また，自己の健康に関心をもち，健康の保持増進のために協力して活動すること，身近な健康や心身の発育・発達などを肯定的に捉えることなどの態度も含んでいる。

●2　学年の目標

体育科の各学年の目標は，体育科の目標を踏まえて第1学年から第6学年までに育成することを目指すものを，第1学年及び第2学年，第3学年及び第4学年，第5学年及び第6学年の低・中・高学年の三段階で示している。これは，児童の発達の段階を考慮するとともに，学習指導に弾力性をもたせることに配慮したものである。教科の目標が体育科の目指す方向を示しているのに対して，学年の目標は，各学年における体育科の学習指導の方向をより具体的に示したものである。

学年の目標の構成は，第1学年及び第2学年，第3学年及び第4学年，第5学年及び第6学年のいずれにおいても三項目で構成している。

最初の項目である(1)は，運動や健康についての「知識及び技能」に関する目標を示している。(2)は，運動や健康についての課題を見付け，その解決の方法や活動について思考し判断し，考えたことを他者に伝える「思考力，判断力，表現力等」に関する目標を示している。(3)は，積極的に運動に取り組む態度，協力や公正の態度，健康・安全に関連する態度などの「学びに向かう力，人間性等」に関する目標を示している。また，第3学年及び第4学年，第5学年及び第6学年の三番目の項目である(3)は，健康で安全な生活を営む資質・能力を育てるなどの保健領域に関連した目標を合わせて示している。

●3　教科の内容

体育科の内容は，運動領域と保健領域から構成されている。運動領域が内容の

多くを占めているが，保健領域については第3学年・第4学年及び第5学年・第6学年の内容の一部として取り上げている。

(1) 運動領域

運動領域においては，発達の段階のまとまりを考慮するとともに，基本的な動きや技能を身に付け，運動を豊かに実践していくための基礎を培う観点から，発達の段階に応じた指導内容の明確化・体系化を図った。各学校においては，育成を目指す資質・能力の系統を踏まえ，「何を教えるのか」とともに，「どのように指導するか」を整理し，学習を進めることが求められる。

内容の構成を基本的に，従前に引き続き低・中・高学年の三段階で示すことにより，各学年での運動の取り上げ方や年間計画においても弾力性をもたせることができるようにした。このことは，個に応じた多様な学習を積極的に行うことを目指したことによるものである。

これらの領域では，児童が発達の段階に即した易しい運動に取り組み，自己に適した課題を見付けたり，仲間と競争したり協働したりすることによって，もっと運動をしたい，できるようになりたい，勝ちたいなどの欲求を充足し，楽しくできるようにすることが大切である。

(2) 保健領域

保健領域については，身近な生活における健康・安全に関する基礎的な内容を重視し，健康な生活を送る資質や能力の基礎を培う観点から，小学校においては，これまでの内容を踏まえて，「健康な生活」，「体の発育・発達」，「心の健康」，「けがの防止」及び「病気の予防」の五つの内容とした。

体育科の内容構成は次表のとおりである。

学年	1・2	3・4	5・6
領 域	体つくりの運動遊び	体　つ　く　り　運　動	
	器械・器具を 使っての運動遊び	器　械　運　動	
	走・跳の運動遊び	走・跳の運動	陸上運動
	水遊び	水　泳　運　動	
	ゲ　ー　ム		ボール運動
	表現リズム遊び	表　現　運　動	
		保　健	

● 4　各領域の内容

各領域の内容とねらいは，次のとおりである。

(1)　運動領域の内容

運動領域の内容とねらいは，次のとおりである。

ア　体つくり運動系

体つくり運動系は，体を動かす楽しさや心地よさを味わい運動好きになるとともに，心と体との関係に気付いたり，仲間と交流したりすることや，様々な基本的な体の動きを身に付けたり，体の動きを高めたりして，体力を高めるために行われる運動である。

体つくり運動系の領域として，低学年を「体つくりの運動遊び」，中・高学年を「体つくり運動」で構成している。

「体つくりの運動遊び」については，「体ほぐしの運動遊び」及び「多様な動きをつくる運動遊び」で構成し，「体つくり運動」については，中学年を「体ほぐしの運動」及び「多様な動きをつくる運動」で，高学年を「体ほぐしの運動」及び「体の動きを高める運動」で構成している。

低・中学年においては，発達の段階から体力を高めることを学習の直接の目的とすることは難しいが，将来の体力の向上につなげていくためには，この時期に様々な基本的な体の動きを培っておくことが重要である。そのため，「多様な動きをつくる運動（遊び）」では，体つくり運動以外の各領域において扱いにくい様々な基本的な体の動きを培う運動（遊び）を示している。

低学年は「体つくりの運動遊び」とし，その内容も全て「運動遊び」として示している。これは，児童が易しい運動に出会い，伸び伸びと体を動かす楽しさや心地よさを味わう遊びであることを強調したもので，以下の各領域においても同様の趣旨である。これは，入学後の児童が就学前の運動遊びの経験を引き継ぎ，小学校での様々な運動遊びに親しむことをねらいとしている。

全ての学年において指導する「体ほぐしの運動（遊び）」では，自己の心と体との関係に気付くことと仲間と交流することをねらいとし，誰もが楽しめる手軽な運動（遊び）を通して運動好きになることを目指している。そのため，発達の段階に応じて，運動（遊び）を通して自己や仲間の心と体に向き合って運動（遊び）に取り組み，心と体が関係し合っていることに気付くとともに，仲間と関わる楽しさを体験し，仲間のよさを認め合うことができるようにする。なお，従前に示されていた「体の調子を整えること」については，心と体を軽やかにしたりストレスを軽減したりすることなどが，運動（遊び）を楽し

く行うことを通して心と体との関係に気付いたり仲間と豊かに交流したりすることと密接に関連していることを踏まえ，改善を図った。

低・中学年の「多様な動きをつくる運動（遊び）」では，他の領域において扱われにくい体の様々な動きを取り上げ，その行い方を知るとともに，運動（遊び）の楽しさを味わいながら体の基本的な動きを培うことをねらいとしている。

低・中学年の学習指導では，児童が体ほぐしや動きづくりのために行われる様々な運動（遊び）に進んで楽しく取り組むことができるようにするとともに，児童が楽しい活動を工夫したり，考えたことを他者に伝えたりすることや，きまりを守り誰とでも仲よく運動（遊び）をしたり，友達の考えを認めたり，場や周囲の安全に気を付けて活動したりすることができるようにすることが大切である。

高学年では，低・中学年の「多様な動きをつくる運動（遊び）」において育まれた体の基本的な動きを基に，各種の動きを更に高めることにより体力の向上を目指すものとし，児童一人一人が運動の楽しさを味わいながら，自己の体力に応じた課題をもち，体の柔らかさ，巧みな動き，力強い動き及び動きを持続する能力を高めるための運動を行う。児童が自己の体力の向上を，新体力テストの結果等に見られる回数や記録ではなく，体の基本的な動きを高めることと捉えることができるよう，従前の「体力を高める運動」から，「体の動きを高める運動」とした。

「体の動きを高める運動」では，体の動きを高めるための運動の行い方を理解しながら運動に取り組むとともに，学んだことを授業以外でも生かすことができるようになることを目指している。なお，小学校高学年では児童の発達の段階を踏まえ，主として体の柔らかさ及び巧みな動きを高めることに重点を置いて指導することとする。

高学年の学習指導では，児童が自己に適した課題をもって積極的に運動に取り組むことができるよう内容や進め方を理解するとともに，各自の課題に応じた運動を行ったり，児童が相互に話し合ったりしながら体の動きを高めるための運動の行い方を身に付け，授業以外でも取り組むことができるようにする。また，体の動きの高め方について習得した知識や運動の行い方を基にしてより楽しく運動をし，目標に迫っていくことができるよう運動の行い方を工夫したり，それを仲間に伝えたりするとともに，約束を守り仲間の考えや取組を認め，自己の役割を果たしながら協力して活動したり，安全に配慮したりすることができるようにすることが求められる。

なお，体つくり運動系については，「体ほぐしの運動（遊び）」は，心と体の

変化や心と体との関係に気付いたり，みんなで関わり合ったりすることが主な
ねらいであり，「多様な動きをつくる運動（遊び）」及び「体の動きを高める運
動」は，体の様々な動きを身に付けたり高めたりすることが主なねらいであ
り，それぞれが特定の技能を示すものではないことから，従前どおり「技能」
ではなく「運動」として示す。

イ　器械運動系

器械運動系は，「回転」，「支持」，「懸垂」等の運動で構成され，様々な動き
に取り組んだり，自己の能力に適した技や発展技に挑戦したりして技を身に付
けたときに楽しさや喜びを味わうことのできる運動である。

器械運動系の領域として，低学年を「器械・器具を使っての運動遊び」，
中・高学年を「器械運動」で構成している。

器械・器具を使っての運動遊びは，「固定施設を使った運動遊び」，「マット
を使った運動遊び」，「鉄棒を使った運動遊び」及び「跳び箱を使った運動遊
び」で内容を構成している。これらの運動遊びは，様々な動きに楽しく取り組
み，基本的な動きや知識を身に付けたときに喜びに触れ，その行い方を知るこ
とのできる運動遊びである。

器械・器具を使っての運動遊びの学習指導では，それぞれの器械・器具の条
件の下で，回転，支持，逆さの姿勢，ぶら下がり，振動，手足での移動などの
基本的な動きができるようになったり，遊び方を工夫したり，これらを友達に
伝えたりすることが課題になる。また，児童がそれぞれの器械・器具を使った
多様な動き方や遊び方を考えることができるように図で掲示したり，集団で取
り組める遊びを工夫したり，児童が創意工夫した動きを評価したりすることが
必要である。さらに，器械運動と関連の深い動きを，意図的に取り入れること
により，基礎となる体の動かし方や感覚を身に付けることが大切である。

器械運動は，中・高学年ともに「マット運動」，「鉄棒運動」及び「跳び箱運
動」で内容を構成している。これらの運動は，技を身に付けたり，新しい技に
挑戦したりするときに楽しさや喜びに触れたり，味わったりすることができる
運動である。また，より困難な条件の下でできるようになったり，より雄大で
美しい動きができるようになったりする楽しさや喜びも味わうことができる。
マット運動は回転系（接転技群：前転・後転グループ技，ほん転技群：倒立回
転・はね起きグループ技）と巧技系（平均立ち技群：倒立グループ技）を，鉄
棒運動は支持系（前方支持回転技群：前転・前方足掛け回転グループ技，後方
支持回転技群：後転・後方足掛け回転グループ技）を，跳び箱運動は切り返し
系（切り返し跳びグループ技）と回転系（回転跳びグループ技）を取り上げて
いる。なお，技の分類については，発達の段階及び中学校との連携を考慮し，

児童が学びやすくなるように配慮した。

器械運動の学習指導では，低学年の「固定施設を使った運動遊び」，「マットを使った運動遊び」，「鉄棒を使った運動遊び」及び「跳び箱を使った運動遊び」で経験して身に付けた体の動かし方や運動感覚を，中・高学年の「マット運動」，「鉄棒運動」及び「跳び箱運動」の技の学習に生かすように学習過程を進めることが大切である。加えて，それぞれの運動に集団で取り組み，一人一人ができる技を組み合わせ，調子を合わせて演技する活動を取り入れることもできる。

器械運動は，「できる」，「できない」がはっきりした運動であることから，全ての児童が技を身に付ける楽しさや喜びを味わうことができるよう，自己やグループの課題を見付け，その課題の解決の仕方を考えたり，練習の場や段階を工夫したりすることができるようにすることが大切である。

また，運動を楽しく行うために，一人一人が自己の課題の解決のために積極的に取り組み，約束を守り助け合って運動をしたり，仲間の考えや取組を認めたり，場や器械・器具の安全に気を配ったりすることができるようにすることが求められる。

ウ　陸上運動系

陸上運動系は，「走る」，「跳ぶ」などの運動で構成され，自己の能力に適した課題や記録に挑戦したり，競走（争）したりする楽しさや喜びを味わうことのできる運動である。

陸上運動系の領域として，低学年を「走・跳の運動遊び」，中学年を「走・跳の運動」，高学年を「陸上運動」で構成している。

走・跳の運動遊びは，「走の運動遊び」及び「跳の運動遊び」で，走・跳の運動は，「かけっこ・リレー」，「小型ハードル走」，「幅跳び」及び「高跳び」で内容を構成している。これらの運動（遊び）は，走る・跳ぶなどについて，友達と競い合う楽しさや，調子よく走ったり跳んだりする心地よさを味わうことができ，また，体を巧みに操作しながら走る，跳ぶなどの様々な動きを身に付けることを含んでいる運動（遊び）である。

走・跳の運動遊び及び走・跳の運動の学習指導では，走ったり跳んだりする動き自体の面白さや心地よさを引き出す指導を基本にしながら，体力や技能の程度にかかわらず競走（争）に勝つことができたり，勝敗を受け入れたりするなどして，意欲的に運動（遊び）に取り組むことができるように，楽しい活動の仕方や場を工夫することが大切である。

陸上運動は，「短距離走・リレー」，「ハードル走」，「走り幅跳び」及び「走り高跳び」で内容を構成している。これらの運動は，走る，跳ぶなどの運動

で，体を巧みに操作しながら，合理的で心地よい動きを身に付けるとともに，仲間と速さや高さ，距離を競い合ったり，自己の課題の解決の仕方や記録への挑戦の仕方を工夫したりする楽しさや喜びを味わうことのできる運動である。

　陸上運動の学習指導では，合理的な運動の行い方を大切にしながら競走（争）や記録の達成を目指す学習活動が中心となるが，競走（争）では勝敗が伴うことから，できるだけ多くの児童に勝つ機会が与えられるように指導を工夫するとともに，その結果を受け入れることができるよう指導することが大切である。一方，記録を達成する学習活動では，自己の能力に適した課題をもち，適切な運動の行い方を知り，記録を高めることができるようにすることが大切である。

　また，陸上運動系の領域では，最後まで全力で走ることや思い切り地面を蹴って踏み切るなど，体全体を大きく，素早く，力強く動かす経験をすることができるようにすることも大切である。

　なお，児童の投能力の低下傾向が引き続き深刻な現状にあることに鑑み，遠投能力の向上を意図し，「内容の取扱い」に「投の運動（遊び）」を加えて指導することができることにした。遠くに力一杯投げることに指導の主眼を置き，投の粗形態の獲得とそれを用いた遠投能力の向上を図ることが主な指導内容となる。

エ　水泳運動系

　水泳運動系は，水の中という特殊な環境での活動におけるその物理的な特性（浮力，水圧，抗力・揚力など）を生かし，浮く，呼吸する，進むなどの課題を達成し，水に親しむ楽しさや喜びを味わうことのできる運動である。

　水泳運動系の領域として，低学年を「水遊び」，中・高学年を「水泳運動」で構成している。

　水遊びは，「水の中を移動する運動遊び」及び「もぐる・浮く運動遊び」で内容を構成している。これらの運動遊びは，水中を動き回ったり，もぐったり，浮いたりする心地よさを楽しむ運動遊びである。それぞれの児童の能力にふさわしい課題に挑み，活動を通して水の中での運動の特性について知り，水に慣れ親しむことで，課題を達成する楽しさに触れることができる運動遊びである。

　水遊びの学習指導では，水に対する不安感を取り除く簡単な遊び方を工夫することで学習を進めながら，水の中での運動遊びの楽しさや心地よさを味わうことができるようにすることが大切である。そうした指導を通して，技能面では，水にもぐることや浮くこと，息を止めたり吐いたりすることを身に付けることが重要な課題となる。

1
教科の目標
及び内容

29

水泳運動は，中学年を「浮いて進む運動」及び「もぐる・浮く運動」で，高学年を「クロール」，「平泳ぎ」及び「安全確保につながる運動」で内容を構成している。これらの運動は，安定した呼吸を伴うことで，心地よく泳いだり，泳ぐ距離や浮いている時間を伸ばしたり，記録を達成したりすることに繋がり，楽しさや喜びに触れたり味わったりすることができる運動である。そのためには，水遊びで水に慣れ親しむことや，もぐる・浮くなどの経験を通して，十分に呼吸の仕方を身に付けておくことが大切である。「安全確保につながる運動」は，そのような安定した呼吸の獲得を意図した運動である。

水泳運動の学習指導では，児童一人一人が自己やグループの能力に応じた課題をもち，その解決の方法を工夫し，互いに協力して学習を進めながら，水泳運動の楽しさや喜びを味わうことができるようにすることが大切である。とりわけ技能面では，手や足の動きに呼吸を合わせながら泳ぐことや，背浮きや浮き沈みをしながら安定した呼吸を伴い浮くことが重要な課題となる。

なお，泳法の指導に合わせ，け伸びから泳ぎにつなげる水中からのスタートを指導する。また，より現実的な安全確保につながる運動の経験として，着衣をしたままでの水泳運動を指導に取り入れることも大切である。さらに，水泳運動の楽しさを広げる観点から，集団でのリズム水泳などを指導に取り入れることもできる。

水泳運動系は生命にかかわることから，水泳場の確保が困難で水泳運動系を扱えない場合でも，水遊びや水泳運動などの心得については必ず指導することが大切であり，そのことを「指導計画の作成と内容の取扱い」に示した。また，水中で目を開ける指導を行った場合には，事後に適切な対処をすることも大切である。

オ　ボール運動系

ボール運動系は，競い合う楽しさに触れたり，友達と力を合わせて競争する楽しさや喜びを味わったりすることができる運動である。

ボール運動系の領域として，低・中学年を「ゲーム」，高学年を「ボール運動」で構成している。

ゲームは，低学年を「ボールゲーム」及び「鬼遊び」で，中学年を「ゴール型ゲーム」，「ネット型ゲーム」及び「ベースボール型ゲーム」で内容を構成している。これらの運動（遊び）は，主として集団対集団で，得点を取るために友達と協力して攻めたり，得点されないように友達と協力して守ったりしながら，競い合う楽しさや喜びに触れることができる運動（遊び）である。また，基本的なボール操作とボールを持たないときの動きを身に付け，ゲームを楽しむことができる運動（遊び）である。

ゲームの学習指導では，友達と協力してゲームを楽しくする工夫や楽しいゲームをつくり上げることが，児童にとって重要な課題となってくる。集団で勝敗を競うゲームでは，規則を工夫したり作戦を選んだりすることを重視しながら，基本的なボール操作とボールを持たないときの動きを身に付け，ゲームを一層楽しめるようにすることが学習の中心となる。また，公正に行動する態度，特に勝敗をめぐって正しい態度や行動がとれるようにすることが大切である。

　ボール運動は，「ゴール型」，「ネット型」及び「ベースボール型」で内容を構成している。これらの運動は，ルールや作戦を工夫し，集団対集団の攻防によって仲間と力を合わせて競争する楽しさや喜びを味わうことができる運動である。

　ボール運動の学習指導では，互いに協力し，役割を分担して練習を行い，型に応じたボール操作とボールを持たないときの動きを身に付けてゲームをしたり，ルールや学習の場を工夫したりすることが学習の中心となる。また，ルールやマナーを守り，仲間とゲームの楽しさや喜びを共有することができるようにすることが大切である。

　中学年のゲームと高学年のボール運動では，「ゴール型」，「ネット型」及び「ベースボール型」の三つの型で内容を構成している。ゴール型は，コート内で攻守が入り交じり，ボール操作とボールを持たないときの動きによって攻防を組み立てたり，陣地を取り合って得点しやすい空間に侵入し，一定時間内に得点を競い合うこと，ネット型は，ネットで区切られたコートの中でボール操作とボールを持たないときの動きによって攻防を組み立てたり，相手コートに向かって片手，両手もしくは用具を使ってボールなどを返球したりして，一定の得点に早く達することを競い合うこと，ベースボール型は，攻守を規則的に交代し合い，ボール操作とボールを持たないときの動きによって一定の回数内で得点を競い合うことを課題としたゲームである。

　なお，これらの領域における技能は，「ボール操作」及び「ボールを持たないときの動き」で構成している。「ボール操作」はシュート・パス・キープ（ゴール型），サービス・パス・返球（ネット型），打球・捕球・送球（ベースボール型）など，攻防のためにボールを操作する技能である。「ボールを持たないときの動き」は，空間・ボールの落下点・目標（区域や塁など）に走り込む，味方をサポートする，相手のプレイヤーをマークするなど，ボール操作に至るための動きや守備の動きに関する技能である。ゲームではこれらの技能をいつ，どのように発揮するかを適切に判断することが大切になる。

カ　表現運動系

　表現運動系は，自己の心身を解き放して，イメージやリズムの世界に没入してなりきって踊ったり，互いのよさを生かし合って仲間と交流して踊ったりする楽しさや喜びを味わうことのできる運動である。

　表現運動系の領域として，低学年を「表現リズム遊び」，中・高学年を「表現運動」で構成している。

　表現リズム遊びは，「表現遊び」及び「リズム遊び」で内容を構成している。これらの運動遊びは，身近な動物や乗り物などの題材の特徴を捉え，そのものになりきって全身の動きで表現したり，軽快なリズムの音楽に乗って踊ったりする楽しさに触れることのできる運動遊びである。また，友達と様々な動きを見付けて踊ったり，みんなで調子を合わせて踊ったりする楽しさに触れることのできる運動遊びである。

　なお，「リズム遊び」には，中学年の「リズムダンス」と高学年の「フォークダンス」へのつながりを考慮して，簡単なフォークダンスを軽快なリズムに乗って踊る内容に含めて指導することができることを「内容の取扱い」に示した。

　表現リズム遊びの学習指導では，「表現遊び」と「リズム遊び」の両方の運動遊びを豊かに体験する中で，中学年からの表現運動につながる即興的な身体表現能力やリズムに乗って踊る能力，コミュニケーション能力などを培えるようにする。そのためには，児童にとって身近で関心が高く，具体的で特徴のある動きを多く含む題材や弾んで踊れる軽快なリズムの音楽を取り上げるようにし，1時間の学習の中に「表現遊び」と「リズム遊び」の二つの内容を組み合わせたり関連をもたせたりするなど，様々なものになりきりやすく，律動的な活動を好む低学年の児童の特性を生かした学習指導の進め方を工夫することが大切である。

　表現運動は，中学年を「表現」及び「リズムダンス」で，高学年を「表現」及び「フォークダンス」で内容を構成している。これらの運動は，自己の心身を解き放して，イメージやリズムの世界に没入してなりきって踊ることが楽しい運動であり，互いのよさを生かし合って仲間と交流して踊る楽しさや喜びを味わうことのできる運動である。

　中・高学年の「表現」は，身近な生活などから題材を選んで表したいイメージや思いを表現するのが楽しい運動であり，中学年の「リズムダンス」は，軽快なロックやサンバなどのリズムに乗って友達と関わって踊ることが楽しい運動である。これらの「表現」と「リズムダンス」は，内容は異なるものの，学習の進め方としては，いずれも自由に動きを工夫して楽しむ創造的な学習で進

められるところに共通の特徴がある。高学年の「フォークダンス」は，日本各地域の民踊と外国のフォークダンスで構成され，日本の地域や世界の国々で親しまれてきた踊りを身に付けてみんなで一緒に踊ることが楽しい運動であり，特定の踊り方を再現して踊る学習で進められるところが特徴である。

　表現運動の学習指導では，児童一人一人がこれらの踊りの楽しさや喜びに十分に触れることがねらいとなる。そのためには，児童の今もっている力やその違いを生かせる題材や音楽を選ぶとともに，多様な活動や場を工夫して，一人一人の課題の解決に向けた創意工夫ができるようにすることが大切である。特に中学年では，題材の特徴を捉えた多様な感じを表現することと全身でリズムに乗って踊ることを通して，仲間と関わり合いながら即興的に踊る経験を大切にし，高学年では，個人やグループの持ち味を生かした題材の選択や簡単なひとまとまりの表現への発展など，個の違いの広がりに対応した進め方をすることが大切である。また，「表現」に加え「フォークダンス」の学習を通して地域や世界の文化に触れることも大切である。

　なお，「表現」における技能では，「ひと流れの動きで即興的に踊ること」と「簡単なひとまとまりの動きにして踊ること」が大切である。「ひと流れの動きで即興的に踊ること」とは，題材から捉えた動きを基に，表したい感じを中心として動きを誇張したり，変化を付けたりして，メリハリ（緩急・強弱）のある「ひと流れの動き」にして表現することである。「簡単なひとまとまりの動きにして踊ること」とは，表したいイメージを変化と起伏のある「はじめ－なか－おわり」の構成を工夫して表現することを示している。

キ　集団行動

　各教科，特別活動等の教育活動及び日常の緊急時等では，集団が一つの単位となって，秩序正しく，能率的に，安全に行動することが求められることが多い。したがって，児童がそれぞれの活動の場にふさわしい集団としての行動様式を身に付けておくことが望まれる。

　体育の授業における運動領域の学習では，学級単位あるいは学級を幾つかに分けた小集団で行われることが多く，そこでの活動を円滑に行うには，児童が学級単位あるいは小集団で，秩序正しく，能率的に行動するために必要な基本的なものを身に付けておくことが大切である。

(2) 保健領域の内容

　保健領域の内容とねらいは，次のとおりである。

ア　健康な生活

　健康な生活については，健康の大切さを認識するとともに，家庭や学校にお

ける毎日の生活に関心をもち，健康によい生活を続けることについて課題を見付け，それらの解決を目指して基礎的な知識を習得したり，解決の方法を考え，それを表現したりできるようにすることがねらいである。

このため，本内容は，健康の状態は，主体の要因や周囲の環境の要因が関わっていること，健康に過ごすには，1日の生活の仕方が深く関わっていること，生活環境を整えることが必要であることなどの知識と健康な生活についての思考力，判断力，表現力等を中心として構成している。

イ　体の発育・発達

体の発育・発達については，年齢に伴う変化及び個人差，思春期の体の変化などについて課題を見付け，それらの解決を目指して基礎的な知識を習得したり，解決の方法を考え，それを表現したりできるようにすることがねらいである。

このため，本内容は，体は年齢に伴って変化すること，思春期になると体に変化が起こること，体をよりよく発育・発達させるには，適切な運動，食事，休養及び睡眠が必要であることなどの知識と体の発育・発達についての思考力，判断力，表現力等を中心として構成している。

ウ　心の健康

心の健康については，心は年齢とともに発達すること及び心と体には密接な関係があることについて理解できるようにすること及び，不安や悩みへの対処について課題を見付け，それらの解決を目指して知識及び技能を習得したり，解決の方法を考え，判断するとともに，それらを表現したりできるようにすることがねらいである。

このため，本内容は，心はいろいろな生活経験を通して年齢に伴って発達すること，また，心と体とは密接に関係していること，さらに，不安や悩みへの対処にはいろいろな方法があることなどの知識及び不安や悩みへの対処の技能と，心の健康についての思考力，判断力，表現力等を中心として構成している。

エ　けがの防止

けがの防止については，けがが発生する原因や防止の方法について課題を見付け，それらの解決を目指して知識及び技能を習得したり，解決の方法を考え，判断するとともに，それらを表現したりできるようにすることをねらいとしている。

このため，本内容は，交通事故や身の回りの生活の危険が原因となって起こるけがなどを取り上げ，けがの起こり方とその防止，さらには，けがの手当を速やかに行う必要があることなどの知識及び簡単なけがの手当の技能と，けが

の防止についての思考力，判断力，表現力等を中心として構成している。

オ　病気の予防

　病気の予防については，病気の発生要因や予防の方法，喫煙，飲酒，薬物乱用が健康に与える影響などについて課題を見付け，それらの解決を目指して知識を習得したり，解決の方法を考え，判断するとともにそれらを表現したりできるようにすることがねらいである。

　このため，本内容は，主として病原体が主な要因となって起こる病気と生活習慣病など生活行動が主な要因となって起こる病気の予防には，病原体を体の中に入れないことや病原体に対する体の抵抗力を高めること及び望ましい生活習慣を身に付けることが必要であること，喫煙，飲酒，薬物乱用などの行為は，健康を損なう原因となること，地域において保健に関わる様々な活動が行われていることなどの知識と病気の予防についての思考力，判断力，表現力等を中心として構成している。

第2節　各学年の目標及び内容

〔第1学年及び第2学年〕

◯1　目　標

> (1)　各種の運動遊びの楽しさに触れ，その行い方を知るとともに，基本的な動きを身に付けるようにする。
>
> (2)　各種の運動遊びの行い方を工夫するとともに，考えたことを他者に伝える力を養う。
>
> (3)　各種の運動遊びに進んで取り組み，きまりを守り誰とでも仲よく運動をしたり，健康・安全に留意したりし，意欲的に運動をする態度を養う。

　(1)は，「知識及び技能」に関する目標であり，各種の運動遊びの楽しさに触れることを通して，その行い方を知るとともに，それらの基本的な動きを身に付けること及び体力を養うことを意図している。

　各種の運動遊びとは，児童の発達の段階を踏まえ，ねらいとする動きを遊びの要素を取り入れて行うものであり，児童が成功体験を得やすいように課題やルール，場や用具等が緩和された体つくりの運動遊び，器械・器具を使っての運動遊び，走・跳の運動遊び，水遊び，ゲーム及び表現リズム遊びを指す。

　楽しさに触れとは，教科の目標に示している**体育や保健の見方・考え方を働かせ，課題を見付け，その解決に向けた学習過程を通して，心と体を一体として捉え，生涯にわたって心身の健康を保持増進し豊かなスポーツライフを実現するための資質・能力**を育成すること及び「体育の見方・考え方」である「運動やスポーツを，その価値や特性に着目して，楽しさや喜びとともに体力の向上に果たす役割の視点から捉え，自己の適性等に応じた『する・みる・支える・知る』の多様な関わり方と関連付けること」を踏まえたねらいである。また，児童にとって発達の段階に適した，易しい運動遊びを通して運動の楽しさに触れることができるようにすることを目指し，生涯にわたって運動やスポーツに親しみ，実践していくための資質・能力を育てることを意図したものである。

　低学年では，全ての児童が，運動遊びを楽しく行うことができるようにすることにより，運動遊びに意欲的に取り組み，知識及び技能を身に付け，その結果として体力の向上につながることを意図している。そのためには，課題や活動の場

などを工夫した易しい運動遊びを行ったり，運動遊びの取り上げ方の弾力化を図ったりすることが重要である。

その行い方を知るとは，低学年においても運動遊びの課題，行い方のきまり，用具の使い方，場の安全確保等，各種の運動遊びの行い方を知ることが，各種の基本的な動きの習得や課題の解決，友達との関わり合いなどをしやすくするものであることから，今回，新たに示したものである。

基本的な動きを身に付けるようにするとは，各種の運動遊びにおいて習得が期待される，運動種目として成立する以前の基本的な動きを身に付けることを示している。また，このねらいは，それぞれの運動遊びの楽しさに触れるようにすることを大切にしながら，基本的な動きを身に付けることを重視したものである。

なお，低学年の児童は体力についての認識が低いことから，各種の運動遊びの楽しさに触れ，活発に運動遊びを行っていく中で，基本的な動きを幅広く身に付け，結果として体力の向上を図ろうとするものである。したがって，低学年の各種の運動遊びを取り上げるに当たっては，低学年児童の発達の段階や指導内容，体力の状況等に十分に留意することが大切である。

(2)は，「思考力，判断力，表現力等」に関する目標であり，各種の運動遊びを安全に楽しむための活動の仕方やルールなどを児童の力に応じて工夫するとともに，考えたことを他者に伝える力を養うことを意図している。

各種の運動遊びの行い方を工夫するとは，低学年の各種の運動遊びの楽しさに触れることができるようにするために，運動遊びをする場や練習の仕方などを自らの力に応じて工夫したり，選択したりすることを示したものである。教師から提案された楽しみ方や，自己や友達が考えた楽しみ方から，自己に合った楽しみ方を選択することもその一つである。

考えたことを他者に伝えるとは，自己の工夫したことを他者に伝えることができるようにすることを示している。他者とは，共に学ぶ友達だけでなく，教師，保護者等も含めた総称である。また，直接，言葉で説明することばかりでなく，身振りなどの動作を伴い表現すること，学習で経験したことを感想文や絵で表現すること，保護者に伝えることなども想定している。

(3)は，「学びに向かう力，人間性等」に関する目標であり，運動やスポーツの価値のうち，公正，協力，責任，参画，健康・安全等に関する態度及び意欲的に運動遊びをする態度を養うことを意図している。特に，運動遊びをする際の良好な人間関係が運動遊びの楽しさに大きな影響を与えることや，友達と共に進んで意思決定に関わることが，運動やスポーツの意義や価値等を知ることにつながることを踏まえたものである。また，児童の発達の段階に応じて，ルールやマナーを遵守することの大切さをはじめ，スポーツの意義や価値等に触れることができ

るよう指導等の改善を図ることで，オリンピック・パラリンピックに関する指導の充実に資するようにすることを意図している。

各種の運動遊びに進んで取り組みとは，各種の運動遊びの楽しさに触れ，自ら進んで運動遊びに取り組むことにより，生涯にわたる豊かなスポーツライフを実現する資質・能力を培うことを示している。

きまりを守り誰とでも仲よく運動をしたりとは，低学年の各種の運動遊びにおいて，順番やきまりを守り，誰とでも仲よく運動遊びをしたり，友達と協力したり，公正な態度で勝敗を競ったりするなどのスポーツの価値の実現に関する態度の育成を示している。

健康・安全に留意したりとは，運動遊びをする場所や器械・器具の安全に気を付けたりする等，健康・安全に留意する態度を育てることを目指している。

意欲的に運動をする態度とは，運動をする子供とそうでない子供の二極化傾向が見られることを受け，運動遊びをする環境条件の整備も含め，低学年から誰もが意欲的に運動に取り組む態度を培う指導が大切であることを示している。運動遊びに意欲的に取り組むことにより，生涯にわたり豊かなスポーツライフを実現する資質・能力を養うことを意図したものである。また，このねらいは，運動遊びの実践だけでなく，日常の生活において必要な態度にもつながるものである。

●2 内　容

A　体つくりの運動遊び

低学年の体つくりの運動遊びは，「体ほぐしの運動遊び」及び「多様な動きをつくる運動遊び」で構成され，体を動かす楽しさや心地よさを味わうとともに，伸び伸びと体を動かしながら，様々な基本的な体の動きを身に付けることを主なねらいとする運動遊びである。

低学年では，体ほぐしの運動遊びや多様な動きをつくる運動遊びの行い方を知り，自己の心と体の状態に気付いたり，みんなで関わり合ったりするとともに，様々な基本的な体の動きを楽しく経験することにより，動きの幅を広げ，中学年の体つくり運動の学習につなげていくことが求められる。

運動遊びの楽しさに触れ，結果的に体力の向上を図るとともに，この時期に基本的な体の動きを幅広く培っておくことが重要であり，他の領域において扱いにくい様々な動きを取り上げるものとする。

また，友達と話し合いながら簡単な行い方を工夫し，考えた運動遊びを友達に伝えるとともに，体つくりの運動遊びに進んで取り組み，きまりを守り誰とでも仲よく運動遊びをしたり，場の安全に気を付けたりすることなどをできるように

することが大切である。

なお，体ほぐしの運動遊びと多様な動きをつくる運動遊びにおいて，取り上げる運動遊びが似通ってくることも考えられるため，各々のねらいを明確にして運動遊びの行い方を意図的に取り扱うことが必要である。

体つくりの運動遊びについて，次の事項を身に付けることができるよう指導する。

---

(1) 知識及び運動

---

(1) 次の運動遊びの楽しさに触れ，その行い方を知るとともに，体を動かす心地よさを味わったり，基本的な動きを身に付けたりすること。
 ア　体ほぐしの運動遊びでは，手軽な運動遊びを行い，心と体の変化に気付いたり，みんなで関わり合ったりすること。
 イ　多様な動きをつくる運動遊びでは，体のバランスをとる動き，体を移動する動き，用具を操作する動き，力試しの動きをすること。

ア　体ほぐしの運動遊び

　体ほぐしの運動遊びでは，その行い方を知るとともに，手軽な運動遊びを行い，体を動かす楽しさや心地よさを味わうことを通して，自己の心と体の変化に気付いたり，みんなで関わり合ったりすること。

　心と体の変化に気付くとは，体を動かすと気持ちがよいことや，力一杯動くと汗が出たり心臓の鼓動が激しくなったりすることなどに気付くことである。

　みんなで関わり合うとは，人それぞれに違いがあることを知り，誰とでも仲よく協力したり助け合ったりして運動遊びを行い，友達と一緒に体を動かすと楽しさが増すことや，つながりを体験することである。

［行い方の例］

○　伸び伸びとした動作で新聞紙やテープ，ボール，なわ，体操棒，フープといった操作しやすい用具などを用いた運動遊びを行うこと。

○　リズムに乗って，心が弾むような動作で運動遊びを行うこと。

○　動作や人数などの条件を変えて，歩いたり走ったりする運動遊びを行うこと。

○　伝承遊びや集団による運動遊びを行うこと。

◎　運動遊びが苦手な児童への配慮の例

・　心や体の変化に気付くことが苦手な児童には，表情を表す絵や感情を表すカードを示し，自己の心や体の変化のイメージができるようにするなどの配慮をする。

・　友達と楽しく運動をすることが苦手な児童には，友達とハイタッチや拍手で喜びを共有するなど，共に運動遊びをする楽しい雰囲気を実感することができるようにするなどの配慮をする。

イ　多様な動きをつくる運動遊び

多様な動きをつくる運動遊びでは，その行い方を知るとともに，体のバランスをとったり，体を移動したり，用具を操作したり，力試しをしたりすること。

多様な動きをつくる運動遊びは，次の内容で構成される。

(ア) 体のバランスをとる運動遊び

(イ) 体を移動する運動遊び

(ウ) 用具を操作する運動遊び

(エ) 力試しの運動遊び

(ア) 体のバランスをとる運動遊び

姿勢や方向，人数を変えて，回る，寝転ぶ，起きる，座る，立つなどの動きやバランスを保つ動きで構成される運動遊びを通して，体のバランスをとる動きを身に付けることができるようにする。

［例示］

○　回るなどの動きで構成される運動遊び

・　片足を軸にして，右回り・左回りに回転したり，跳び上がって回ったりすること。

・　立った姿勢からリズムよく跳びながら，右回り・左回りに1/2回転，3/4回転，１回転などをすること。

○　寝転ぶ，起きるなどの動きで構成される運動遊び

・　足の裏を合わせて座り，両手で足先を持ち，転がって起きること。

○　座る，立つなどの動きで構成される運動遊び

・　友達と肩を組んだり背中を合わせたりして，立ったり座ったりすること。

○　体のバランスを保つ動きで構成される運動遊び

・　片足でバランスを保ちながら静止すること。

・　しゃがんだ姿勢で互いに手を合わせ，相手のバランスを崩したり，相手にバランスを崩されないようにしたりすること。

◎　運動遊びが苦手な児童への配慮の例

・　回るなどの動きでバランスをとることが苦手な児童には，できそうな

ところに目印を置いて回ったり，軸になる足の位置に輪を置いたりする
など，回りやすくする場を設定するなどの配慮をする。
・　足の裏を合わせて座った姿勢のまま転がって起きることが苦手な児童
には，補助を受けながら，体の重心をゆっくりと移動する動きを身に付
けるようにするなどの配慮をする。
・　二人組になって同時に座る，立つなどの動きが苦手な児童には，補助
を受けながら単独での動きを試みるなどの配慮をする。
・　体のバランスを保つ動きが苦手な児童には，個別に行い方を説明した
り，友達の行い方を見ながら真似をしたりするなどの配慮をする。

(イ)　体を移動する運動遊び
　　姿勢，速さ，リズム，方向などを変えて，這う，歩く，走る，跳ぶ，はね
るなどの動きで構成される運動遊びや一定の速さでのかけ足などの運動遊び
を通して，様々な行い方で体を移動する動きを身に付けることができるよう
にする。

［例示］

○　這う，歩く，走るなどの動きで構成される運動遊び
・　大きな円を右回りや左回りに這ったり，歩いたり，走ったりすること。
・　横や後ろ，斜めに走ったり，曲線やジグザグ，クランクなどの形態の
異なる走路や細い走路を走ったりすること。

○　跳ぶ，はねるなどの動きで構成される運動遊び
・　両足や片足でいろいろな跳び方で跳んだり，空中で向きを変えて足か
ら着地したりすること。
・　両足または片足で，リズムや方向，高さを変えてはねること。

○　一定の速さでのかけ足
・　無理のない速さでかけ足を2〜3分程度続けること。

◎　運動遊びが苦手な児童への配慮の例
・　様々な行い方で這ったり，歩いたり，走ったりすることが苦手な児童
には，友達の行い方の真似をしたり，友達の後について行ったりするな
ど，体の動かし方が分かるようにするなどの配慮をする。
・　跳ぶ，はねるなどの動きが苦手な児童には，跳ぶ方向が分かるよう矢
印を置いたり，はねた際に手でタッチできるよう目印をぶら下げたりす
るなど，場や用具を準備するなどの配慮をする。
・　一定の速さでのかけ足が苦手な児童には，継続できる速さを助言した
り，音楽に合わせるようにしたり，友達とかけ声を合わせながら走った
りするなどの配慮をする。

2
第1学年及
び第2学年
の内容

41

(ｳ) 用具を操作する運動遊び

　　用具をつかむ，持つ，降ろす，回す，転がす，くぐる，運ぶ，投げる，捕る，跳ぶ，用具に乗るなどの動きで構成される運動遊びを通して，用具を操作する動きを身に付けることができるようにする。

［例示］

○　用具をつかむ，持つ，降ろす，回す，転がすなどの動きで構成される運動遊び

・　大きさや重さの異なるボールを両手でつかんで，持ち上げたり，回したり，下ろしたりすること。

・　フープを手首や腰を軸にして回したり，倒れないように転がしたりすること。

・　ペアで向かい合ったり，的を決めたりして，ボールやフープを真っ直ぐ転がすこと。

○　用具をくぐるなどの動きで構成される運動遊び

・　長なわでの大波・小波をしたり，回っているなわをくぐり抜けたりすること。

○　用具を運ぶなどの動きで構成される運動遊び

・　友達と背中などでボールをはさんで，いろいろな方向に運ぶこと。

○　用具を投げる，捕るなどの動きで構成される運動遊び

・　ボールや棒など大きさや種類の異なる用具を片手や両手で投げたり，捕ったりすること。

○　用具を跳ぶなどの動きで構成される運動遊び

・　短なわを揺らしたり，回旋したりしながら前や後ろの連続両足跳びをすること。

○　用具に乗るなどの動きで構成される運動遊び

・　足場の低い易しい竹馬などに乗り，歩くこと。

◎　運動遊びが苦手な児童への配慮の例

・　回す，転がすなど用具を操作することが苦手な児童には，ボールやフープなど用具の大きさ，柔らかさ，重さを変えて操作しやすくするなどの配慮をする。

・　用具を投げる，捕るなどの動きが苦手な児童には，新聞紙を丸めた球や新聞紙で作った棒，スポンジのボールなど，恐怖心を感じにくい用具を用いたり，紙鉄砲を用いた遊びを取り入れたりするなどの配慮をする。

・　なわを跳んだり，くぐったりすることが苦手な児童には，跳び越す位置や動き方を示したり，かけ声によってタイミングを合わせることがで

きるようにしたりするなどの配慮をする。

(エ) 力試しの運動遊び

人を押す，引く，運ぶ，支えるなどしたり，力比べをしたりするなどの動きで構成される運動遊びを通して，力を出しきったり，力を入れたり緩めたりする力試しの動きを身に付けることができるようにする。

［例示］

○ 人を押す，引く動きや力比べをするなどの動きで構成される運動遊び
  ・ すもう遊びで相手を押し出したり，引き合い遊びで引き動かしたりすること。
  ・ なわを引いたり，緩めたりしながら力の出し入れを調整し，力比べをすること。
○ 人を運ぶ，支えるなどの動きで構成される運動遊び
  ・ 友達をいろいろな方向に引きずったり，おんぶをしたりすること。
  ・ 腕立て伏臥の姿勢から自己の体を支え，手や足を支点として回ること。
◎ 運動遊びが苦手な児童への配慮の例
  ・ すもう遊びや力比べが苦手な児童には，力を入れたり緩めたりする行い方について助言したり，力を加減するタイミングをつかめるように声をかけたりするなどの配慮をする。
  ・ 友達を引きずったり，おんぶをしたりする動きが苦手な児童には，補助を受けながら行ったり，動く距離を短くしたりするなどの配慮をする。
  ・ 体を支える動きが苦手な児童には，肘を曲げずに手の平で地面や床を押したり，目線を地面や床と平行にしたりすることができるよう助言するなどの配慮をする。

(2) 思考力，判断力，表現力等

---

(2) 体をほぐしたり多様な動きをつくったりする遊び方を工夫するとともに，考えたことを友達に伝えること。

ア 楽しくできる体ほぐしの運動遊びや多様な動きをつくる運動遊びを選ぶこと。
  ○ できそうな運動遊びや，友達と一緒に行うと楽しい運動遊びを選んだり，運動遊びをする場や使用する用具を変えながら，楽しくできる遊び方を選んだりする例
    ・ 友達の感想や気付きを聞いたり，友達の動きを見たりして，できそうな運動遊びや友達と一緒に行うと楽しい運動遊びを選ぶこと。

・　いろいろな種類の用具の中から操作しやすい物を選んだり，楽しく動くことができる場を選んだりすること。

イ　友達のよい動きを見付けたり，工夫したりした楽しい遊び方を友達に伝えること。

　○　体ほぐしの運動遊びで心や体の変化に気付いたことを友達に伝える例

　　・　体を動かすと気持ちがよいことや汗が出ることなどの気付いたことを言葉で表したり，気持ちを表すカードなどを用いたりして友達に伝えること。

　○　多様な動きをつくる運動遊びで友達の動きを見てよい動きを見付けたり，楽しい運動遊びの行い方を選んだりしたことを友達に伝える例

　　・　友達の動きを見て見付けたよい動きや，行ってみて楽しいと感じた運動遊びの行い方を友達に伝えること。

　　・　用具を運ぶ運動遊びで，ボールの大きさや種類を変えたり，様々な運び方を試したりして選んだ行い方を，動作を交えながら友達に伝えること。

(3)　学びに向かう力，人間性等

> (3)　運動遊びに進んで取り組み，きまりを守り誰とでも仲よく運動をしたり，場の安全に気を付けたりすること。

ア　体ほぐしの運動遊びや多様な動きをつくる運動遊びに進んで取り組むこと。

イ　運動遊びをする際に，順番やきまりを守り，誰とでも仲よくすること。

ウ　運動遊びで使用する用具の準備や片付けを，友達と一緒にすること。

エ　危険物が無いか，友達とぶつからない十分な間隔があるかなどの場の安全に気を付けること。

　◎　運動遊びに意欲的でない児童への配慮の例

　　・　体を動かすことを好まない児童には，教室から友達と手をつないで体育館や運動場に移動するなど，授業前から友達と関わりながら自然に運動遊びに加わっていくことができるようにするなどの配慮をする。

　　・　友達と関わり合うことに意欲的になれない児童には，ペアやグループで調子を合わせて動くことによって，気持ちも弾んでくることが実感できる運動遊びを準備したり，意欲が感じられる児童のつぶやきや動きを取り上げて共感したりするなどの配慮をする。

B　器械・器具を使っての運動遊び

　低学年の器械・器具を使っての運動遊びは，「固定施設を使った運動遊び」，

「マットを使った運動遊び」,「鉄棒を使った運動遊び」及び「跳び箱を使った運動遊び」で構成され,様々な動きに挑戦し,それらができる楽しさに触れることのできる運動遊びである。

低学年では,器械・器具を使っての運動遊びの楽しさに触れ,その行い方を知るとともに,回転,支持,逆さの姿勢,ぶら下がり,振動,手足での移動などの基本的な動きや技能を身に付けるようにし,中学年の器械運動の学習につなげていくことが求められる。

また,運動遊びを楽しく行うために,簡単な遊び方を工夫するとともに,きまりを守り誰とでも仲よく運動遊びをしたり,場や器械・器具の安全に気を付けたりすることなどができるようにすることが大切である。

器械・器具を使っての運動遊びについて,次の事項を身に付けることができるよう指導する。

---

(1) 知識及び技能

---

(1) 次の運動遊びの楽しさに触れ,その行い方を知るとともに,その動きを身に付けること。

　ア　固定施設を使った運動遊びでは,登り下りや懸垂移行,渡り歩きや跳び下りをすること。

　イ　マットを使った運動遊びでは,いろいろな方向への転がり,手で支えての体の保持や回転をすること。

　ウ　鉄棒を使った運動遊びでは,支持しての揺れや上がり下り,ぶら下がりや易しい回転をすること。

　エ　跳び箱を使った運動遊びでは,跳び乗りや跳び下り,手を着いてのまたぎ乗りやまたぎ下りをすること。

ア　固定施設を使った運動遊び

固定施設を使った運動遊びでは,その行い方を知るとともに,ジャングルジムや雲梯,登り棒,肋木,平均台などで,いろいろな登り下りやぶら下がりをしたり,懸垂移行をしたり,渡り歩きや跳び下りをしたり,逆さの姿勢をとったりするなどして遊ぶこと。

［例示］

○　ジャングルジムを使った運動遊び

　　　　・　登り下り，渡り歩き，逆さの姿勢などをすること。
　○　雲梯を使った運動遊び
　　　　・　懸垂移行や渡り歩きなどをすること。
　○　登り棒を使った運動遊び
　　　　・　登り下りや逆さの姿勢などをすること。
　○　肋木を使った運動遊び
　　　　・　登り下りや懸垂移行，腕立て移動などをすること。
　○　平均台を使った運動遊び
　　　　・　渡り歩きや跳び下りなどをすること。
　◎　運動遊びが苦手な児童への配慮の例
　　・　ジャングルジムを使った運動遊びで，登ることが苦手な児童には，低い
　　　場所に音の鳴る教具を付けることで登ることへの興味を喚起したり，低い
　　　場所を横に移動したりして，高さに慣れるようにするなどの配慮をする。
　　・　雲梯を使った運動遊びで，体を揺らして移動することが苦手な児童には，
　　　体を支えて移動できるように補助をしたり，少し斜めを向いた姿勢で片手
　　　ずつ動かして移動できるように助言したりして，懸垂の姿勢と体の揺れを
　　　使って移動できる動きが身に付くようにするなどの配慮をする。
　　・　登り棒を使った運動遊びで，足が滑って登ることが苦手な児童には，ハ
　　　チマキなどを巻いて節をつくり，足が滑らないようにするなどの配慮をす
　　　る。
　　・　肋木を使った運動遊びで，ぶら下がって移動することが苦手な児童には，
　　　足を上げてポーズをとったり，足を振ってみたりするなど，ぶら下がって
　　　できる運動遊びをしたり，手で支えて移動することが苦手な児童には，高
　　　さごとに色分けした場で，同じ色の高さを横に歩いたり，色の違う高さに
　　　登ったり移動したりできるようにして，取り組みやすい場にするなどの配
　　　慮をする。
　　・　平均台を使った運動遊びで，バランスを保つことが苦手な児童には，床
　　　のライン上で姿勢よく体重移動ができるように歩いたり，高さのあるとこ
　　　ろでは手をつないだりするなどの配慮をする。

イ　マットを使った運動遊び
　　マットを使った運動遊びでは，その行い方を知るとともに，マットに背中や
　腹などをつけていろいろな方向に転がったり，手や背中で支えて逆立ちをした
　り，体を反らせたりするなどして遊ぶこと。
　［例示］
　○　ゆりかご，前転がり，後ろ転がり，だるま転がり，丸太転がりなど

・　マットに背中や腹をつけて揺れたり，いろいろな方向に転がったりすること。

○　背支持倒立（首倒立），うさぎ跳び，かえるの足打ち，かえるの逆立ち，壁登り逆立ち，支持での川跳び，腕立て横跳び越し，ブリッジなど

・　手や背中で体を支えていろいろな姿勢で逆立ちしたり，移動したり，体を反らしてブリッジをしたり，友達がつくったブリッジをくぐったりすること。

◎　運動遊びが苦手な児童への配慮の例

・　前や後ろへ転がることが苦手な児童には，体を丸めて揺れるゆりかごに取り組んだり，傾斜のある場で勢いよく転がるように取り組んだりして，転がるための体の動かし方が身に付くように練習の仕方や場を設定するなどの配慮をする。

・　手で体を支えて移動することが苦手な児童には，手や足を移動する場所や目線の先にマークを置くなどして，支持で移動できる体の動かし方が身に付くように教具や場を設定するなどの配慮をする。

ウ　鉄棒を使った運動遊び

鉄棒を使った運動遊びでは，その行い方を知るとともに，鉄棒を使って，手や腹，膝で支持したり，ぶら下がったり，揺れたり，跳び上がったり，跳び下りたり，易しい回転をしたりするなどして遊ぶこと。

［例示］

○　ふとん干しやこうもり，さる，ぶたの丸焼き

・　腹や膝，手でぶら下がったり，揺れたりすること。

○　ツバメ

・　体を伸ばし手で支えバランスをとって止まること。

○　跳び上がりや跳び下り

・　跳び上がって支持して下りたり，支持の姿勢で体を揺らして後ろに跳び下りたりすること。

○　易しい回転

・　支持の姿勢から体を丸めて前に回って下りたり，両手でぶら下がって前後に足抜き回りをしたりすること。

◎　運動遊びが苦手な児童への配慮の例

・　体を揺らすことが苦手な児童には，腕や頭を動かして反動をつけたり，補助を受けて体を軽く揺らしたりして，揺れるための体の動かし方が身に付くようにするなどの配慮をする。

・　鉄棒上で支えたりバランスをとることが苦手な児童には，伸ばす部位を

助言したり，支持しているときの目線の先を示したりして，バランスをとる動きが身に付くようにするなどの配慮をする。
・　跳び上がることが苦手な児童には，台などを設置して，支持や跳び上がりなどを行いやすい場を設定するなどの配慮をする。
・　回転することが苦手な児童には，腹を掛けて揺れたり，補助や補助具などを使って回転したりして，体を丸めて勢いよく回転する体の動かし方が身に付くようにするなどの配慮をする。

エ　跳び箱を使った運動遊び

跳び箱を使った運動遊びでは，その行い方を知るとともに，跳び箱を使って跳び乗りや跳び下りをしたり，馬跳びやタイヤ跳びをしたりするなどして遊ぶこと。

［例示］

○　踏み越し跳び
・　片足で踏み切って跳び箱に跳び乗ったり，ジャンプをして跳び下りたりすること。
○　支持でまたぎ乗り・またぎ下り，支持で跳び乗り・跳び下り
・　数歩の助走から両足で踏み切り，跳び箱に両手を着いてまたぎ乗ったり，またいだ姿勢で手を支点に体重を移動させてまたぎ下りたりすること。
・　数歩の助走から両足で踏み切り，跳び箱に両手を着いて両足で跳び乗ったり，ジャンプをして跳び下りたりすること。
○　馬跳び，タイヤ跳び
・　両手で支持してまたぎ越すこと。
◎　運動遊びが苦手な児童への配慮の例
・　踏み越し跳びや手を着いてのまたぎ乗りやまたぎ下り，手を着いての跳び乗りや跳び下りが苦手な児童には，高さを低くしたり，跳び箱の手前に台を置いて跳び乗りやすくしたりして，手で支えたり，跳んだりする動きが身に付くように場を設定するなどの配慮をする。
・　馬跳びやタイヤ跳びが苦手な児童には，床でうさぎ跳びやかえるの足打ち，かえるの逆立ちなどを行い，手で支えたり，跳んだりする動きが身に付くようにするなどの配慮をする。

(2) 思考力，判断力，表現力等

> (2) 器械・器具を用いた簡単な遊び方を工夫するとともに，考えたこと
> を友達に伝えること。

ア　固定施設を使った運動遊びやマットを使った運動遊び，鉄棒を使った運動遊
　　び，跳び箱を使った運動遊びの簡単な遊び方を選ぶこと。
　　○　運動遊びの場や遊び方を選ぶ工夫の例
　　　　・　それぞれの固定施設を使って，ぶら下がったり，逆さの姿勢になったり
　　　　　するなどのいろいろな姿勢をとったり，鬼ごっこやじゃんけんをして登り
　　　　　下りしたりするなど，楽しくできる場や遊び方を選ぶこと。
　　　　・　マットを使った運動遊びでは，坂道やジグザグなどの複数のコースでい
　　　　　ろいろな方向に転がることができるような場を選んだり，動物に変身して
　　　　　腕で支えながら移動したり，逆さまになったりする運動遊びの中から，動
　　　　　物の動きを選んだりすること。
　　　　・　鉄棒を使った運動遊びでは，手や足，腹でぶら下がった姿勢でじゃんけ
　　　　　んをしたり，支持して体を揺らして遠くへ跳ぶ競争をしたりするなど，楽
　　　　　しくできる遊び方を選ぶこと。
　　　　・　跳び箱を使った運動遊びでは，走って跳び乗った後，手を叩いたり，回っ
　　　　　たりして着地するなど，いろいろな着地の仕方を選ぶこと。
イ　友達のよい動きを見付けたり，考えたりしたことを友達に伝えること。
　　○　友達のよい動きを伝える例
　　　　・　友達のよい動きを擬態語や擬音語で表現したり，学習カードに書いたり
　　　　　すること。

(3) 学びに向かう力，人間性等

> (3) 運動遊びに進んで取り組み，順番やきまりを守り誰とでも仲よく運
> 動をしたり，場や器械・器具の安全に気を付けたりすること。

ア　ぶら下がったり，逆さまになったりするなどのいろいろな姿勢をして遊んだ
　　り，動物の真似をして腕で支えながら移動したり，転がったりするなど，器
　　械・器具を使っての運動遊びに進んで取り組むこと。
イ　器械・器具を使ったいろいろな運動遊びをする際に，順番やきまりを守り，
　　誰とでも仲よくすること。

ウ　器械・器具の準備や片付けを，友達と一緒にすること。

エ　転がったり，跳び下りたりするときなどに，危ないものが無いか，近くに人がいないか，マットや跳び箱などの器械・器具が安全に置かれているかなどの場の安全に気を付けること。

◎　運動遊びに意欲的でない児童への配慮の例

・　怖くて運動遊びに取り組めない児童には，器械・器具の高さを変えたり，痛くないように配慮した場を設定したりして，条件を変えた場を複数設定して選択できるようにするなどの配慮をする。

・　自信がもてない児童には，成功回数が多くなる簡単な運動遊びを取り入れたり，できたことを称賛したりして，肯定的な働きかけができるようにするなどの配慮をする。

・　恥ずかしがる児童には，二人組で手をつないで跳び下りたり，集団で転がったりできる運動遊びを取り入れたりして，友達と一緒に運動遊びをする楽しさに触れることができるようにするなどの配慮をする。

C　走・跳の運動遊び

低学年の走・跳の運動遊びは，「走の運動遊び」及び「跳の運動遊び」で構成され，いろいろなレーンを走ったりリズムよく跳んだりする楽しさに触れることができる運動遊びである。

低学年では，走・跳の運動遊びの楽しさに触れ，その行い方を知るとともに，いろいろな方向へ走ったり，低い障害物を走り越えたり，前方や上方に跳んだり，連続して跳んだりするなどの基本的な動きを身に付けるようにし，中学年の走・跳の運動の学習につなげていくことが求められる。

また，走・跳の運動遊びを楽しく行うために，簡単な遊び方を工夫するとともに，順番やきまりを守り誰とでも仲よく運動遊びをしたり，勝敗を受け入れたり，場の安全に気を付けたりすることなどができるようにすることも大切である。

> 走・跳の運動遊びについて，次の事項を身に付けることができるよう指導する。

(1) 知識及び技能

> (1) 次の運動遊びの楽しさに触れ，その行い方を知るとともに，その動きを身に付けること。

> ア　走の運動遊びでは，いろいろな方向に走ったり，低い障害物を走
> り越えたりすること。
> イ　跳の運動遊びでは，前方や上方に跳んだり，連続して跳んだりす
> ること。

ア　走の運動遊び

　走の運動遊びでは，その行い方を知るとともに，距離や方向などを決めて走ったり，手でのタッチやバトンの受渡しをする折り返しリレー遊びをしたり，段ボールや輪などの低い障害物を用いてのリレー遊びをしたりすること。

［例示］

○　30〜40m程度のかけっこ

・　いろいろな形状の線上等を真っ直ぐに走ったり，蛇行して走ったりすること。

○　折り返しリレー遊び，低い障害物を用いてのリレー遊び

・　相手の手の平にタッチをしたり，バトンの受渡しをしたりして走ること。

・　いろいろな間隔に並べられた低い障害物を走り越えること。

◎　運動遊びが苦手な児童への配慮の例

・　かけっこで，リズムよく走ることが苦手な児童には，一定のリズム，速いリズムなど，いろいろなリズムで走ったり，レーン上に目印を置いて，分かりやすいレーンを設定したりするなどの配慮をする。

・　リレー遊びで，バトンを上手に渡したり受けたりすることが苦手な児童には，手で相手の背中にタッチしたり，迎えタッチにしたりするなど，タッチの仕方を変えたり，受渡しがしやすくなるように形状の異なるバトン（リング状のバトン等）を用いるなどの配慮をする。

・　低い障害物を走り越える運動遊びで，最後まで走り越えることが苦手な児童には，障害物を置く間隔や高さを変えるなどの配慮をする。

イ　跳の運動遊び

　跳の運動遊びでは，その行い方を知るとともに，助走を付けて片足で踏み切り，前方や上方に跳んだり，片足や両足で連続して跳んだりすること。

［例示］

○　幅跳び遊び

・　助走を付けて片足でしっかり地面を蹴って前方に跳ぶこと。

○　ケンパー跳び遊び

・　片足や両足で，いろいろな間隔に並べられた輪等を連続して前方に跳ぶこと。

○　ゴム跳び遊び

・　助走を付けて片足でしっかり地面を蹴って上方に跳ぶこと。

・　片足や両足で連続して上方に跳ぶこと。

◎　運動遊びが苦手な児童への配慮の例

・　幅跳び遊びで，上手に跳ぶことができない児童には，足を置く位置の目印として輪を置き，リズミカルに跳ぶことのできる場を設定するなどの配慮をする。

・　ケンパー跳び遊びで，上手に跳ぶことができない児童には，「グー」と「パー」が分かりやすい目印をレーン上に設定し，足を置く順番やリズムが分かるようにするなどの配慮をする。

・　ゴム跳び遊びで，高く跳ぶことやしっかりジャンプをすることが苦手な児童には，高さを変えたり，跳ぶ時のリズムを決めたりするなどの配慮をする。

(2)　思考力，判断力，表現力等

> (2)　走ったり跳んだりする簡単な遊び方を工夫するとともに，考えたことを友達に伝えること。

ア　走の運動遊びや跳の運動遊びの簡単な遊び方を選ぶこと。

○　運動遊びの場を選ぶ遊び方の工夫の例

・　走の運動遊びでは，直線や曲線，ジグザグなどいろいろな運動遊びの場の中から，自己に適した運動遊びの場を選ぶこと。

・　跳の運動遊びでは，前方や上方に跳ぶ高さや距離，間隔など，いろいろな運動遊びの場の中から，自己に適した運動遊びの場を選ぶこと。

イ　友達のよい動きを見付けたり，考えたりしたことを友達に伝えること。

○　学び合ったことを友達に伝える例

・　活動後に，感想や動きのポイント，友達のよい動きを書いたり，発表したりすること。

(3)　学びに向かう力，人間性等

> (3)　運動遊びに進んで取り組み，順番やきまりを守り誰とでも仲よく運動をしたり，勝敗を受け入れたり，場の安全に気を付けたりすること。

ア　走の運動遊びや跳の運動遊びに進んで取り組むこと。

イ　かけっこやリレー遊びなどを行う際に，順番やきまりを守り，誰とでも仲よくすること。

ウ　かけっこやリレー遊びなどの勝敗を受け入れること。

エ　運動遊びで使用する用具の準備や片付けを，友達と一緒にすること。

オ　走る場所に危険物が無いか，跳ぶ運動遊びをするときに，友達とぶつからない十分な間隔があるかなどの場の安全に気を付けること。

　◎　運動遊びに意欲的でない児童への配慮の例

　　・　かけっこでの競走など，競走（争）を好まない児童には，いろいろな走り方や跳び方で勝敗を競わずに楽しめる場を設定したり，行い方を工夫したりするなどの配慮をする。

　　・　最後までうまく走ったり跳んだりできないなど，達成感を味わうことが難しい児童には，易しい場や課題を複数準備するなどの配慮をする。

　　・　友達同士でうまく関わり合うことができない児童には，見合いや教え合いなど，互いに関わり合いながら学習をするようにしたり，友達同士で学習の成果を認め合ったりする機会を設定するなどの配慮をする。

　　・　対人関係をうまく保つことができない児童には，児童の伸びや友達との関わり方を教師が積極的に称賛するなどの配慮をする。

D　水遊び

　低学年の水遊びは，「水の中を移動する運動遊び」及び「もぐる・浮く運動遊び」で構成され，水につかって歩いたり走ったり，水にもぐったり浮いたりする楽しさに触れることができる運動遊びである。

　低学年では，水遊びの楽しさに触れ，その行い方を知るとともに，水慣れを通して不安感を取り除き，水の心地よさを味わうことからはじめ，水の中を移動すること，もぐる・浮くことなどの基本的な動きを身に付けるようにし，中学年の水泳運動の学習につなげていくことが求められる。

　また，水遊びを楽しく行うために，簡単な遊び方を工夫するとともに，順番やきまりを守り誰とでも仲よく運動遊びをしたり，水遊びの心得を守って安全に気を付けたりすることなどをできるようにすることが大切である。

　水遊びについて，次の事項を身に付けることができるよう指導する。

---

(1) 知識及び技能

> (1) 次の運動遊びの楽しさに触れ，その行い方を知るとともに，その動
> きを身に付けること。
> 　ア　水の中を移動する運動遊びでは，水につかって歩いたり走ったり
> 　すること。
> 　イ　もぐる・浮く運動遊びでは，息を止めたり吐いたりしながら，水
> 　にもぐったり浮いたりすること。

ア　水の中を移動する運動遊び

　水の中を移動する運動遊びでは，その行い方を知るとともに，まねっこ遊び
やリレー遊びなどで，いろいろな姿勢で歩いたり，自由に方向や速さを変えて
走ったりすること。

［例示］

○　水につかっての水かけっこ，まねっこ遊び

・　胸まで水につかって大きく息を吸ったり吐いたりすること。

・　水を手ですくって体のいろいろな部分にかけたり，いろいろな方向に飛
ばしたり，友達と水をかけ合ったりすること。

・　水につかっていろいろな動物（アヒル，カニ，カエル，ワニなど）の真
似をしながら歩いたり，腰や膝を伸ばした一直線の姿勢になり手を使って
歩いたりすること。

○　水につかっての電車ごっこ，リレー遊び，鬼遊び

・　水の抵抗や浮力に負けないように，自由に歩いたり走ったり，方向を変
えたりすること。

・　手で水をかいたり，足でプールの底を力強く蹴ったりジャンプをしたり
しながら速く走ること。

◎　運動遊びが苦手な児童への配慮の例

・　水かけっこで,顔に水がかかることが苦手な児童には,背中合わせになっ
たり，友達との距離を広げたりするなど，遊び方を工夫するなどの配慮を
する。

・　まねっこ遊び（ワニ）で，水面に対して体を水平にした姿勢になり手だ
けで歩くことが苦手な児童には，より浅い場所で歩いたり，しゃがんだ姿
勢でゆっくりと移動したりするなど，段階的な遊び方を工夫するなどの配
慮をする。

・　電車ごっこ，リレー遊び，鬼遊びで，水の抵抗や浮力の影響で歩いたり

走ったりすることが苦手な児童には，友達の後ろに続いて移動したり，手で水を力強くかいたりすることを助言するなどの配慮をする。

イ　もぐる・浮く運動遊び

もぐる・浮く運動遊びでは，その行い方を知るとともに，石拾いや伏し浮きなどで，息を止めたり吐いたりしながら，いろいろな姿勢でもぐったり浮いたりすること。

［例示］

○　水中でのじゃんけん，にらめっこ，石拾い，輪くぐりなどのもぐる遊び

・　水に顔をつけたり，もぐって目を開けたりすること。

・　水中で息を止めたり吐いたりしながらもぐる遊びをすること。

・　浮力に負けないように，手や足を使っていろいろな姿勢でもぐること。

○　くらげ浮き，伏し浮き，大の字浮きなど浮く遊び

・　壁や補助具につかまったり，友達に支えてもらったりして浮くこと。

・　補助具や友達につかまり，体を伸ばした姿勢にして浮いて進むこと。

・　息を吸って止め，全身の力を抜いて浮くこと。

○　バブリングやボビング

・　大きく息を吸ってもぐり，水中で息を止めたり吐いたりすること。

・　息を止めてもぐり，口や鼻から少しずつ息を吐きながら水面まで跳び上がって息をまとめて吐いた後，空中ですぐに吸ってまたもぐること。

・　頭の上に手を挙げながら（膝を曲げて）もぐり，手をさげながら（膝を伸ばして）跳び上がる動きを繰り返すこと。

◎　運動遊びが苦手な児童への配慮の例

・　もぐる遊びで，水に顔をつけることが苦手な児童には，少しずつ顔に水がかかるようにシャワーを浴びたり，顎→口→鼻→目へと徐々に水につける部分を増やしたりするなどの配慮をする。

・　もぐる遊びで，水の浮力を受け，輪をくぐることが苦手な児童には，輪の深さや数を変えたり，二人組でつくった手のトンネルをくぐったりするなどの配慮をする。

・　浮く遊びで，足が沈み，伏し浮きをすることが苦手な児童には，息を大きく吸って止めたり，顎を引いて頭を水の中につけたり，無駄な力を抜いて体を真っ直ぐにしたりすることを助言するなどの配慮をする。

・　バブリングで，水中で息を吐くことが苦手な児童には，手の平にすくった水を吹き飛ばしたり，水面に浮いたものを吐いた息で移動させたりするなど，顔をつけずに息をまとめて強く吐くことのできる遊びをするなどの配慮をする。

2
第1学年及
び第2学年
の内容

55

・　ボビングで，動きと呼吸のリズムを合わすことが苦手な児童には，友達
と手をつないで一緒にボビングをするなどの場を設定したり，「プクプク
プク（弱く吐く），ブハ！（水面を出たら大きく強くまとめて吐く），スゥー
（すぐに吸う）」などの呼吸のリズムのイメージができる言葉を助言したり
するなどの配慮をする。

(2) 思考力，判断力，表現力等

> (2) 水の中を移動したり，もぐったり浮いたりする簡単な遊び方を工夫
> するとともに，考えたことを友達に伝えること。

ア　水の中を移動する運動遊びやもぐる・浮く運動遊びの簡単な遊び方や場を選
ぶこと。
　○　まねっこをする動物を選ぶ例
　　・　動物を選んだり，友達が選んだ動物の動きを取り入れたりすること。
　○　石拾いや輪くぐりの場を選ぶ例
　　・　拾う石の数や色を決めたり，輪の置き方（縦・横・斜め）や数，輪を沈
　　める深さなどを変えたりするなど，楽しくできる場や遊び方を選ぶこと。
　○　バブリングやボビングを取り入れて遊ぶ工夫の例
　　・　バブリングでは，水中でのじゃんけんを繰り返したり，水中でいろいろ
　　な言葉を伝え合ったりするなど，楽しくできる遊び方を選ぶこと。
　　・　ボビングでは，一緒にする人数を増やしたり，友達と合わせるタイミン
　　グを変えたりするなど，楽しくできる遊び方を選ぶこと。
イ　友達のよい動きを見付けたり，考えたりしたことを友達に伝えること。
　○　水中でのいろいろな歩き方や走り方を友達に伝える例
　　・　試した動物の動きや，友達が行った動物のよい動きを伝えること。
　　・　スムーズに歩いたり走ったりするために，方向や速さを変えるときの手
　　や足の使い方を見付け，友達に伝えること。

(3) 学びに向かう力，人間性等

> (3) 運動遊びに進んで取り組み，順番やきまりを守り誰とでも仲よく運
> 動をしたり，水遊びの心得を守って安全に気を付けたりすること。

ア　水につかって動物の真似をしたり鬼遊びをしたり，いろいろな姿勢でもぐっ

たり浮いたりするなど，水遊びに進んで取り組むこと。

イ　水遊びをする際に，順番やきまりを守り，誰とでも仲よくすること。

ウ　水遊びで使用する用具の準備や片付けを，友達と一緒にすること。

エ　準備運動や整理運動をしっかり行う，丁寧にシャワーを浴びる，プールサイドは走らない，プールに飛び込まない，友達とぶつからないように動くなどの水遊びの心得を守ること。また，水遊びをする前には，体（爪，耳，鼻，頭髪等）を清潔にしておくこと。

◎　運動遊びに意欲的でない児童への配慮の例

・　水に対する恐怖心がある児童には，安全面からもペアでの学習（バディシステム）を取り入れ，友達と一緒に行う水遊びの楽しさに触れることができるようにしたり，水慣れの時間を十分に確保したり，少しでもできたことを称賛したりするなどの配慮をする。

・　友達と一緒に水遊びをすることを好まない児童には，友達と協力して一緒に取り組む水遊びを紹介したり，友達同士で互いの動きのよさを認め合う機会を設定したりするなどの配慮をする。

・　既に初歩的な泳ぎを身に付けている児童には，ワニ歩きで頭までつかりながら行うよう助言し，その動きのよさを全体に伝えたり，石拾いで石の数や色を指定して（連続して行うボビングの回数を指定して）児童にとってより適した課題を提示したりするなどの配慮をする。

E　ゲーム

低学年のゲームは，「ボールゲーム」及び「鬼遊び」で構成され，個人対個人で競い合ったり，集団対集団で競い合ったりする楽しさに触れることができる運動遊びである。

低学年では，ゲームの楽しさに触れ，その行い方を知るとともに，攻めと守りに関する課題を解決するために，簡単なボール操作と攻めや守りの動きによって易しいゲームをしたり，一定の区域で鬼遊びをしたりすることができるようにし，中学年のゲームの学習につなげていくことが求められる。

また，ゲームを楽しく行うために，簡単な遊び方を工夫するとともに，規則を守り誰とでも仲よく運動遊びをしたり，場の安全に気を付けたりすることなどをできるようにすることが大切である。

> ゲームについて，次の事項を身に付けることができるよう指導する。

(1) 知識及び技能

（1） 次の運動遊びの楽しさに触れ，その行い方を知るとともに，易しい
　　ゲームをすること。
　　ア　ボールゲームでは，簡単なボール操作と攻めや守りの動きによっ
　　　て，易しいゲームをすること。
　　イ　鬼遊びでは，一定の区域で，逃げる，追いかける，陣地を取り合
　　　うなどをすること。

ア　ボールゲーム

　ボールゲームでは，その行い方を知るとともに，簡単なボール操作と簡単な
攻めや守りの動きなどのボールを持たないときの動きによって，コート内で攻
守入り交じって，的やゴールに向かってボールを投げたり蹴ったりする簡単な
規則で行われる易しいゲーム（ゴール型ゲームに発展），攻めと守りが分かれ
たコートで，相手コートにボールを投げ入れる簡単な規則で行われる易しい
ゲーム（ネット型ゲームに発展），攻めと守りを交代しながら，ボールを手な
どで打ったり，蹴ったりする簡単な規則で行われる易しいゲーム（ベースボー
ル型ゲームに発展）などをすること。

［例示］

○　的当てゲーム

○　シュートゲーム

○　相手コートにボールを投げ入れるゲーム

○　攻めがボールを手などで打ったり蹴ったりして行うゲーム

　・　ねらったところに緩やかにボールを転がしたり，投げたり，蹴ったりし
　　て，的に当てたり得点したりすること。

　・　相手コートに緩やかにボールを投げ入れたり，捕ったりすること。

　・　ボールを捕ったり止めたりすること。

　・　ボールが飛んだり，転がったりしてくるコースに入ること。

　・　ボールを操作できる位置に動くこと。

◎　運動遊びが苦手な児童への配慮の例

　・　ボールを捕ったり止めたりすることが苦手な児童には，柔らかいボール
　　を用いたり，空気を少し抜いたボールを用いたりするなどの配慮をする。

　・　ボールが飛んだり，転がったりしてくるコースに入ることが苦手な児童
　　には，柔らかいボールを用い，１対１でゴールを守る練習をしたりするな
　　どの配慮をする。

・　ボールの勢いに怖さを感じる児童には，柔らかいボールを用いたり，速さの出にくい軽いボールを用いたりするなどの配慮をする。

イ　鬼遊び

　鬼遊びでは，その行い方を知るとともに，一定の区域で逃げる，追いかける，陣地を取り合うなどの簡単な規則で鬼遊びをしたり，工夫した区域や用具で鬼遊びをしたりすること。

［例示］

○　一人鬼，手つなぎ鬼，子増やし鬼

○　宝取り鬼，ボール運び鬼

・　相手（鬼）にタッチされたり，マーク（タグやフラッグ）を取られたりしないように，空いている場所を見付けて，速く走ったり，急に曲がったり，身をかわしたりすること。

・　相手（鬼）のいない場所に移動したり，駆け込んだりすること。

・　少人数で連携して相手（鬼）をかわしたり，走り抜けたりすること。

・　逃げる相手を追いかけてタッチしたり，マーク（タグやフラッグ）を取ったりすること。

◎　運動遊びが苦手な児童への配慮の例

・　鬼になってなかなか捕まえられない児童には，短い時間で鬼を交代したり，逃げる場所を制限したり，逃げる場所を狭くしたりするなどの配慮をする。

・　鬼から逃げることが苦手な児童には，安全地帯を設けたり，鬼の人数を一人から徐々に増やしたり，鬼でない児童の人数を増やしたりするなどの配慮をする。

・　宝取り鬼で，相手の陣地から宝をとるのが苦手な児童には，宝を置く場所や宝の数を増やしたり，鬼の人数を一人から徐々に増やしたり，宝を取りやすいように陣地の形を変えたりするなどの配慮をする。

・　ボール運び鬼で，相手の陣地にボールを運ぶことが苦手な児童には，チーム内での役割が分かるようにしたり，攻めと守りが入り交じる場を制限したり，守りの人数を減らしたり，ボールを運ぶ側の人数を増やしたりするなどの配慮をする。

(2) 思考力，判断力，表現力等

> (2)　簡単な規則を工夫したり，攻め方を選んだりするとともに，考えたことを友達に伝えること。

ア　ボールゲームや鬼遊びの簡単な遊び方を選ぶこと。

　　○　ボールゲームや鬼遊びの規則を選ぶ例

　　　　・　ボールゲームでは，ゲームの場や規則の中から，楽しくゲームができる場や得点の方法など，自己に適した場や規則を選ぶこと。

　　　　・　鬼遊びでは，提示された簡単な遊び方や規則の中から，楽しく鬼遊びができる場や得点の方法など，自己に適した遊び方や規則を選ぶこと。

イ　友達のよい動きを見付けたり，考えたりしたことを友達に伝えること。

　　○　ボールを捕ったり止めたりすることについて考えたことを友達に伝える例

　　　　・　易しいボールゲームで，ボールを捕ったり止めたりするときに行った工夫を，動作や言葉で友達に伝えること。

　　○　ボールが飛んだり，転がったりしてくるコースに入ることについて考えたことを友達に伝える例

　　　　・　易しいボールゲームで，ボールが飛んだり，転がったりしてくるコースに入ることについて，友達のよい動きを動作や言葉で友達に伝えること。

　　○　少人数で連携して相手（鬼）をかわしたり，走り抜けたりすることについて考えたことを友達に伝える例

　　　　・　鬼遊びで，少人数で連携して相手（鬼）をかわしたり，走り抜けたりする行い方について，動作や言葉で友達に伝えること。

(3)　学びに向かう力，人間性等

> (3)　運動遊びに進んで取り組み，規則を守り誰とでも仲よく運動をしたり，勝敗を受け入れたり，場や用具の安全に気を付けたりすること。

ア　ボールゲームや鬼遊びに進んで取り組むこと。

イ　ボールゲームや鬼遊びをする際に，順番や規則を守り，誰とでも仲よくすること。

ウ　ボールゲームや鬼遊びの勝敗を受け入れること。

エ　ボールゲームや鬼遊びで使用する用具等の準備や片付けを，友達と一緒にすること。

オ　ボールゲームや鬼遊びを行う際に，危険物が無いか，安全にゲームができるかなどの場の安全に気を付けること。

　　◎　運動遊びに意欲的でない児童への配慮の例

　　　　・　ボールを捕ることや用具を用いて打つことに対する恐怖心などでボール

ゲームに意欲的に取り組めない児童には，柔らかいボールを用意したり，大きなボールやゆっくりとした速さになるボールを用意したりするなどの配慮をする。

・　ゲーム中に何をすればよいのかが分からないなどで，ボールゲームや鬼遊びに意欲的に取り組めない児童には，行い方や課題を絵図で説明したり，活動内容を掲示したりするなどの配慮をする。

・　場や規則が難しいなどで，ボールゲームや鬼遊びに意欲的に取り組めない児童には，場の設定や規則を易しくして児童が取り組みやすくするなどの配慮をする。

・　新しく提示した動きやゲームが分からないなどでボールゲームや鬼遊びに意欲的に取り組めない児童には，動きをゆっくりと示したり，一緒にそのチームに入ってゲームをしたりするなどの配慮をする。

・　ゲームに勝てなかったり，鬼に捕まりやすかったりするなどでボールゲームや鬼遊びに意欲的に取り組めない児童には，勝敗を受け入れることが大切であることを話したり，安全地帯など場の設定を工夫したりするなどの配慮をする。

・　友達とうまく関われないためにボールゲームや鬼遊びに意欲的に取り組めない児童には，対戦相手を変えたり，チーム編成を工夫したりするなどの配慮をする。

F　表現リズム遊び

　低学年の表現リズム遊びは，「表現遊び」及び「リズム遊び」で内容が構成され，身近な題材の特徴を捉えてそのものになりきって全身の動きで表現したり，軽快なリズムの音楽に乗って踊ったりする楽しさに触れることのできる運動遊びであるとともに，友達と様々な動きを見付けて踊ったり，みんなで調子を合わせて踊ったりする楽しさに触れることのできる運動遊びである。

　低学年では，表現リズム遊びの楽しさに触れ，その行い方を知るとともに，表現遊びとリズム遊びの両方の遊びを豊かに体験する中で，即興的な身体表現能力やリズムに乗って踊る能力，コミュニケーション能力などを培えるようにし，中学年の表現運動の学習につなげていくことが求められる。

　また，表現リズム遊びを楽しく行うために，簡単な踊り方を工夫するとともに，誰とでも仲よく踊ったり，場の安全に気を付けたりすることなどをできるようにすることが大切である。

　なお，リズム遊びには，中学年のリズムダンスと高学年のフォークダンスへのつながりを考慮して，簡単なフォークダンスを軽快なリズムに乗って踊る内容に

含めて指導することができることを「内容の取扱い」に示した。

> 　表現リズム遊びについて，次の事項を身に付けることができるよう指
> 導する。

(1) 知識及び技能

> (1)　次の運動遊びの楽しさに触れ，その行い方を知るとともに，題材
> になりきったりリズムに乗ったりして踊ること。
> 　ア　表現遊びでは，身近な題材の特徴を捉え，全身で踊ること。
> 　イ　リズム遊びでは，軽快なリズムに乗って踊ること。

ア　表現遊び

　表現遊びでは，その行い方を知るとともに，身近な題材の特徴を捉え，その
ものになりきって全身で即興的に踊ること。

　身近な題材とは，低学年の児童の発達の段階に応じて，動物や乗り物など，
身近で関心が高く，特徴が捉えやすくて具体的な動きを多く含む題材として示
している。それらの題材の特徴を捉えて，跳ぶ，回る，ねじる，這う，素早く
走るなどの全身の動きで，そのものになりきって即興的に踊ること。

［題材と動きの例示］

○　鳥，昆虫，恐竜，動物園の動物など，特徴が捉えやすく多様な感じの動き
を多く含む題材

○　飛行機，遊園地の乗り物，おもちゃなど，特徴が捉えやすく速さに変化の
ある動きを多く含む題材

・　「○○が○○しているところ」（サルが木登りしたり木から木へ跳び移っ
たりする，カマキリが獲物にゆっくりと近づいていったり戦ったりする，
飛行機が旋回したり急降下したりする，コーヒーカップがゆっくりと回っ
たり速く回ったりする）など，いろいろな題材の特徴や様子を具体的な動
きで幾つか捉え，跳ぶ，回る，ねじる，這う，素早く走る，高・低の差や
速さに変化のある動きなどの全身の動きで即興的に踊ること。

・　動きの中に「大変だ！○○だ！」（池に落ちた，サメが襲ってくる，急カー
ブの連続だ，こわれちゃった）など，急変する場面を入れて簡単な話にし
て続けて踊ること。

◎　運動遊びが苦手な児童への配慮の例

・　題材の特徴を捉えて踊ることが苦手な児童には，ねじったり回ったり，跳んだり転がったりして全身の動きで特徴を捉えている友達の動きを見合い，真似をすることができるなどの配慮をする。

・　続けて踊ることが苦手な児童には，「大変だ！○○だ！」の複数の例示から選べるようにするなどの配慮をする。

イ　リズム遊び

リズム遊びでは，その行い方を知るとともに，軽快なリズムの音楽に乗って弾んで踊ったり，友達と調子を合わせたりして即興的に踊ること。

軽快なリズムに乗って踊るとは，スキップで弾んで踊れる軽快なリズムの曲を取り上げ，へそ（体幹部）を中心にリズムに乗って踊ったり，友達と調子を合わせて即興的に踊ったりすること。

［リズムと動きの例示］

○　弾んで踊れるロックやサンバなどの軽快なリズムの曲で児童にとって身近で関心の高い曲

・　へそ（体幹部）でリズムに乗って，スキップなどで弾む動きを中心に，ねじる，回る，移動するなどの動きを繰り返して即興的に踊ること。

・　友達と向かい合って手をつなぎ，スキップしながら回ったり，ねじったり，手を叩き合ったりして即興的に踊ること。

◎　運動遊びが苦手な児童への配慮の例

・　リズムに乗って踊ることが苦手な児童には，友達や教師の動きの真似をしながら，リズムに合わせてスキップで弾んだり，かけ声や手拍子を入れたりして踊るなどの配慮をする。

・　友達と関わって踊ることが苦手な児童には，教師を含めた数人で手をつなぎ，簡単な動きで弾んだり，回ったり，移動したりして一緒に踊るなどの配慮をする。

※　「内容の取扱い」で示されているフォークダンスを含めて指導する場合は，その場ですぐ覚えて踊ることができる易しい踊りを取り上げ，スキップやランニングなどの簡単なステップで，音楽に合わせてみんなで踊ること。

［踊りの例示］

○　ジェンカ（フィンランド），キンダーポルカ（ドイツ），タタロチカ（ロシア）など，軽快なリズムと易しいステップの繰り返しで構成される簡単なフォークダンス

・　ジェンカは，前の人の肩に手を置いて列になって踊るところが特徴的な踊り。軽やかに体を弾ませながら踊ること。

・　キンダーポルカは，易しいステップと指さしの動きが特徴的な踊り。パ

ートナーと調子を合わせて踊ること。

・　タタロチカは，一重円で軽快な足の動きとかけ声が特徴的な踊り。大き
なかけ声をかけながら軽快に踊ること。

(2) 思考力，判断力，表現力等

> (2)　身近な題材の特徴を捉えて踊ったり，軽快なリズムに乗って踊った
> りする簡単な踊り方を工夫するとともに，考えたことを友達に伝える
> こと。

ア　身近な題材の特徴を捉えて踊ったり，軽快なリズムに乗って踊ったりする表
現遊びやリズム遊びの簡単な踊り方を工夫すること。
　　○　題材の特徴にふさわしい様子や動きを選んだり見付けたりする例
　　　・　題材の特徴的な様子を出し合い，その中から行いたい様子を選んだり，
　　　　それにふさわしい動きを見付けたり，友達の動きを取り入れたりすること。
　　○　リズムの特徴を捉えた動きを選んだり見付けたりする例
　　　・　軽快なリズムの特徴を捉えた動きを選んだり，気に入った動きを見付け
　　　　たり，友達の動きを取り入れたりすること。
イ　よい動きを見付けたり，考えたりしたことを友達に伝えること。
　　○　表現遊びで見付けた気に入った動きを友達に伝える例
　　　・　題材の特徴を捉えて踊った後に，一番気に入った様子や動きを友達に伝
　　　　える。
　　○　リズム遊びで友達のよい動きを伝える例
　　　・　へそ（体幹部）を中心に全身で弾んでリズムに乗っている動き，変化の
　　　　ある動きなど，友達のよい動きについて発表する。

(3) 学びに向かう力，人間性等

> (3)　運動遊びに進んで取り組み，誰とでも仲よく踊ったり，場の安全に
> 気を付けたりすること。

ア　題材になりきって踊ったり，軽快なリズムに乗って踊ったりする運動遊びに
　進んで取り組むこと。
イ　表現遊びやリズム遊びに取り組む際に，誰とでも仲よくすること。
ウ　表現リズム遊びをする場の設定や使った用具の片付けを，友達と一緒にする

こと。

エ　友達とぶつからないように周りの安全に気を付けて踊ること。

◎　運動遊びに意欲的でない児童への配慮の例

・　題材から表したい様子や動きを思い浮かべることに意欲的に取り組めない児童には，単元の導入でその題材に関連する絵本や図鑑などを提示し，題材についての興味や関心を高めるなどの配慮をする。

・　リズムに乗って踊ることに意欲的に取り組めない児童には，その児童にとって身近で関心があり，自然に体を弾ませたくなるような選曲をするなどの配慮をする。

● 3　内容の取扱い

(1)　内容の「A体つくりの運動遊び」については，2学年間にわたって指導するものとする。

(2)　内容の「C走・跳の運動遊び」については，児童の実態に応じて投の運動遊びを加えて指導することができる。

(3)　内容の「F表現リズム遊び」の(1)のイについては，簡単なフォークダンスを含めて指導することができる。

(4)　学校や地域の実態に応じて歌や運動を伴う伝承遊び及び自然の中での運動遊びを加えて指導することができる。

(5)　各領域の各内容については，運動と健康が関わっていることについての具体的な考えがもてるよう指導すること。

　(1)は，「A体つくりの運動遊び」の「体ほぐしの運動遊び」及び「多様な動きをつくる運動遊び」について，それぞれの学年で指導することを示したものである。また，「体つくりの運動遊び」以外の領域については，いずれかの学年で指導することもできることを示したものである。

　(2)は，「C走・跳の運動遊び」について，児童の実態に応じて投の運動遊びを加えて指導することができることを示したものである。

　(3)は，「F表現リズム遊び」の「リズム遊び」について，軽快なリズムに乗って踊るという視点がフォークダンスと共通することから，簡単なフォークダンスを含めて指導することができることを示したものである。

　(4)は，「歌や運動を伴う伝承遊び」及び「自然の中での運動遊び」を，学校や地域の実態に応じて加えて指導することができることを示したものである。

(5)は，体は，活発に運動をしたり，長く運動をしたりすると，汗が出たり，心臓の鼓動や呼吸が速くなったりすること，体を使って元気に運動をすることは，体を丈夫にし，健康によいことなどを，各領域において行うことを示したものである。

第2章
体育科の目
標及び内容

〔第３学年及び第４学年〕

● 1 目　標

> (1)　各種の運動の楽しさや喜びに触れ，その行い方及び健康で安全な生活や体の発育・発達について理解するとともに，基本的な動きや技能を身に付けるようにする。
>
> (2)　自己の運動や身近な生活における健康の課題を見付け，その解決のための方法や活動を工夫するとともに，考えたことを他者に伝える力を養う。
>
> (3)　各種の運動に進んで取り組み，きまりを守り誰とでも仲よく運動をしたり，友達の考えを認めたり，場や用具の安全に留意したりし，最後まで努力して運動をする態度を養う。また，健康の大切さに気付き，自己の健康の保持増進に進んで取り組む態度を養う。

(1)は，「知識及び技能」に関する目標であり，各種の運動の楽しさや喜びに触れることを通して，その行い方や健康な生活及び体の発育・発達について理解するとともに，それらの基本的な動きや技能を身に付けること及び体力を養うことを意図している。

各種の運動とは，児童の発達の段階を踏まえ，設定される運動であり，児童が成功体験を得やすいように，課題やルール，場や用具等が緩和された体つくり運動，器械運動，走・跳の運動，水泳運動，ゲーム及び表現運動を指す。

楽しさや喜びに触れとは，教科の目標に示している**体育や保健の見方・考え方を働かせ，課題を見付け，その解決に向けた学習過程を通して，心と体を一体として捉え，生涯にわたって心身の健康を保持増進し豊かなスポーツライフを実現するための資質・能力を育成すること**及び「体育の見方・考え方」である「運動やスポーツを，その価値や特性に着目して，楽しさや喜びとともに体力の向上に果たす役割の視点から捉え，自己の適性等に応じた『する・みる・支える・知る』の多様な関わり方と関連付けること」を踏まえたねらいである。また，児童にとって発達の段階に適した，易しい運動を通して運動の楽しさや喜びに触れることができるようにすることを目指し，生涯にわたって運動やスポーツに親しみ，実践していくための資質・能力を育てることを意図したものである。そのためには，課題や活動の場などを工夫した易しい運動を行ったり，運動の取り上げ

方の弾力化を図ったりすることが重要である。

中学年では，全ての児童が，運動の特性に応じた楽しさや喜びに触れることができるようにすることにより，運動に意欲的に取り組み，知識及び技能を身に付けることを重視し，その結果として体力の向上につながる指導等の在り方について改善を図ることを意図したものである。また，運動の楽しさだけでなく，友達と協力して得られる達成感や課題を解決した成就感などの喜びに触れることができるようにすることを意図している。そのため，中学年では，低学年の**楽しさに触れる**から**楽しさや喜びに触れる**ことができるようにすることを求めている。

その行い方を知るとは，中学年においても運動の課題，行い方のきまり，場や用具の使い方，場の安全の確保等，各種の運動の行い方を知ることが，各種の運動の基本的な動きや技能の習得や友達との関わり合いなどをしやすくするものであることから，今回，新たに示したものである。

健康で安全な生活や体の発育・発達について理解するとは，保健領域の内容との関連から，健康の保持増進には，健康の大切さを認識できるようにするとともに，毎日の生活の仕方が関わっていること，体を清潔に保つこと，生活環境を健康的に整えることなどがあること，また，体の発育・発達には，年齢に伴う体の変化と身近な事柄としての思春期における体の変化などがあることについて理解できるようにすることを目指したものである。

基本的な動きや技能を身に付けるようにするとは，各種の運動の基本となる動きや技能を身に付けることを示している。また，このねらいは，それぞれの運動の楽しさや喜びに触れるようにすることを大切にしながら，基本的な動きや技能を身に付けることを重視したものである。

なお，中学年の児童は体力についての認識が低いことから，各種の運動の楽しさや喜びに触れ，活発に運動を行っていく中で，各種の運動の基本となる様々な動きや技能を身に付け，結果として体力の向上を図ることを目指すものである。したがって，中学年の各種の運動を取り上げるに当たっては，中学年の児童の発達の段階や指導内容，体力の状況等に十分に留意することが大切である。

(2)は，「思考力，判断力，表現力等」に関する目標であり，自己の運動や健康に関する課題を見付け，その解決方法を工夫するとともに，それについて考えたことを他者に伝える力を養うことを意図している。

自己の運動の課題を見付けとは，自己が取り組む運動に関わり解決すべき課題を見付けることを指す。そのため，教師は，児童が自己の能力に適した運動の課題を見付けることができるように支援することが必要になる。

自己の身近な生活における健康の課題を見付けとは，保健領域の内容である健康な生活及び体の発育・発達に関わる事象や情報から，自己の健康に関する課題

を見付けることを意図したものである。その際，教師は，児童がそれぞれの内容に関わる情報を収集したり，自己の経験を振り返ったりすることによって課題を見付けることができるように支援することが重要である。

その解決のための方法や活動を工夫するとは，中学年の各種の運動において見付けた自己の運動や身近な生活における健康の課題の解決に向けた方法や活動を工夫することを示している。自己の運動の課題であれば，各種の運動の楽しさや喜びに触れることができるようにするために，運動をする場や練習の仕方などを発達の段階に即して，自ら適切に工夫したり，選択したりすることを示したものである。そこには，自ら楽しみ方を工夫したり，教師や友達から提案された楽しみ方から，自己に合った楽しみ方を選択したりすることも含まれている。身近な生活における健康の課題であれば，正しい健康情報を集めたり選んだりして，課題のよりよい解決方法を予想したり考えたりすることや，学んだことを自己の生活と関連付けたりすることを示している。

考えたことを他者に伝えるとは，自己の工夫したことを他者に伝えることができるようにすることを示している。自己の考えを他者に伝えることで，自己の考えを深めることができるようにすることを意図している。他者とは，共に学ぶ友達だけでなく，教師，保護者等も含めた総称である。また，直接，言葉で説明することばかりでなく，身振りなどの動作を伴い表現すること，学習で経験したことを感想文や絵で表現すること，保護者や地域の人に伝えることなども想定している。

(3) は，「学びに向かう力，人間性等」に関する目標であり，運動やスポーツの価値である，公正，協力，責任，参画，共生，健康・安全等に関する態度及び意欲的に運動をする態度を養うことを意図している。特に，運動をする際の良好な人間関係が運動の楽しさや喜びに大きな影響を与えることや，友達と共に進んで意思決定に関わることが，運動やスポーツの意義や価値等を知ることにつながることを踏まえたものである。また，児童の発達の段階に応じて，ルールやマナーを遵守することの大切さをはじめ，スポーツの意義や価値等に触れることができるよう指導等の改善を図ることにより，オリンピック・パラリンピックに関する指導の充実に資するようにすることを意図している。さらに，健康が単に疾病でないことや虚弱でないといったことだけを意味するのではなく，生活の質の向上までを含んだ積極的なものとして捉え，その健康の大切さを認識し，自己の健康の保持増進に主体的に取り組み，よりよい健康づくりを目指すとともに楽しく明るい生活を営む態度の育成を重視するという保健の「学びに向かう力，人間性等」を示している。

各種の運動に進んで取り組みとは，各種の運動の楽しさや喜びに触れ，自ら進

んで運動に取り組むことにより，生涯にわたる豊かなスポーツライフを実現する資質・能力を培うことを示している。

きまりを守り誰とでも仲よく運動をしとは，中学年の各種の運動において，順番やきまりを守り，誰とでも仲よく運動をしたり，互いの違いを認めたり，友達と協力したり，公正な態度で勝敗を競ったりするなどのスポーツの価値の実現に関する態度の育成を示している。

友達の考えを認めとは，友達の考えを聞くことで，自己の考えを深めたり，友達との良好な関係を築いたりすることを目指したものである。

場や用具の安全に留意しとは，運動をする場所や器械・器具の整備，用具の安全を確かめること，水泳運動の心得を守って安全に気を付けることなど，低学年のねらいを発展させたものである。

最後まで努力して運動をする態度を養うとは，運動領域の学習で児童が学習課題の達成に向けて最後まで成し遂げる態度の育成を示している。課題に最後まで諦めずに取り組む過程で達成感を得たり，課題の解決に取り組む意味や自己の可能性に気付いたりすることにより，生涯にわたり豊かなスポーツライフを実現する資質・能力を養うことを意図したものである。また，このねらいは，運動の実践だけでなく，日常の生活において必要な態度にもつながるものである。

健康の大切さに気付き，自己の健康の保持増進に進んで取り組む態度を養うとは，保健領域の内容に触れ健康の大切さに気付くことにより，自己の健康に関心をもち，健康の保持増進のために進んで学習活動に取り組む，課題の解決に向けて協力し合う，心身の発育・発達等を肯定的に捉える等の態度を養うことを意図したものである。

●2 内 容

A 体つくり運動

中学年の体つくり運動は，「体ほぐしの運動」及び「多様な動きをつくる運動」で構成され，体を動かす楽しさや心地よさを味わうとともに，低学年で学習した様々な基本的な体の動きに加えて，更に多様な動きを身に付けたり，動きの質を高めたりする運動である。

中学年では，低学年での体つくりの運動遊びの学習を踏まえ，手軽な運動を行うことを通して自己の心と体の状態に気付いたり，みんなで関わり合ったりするとともに，多様な動きをつくる運動の行い方を知り，体のバランス，体の移動，用具の操作，力試しの様々な動き及びそれらを組み合わせた動きを身に付け，様々な基本的な体の動きの幅を更に広げていくとともに，動きの質を高め，高学

年の体つくり運動の学習につなげることが求められる。

また，運動を楽しく行うために，友達の動きを見たり，話し合ったりしながら自己の課題を見付け，その解決のための活動を工夫し，それを友達に伝えるとともに，体つくり運動に進んで取り組み，きまりを守り誰とでも仲よく運動をし，友達の考えを認め，場や用具の安全に気を付けることなどをできるようにすることが大切である。

なお，固定施設を使った運動は，低学年では「器械・器具を使っての運動遊び」の内容として示しているが，体の基本的な動きを培う運動としても適していることから，中学年においては「多様な動きをつくる運動」の例として示している。

体つくり運動について，次の事項を身に付けることができるよう指導する。

---

(1) 知識及び運動

---

(1) 次の運動の楽しさや喜びに触れ，その行い方を知るとともに，体を動かす心地よさを味わったり，基本的な動きを身に付けたりすること。

　ア　体ほぐしの運動では，手軽な運動を行い，心と体の変化に気付いたり，みんなで関わり合ったりすること。

　イ　多様な動きをつくる運動では，体のバランスをとる動き，体を移動する動き，用具を操作する動き，力試しの動きをし，それらを組み合わせること。

ア　体ほぐしの運動

体ほぐしの運動では，その行い方を知るとともに，手軽な運動を行い，体を動かす楽しさや心地よさを味わうことを通して，自己や友達の心と体の状態に気付いたり，みんなで豊かに関わり合ったりすること。

心と体の変化に気付くとは，体を動かすと心も弾み，体の動きが軽快になることや，体の力を抜くと気持ちがよいこと，汗をかいた後は気分もすっきりするなど，運動により心や体が変化することに気付くことである。

みんなで関わり合うとは，運動を通して自他の心と体に違いがあることを知り，誰とでも仲よく協力したり助け合ったりして様々な運動をすると楽しさが

増すことや，友達とともに体を動かすと心のつながりを感じ，体を動かすことへの不安が解消されることなどを体験することである。

［行い方の例］

○　伸び伸びとした動作でボール，なわ，体操棒，フープといった用具などを用いた運動を行うこと。

○　リズムに乗って，心が弾むような動作で運動を行うこと。

○　動作や人数などの条件を変えて，歩いたり走ったりする運動を行うこと。

○　伝承遊びや集団による運動を行うこと。

◎　運動が苦手な児童への配慮の例

・　伸び伸びとした動作で運動をすることが苦手な児童には，低学年の体ほぐしの運動遊びで行った運動を繰り返し，なじみの深い簡単な運動を行ってみるなどの配慮をする。

・　心や体の変化に気付くことが苦手な児童には，気持ちや体の変化を表す言葉を示したり，問いかけたりし，自己の心や体の変化に合った言葉のイメージができるようにするなどの配慮をする。

・　友達と関わり合いながら運動をすることが苦手な児童には，ペアやグループの組み方を考慮し，安心して活動に取り組めるようにするなどの配慮をする。

イ　多様な動きをつくる運動

　多様な動きをつくる運動では，その行い方を知るとともに，体のバランスをとったり，移動をしたり，用具を操作したり，力試しをしたりするとともに，それらを組み合わせる運動をすること。

　多様な動きをつくる運動は，次の運動で構成される。

(ｱ)　体のバランスをとる運動

(ｲ)　体を移動する運動

(ｳ)　用具を操作する運動

(ｴ)　力試しの運動

(ｵ)　基本的な動きを組み合わせる運動

(ｱ)　体のバランスをとる運動

　姿勢や方向，人数を変えて，回る，寝転ぶ，起きる，座る，立つ，渡るなどの動きやバランスを保つ動きで構成される運動を通して，体のバランスをとる動きを身に付けることができるようにする。

［例示］

○　回るなどの動きで構成される運動

・　片足を軸にして，回りながら移動すること。

・　両足でジャンプをして1/2回転，3/4回転，1回転やそれ以上の回転をすること。

○　寝転ぶ，起きるなどの動きで構成される運動
・　友達と手をつなぎながら，寝転んだり，転がったり，起きたりすること。

○　座る，立つなどの動きで構成される運動
・　友達と手をつないだり，背中合わせになったりしながら，片足で立ったり座ったりすること。

○　渡るなどの動きで構成される運動
・　平均台など，少し高さのある器具の上を動物歩きや横歩きなどで渡ること。

○　体のバランスを保つ動きで構成される運動
・　ケンケンしながら相手のバランスを崩したり，バランスを崩されないようにしたりすること。
・　グループで円陣になり，バランスを崩し合うゲームを行い，友達のバランスを崩しながら両足で踏ん張ってバランスを保持すること。

◎　運動が苦手な児童への配慮の例
・　片足を軸にして回りながら移動する動きが苦手な児童には，片足で回ることを連続して行ったり，ケンケンパで半回転をしたりするなどの配慮をする。
・　渡るなどの動きが苦手な児童には，平面に描いた細い通路や，新聞紙や段ボールなどで作った用具を用いて，広さや高さを易しくした場づくりをするなどの配慮をする。
・　バランスを保つ動きが苦手な児童には，一定の距離をケンケンで進んだり，バランスをとりながら単独で立ったりするなど，易しい動きを示すなどの配慮をする。

(イ)　体を移動する運動

　姿勢，速さ，リズム，方向などを変えて，這う，歩く，走る，跳ぶ，はねる，登る，下りるなどの動きで構成される運動や，一定の速さでのかけ足などの運動を通して，体を移動する動きを身に付けることができるようにする。

［例示］

○　這う，歩く，走るなどの動きで構成される運動
・　物や用具の間を速さ，方向を変えて這ったり，歩いたり，走ったりすること。

○　跳ぶ，はねるなどの動きで構成される運動

・　両足で跳び，手足の動作を伴って全身じゃんけんをすること。

・　速さやリズムの変化を付けたスキップやギャロップをしてはねること。

・　踏切り方や着地の仕方を変えて，いろいろな跳び方をすること。

○　登る，下りるなどの動きで構成される運動

・　ジャングルジムや肋木，登り棒などに登ったり，下りたりすること。

○　一定の速さでのかけ足

・　無理のない速さでかけ足を３〜４分程度続けること。

◎　運動が苦手な児童への配慮の例

・　這う，歩く，走るなどの動きが苦手な児童には，広い場所で前や後ろに移動したり，物や用具の間をゆっくりと移動したりするなど易しい条件で行うことができるようにするなどの配慮をする。

・　いろいろな跳び方やはねる動きが苦手な児童には，できる動きやできそうなことを繰り返し行いながら，できる動きを徐々に増やせるようにするなどの配慮をする。

・　登る，下りるなどの動きが苦手な児童には，肋木や登り棒等に目印を付け，段階的に挑戦していくことができるようにしたり，肋木や登り棒の足元にマットを敷くなどにより，下りやすい場づくりをしたりするなどの配慮をする。

・　一定の速さで続けて走ることが苦手な児童には，リズムよくしっかりと息を吐きながら，続けることができる速さで行うことを個別に助言するなどの配慮をする。

(7)　用具を操作する運動

　　用具をつかむ，持つ，降ろす，回す，転がす，くぐる，運ぶ，投げる，捕る，跳ぶ，用具に乗る，跳び越すなどの動きで構成される運動を通して，巧みに用具を操作する動きを身に付けることができるようにする。

［例示］

○　用具をつかむ，持つ，降ろす，回すなどの動きで構成される運動

・　大きさや重さの異なるボールやフープなどの用具を片手でつかんで持ち上げたり，回したり，降ろしたりすること。

○　用具を転がす，くぐる，運ぶなどの動きで構成される運動

・　ボールをねらったところに真っ直ぐ転がすこと。

・　フープを安定して転がし，回転しているフープの中をくぐり抜けたり，片足を入れてステップを踏んだりすること。

・　ボールを両膝や両足首に挟んだり，友達と体で挟んだりして，落とさ

ないように運ぶこと。

○　用具を投げる，捕る，振るなどの動きで構成される運動

・　相手に向かってボールや輪を投げたり，投げられたボールや輪を手や足で捕ったりすること。

・　紙で作った棒やタオルなど，操作しやすい用具を振ったり，投げたりすること。

○　用具を跳ぶなどの動きで構成される運動

・　短なわでの前や後ろの連続片足跳びや交差跳びなどをすること。

・　長なわでの連続回旋跳びをすること。

○　用具に乗るなどの動きで構成される運動

・　補助を受けながら竹馬や一輪車に乗ること。

・　座ったり弾んだりできる大きなボールに乗って，軽く弾んだり転がったりすること。

◎　運動が苦手な児童への配慮の例

・　用具をつかむ，転がす，投げるなどが苦手な児童には，用具の大きさや重さ，長さ，柔らかさなどを変えて動きを易しくするなどの配慮をする。

・　用具を捕ることが苦手な児童には，転がったり，弾んだりしたボールを捕るなど，易しい行い方にするなどの配慮をする。

・　用具を跳ぶ動きが苦手な児童には，踵を上げて跳ぶことや手首の使い方がつかめるよう，用具を持たずにその場で跳んだり，弾みやすい場所で行ったりするなどの配慮をする。

・　用具に乗るなどの動きが苦手な児童には，二人組や三人組で体を支えて補助をし合ったり，器具等につかまりながら進んだりするなどの配慮をする。

(エ)　力試しの運動

　　人や物を押す，引く，運ぶ，支える，ぶら下がるなどの動きや，力比べをするなどの動きで構成される運動の行い方を知り，力を出し切ったり力の入れ方を加減したりする動きができるようにする。

［例示］

○　人を押す，引く動きや力比べをするなどの動きで構成される運動

・　押し合いずもうで，重心を低くして相手を押したり，相手から押されないように踏ん張ったりすること。

・　重心を低くして相手を引っ張ること。

・　人数を変えて綱引きをすること。

○　人を運ぶ，支えるなどの動きで構成される運動

　　・　友達をおんぶし，力の入れ方を加減しながら安定して運ぶこと。

　　・　手押し車などにより，両腕で体重を支えながら移動したり，相手の様子を見ながら支えたりすること。

○　物にぶら下がるなどの動きで構成される運動

　　・　登り棒や肋木をしっかりと握り，数を数えながら一定の時間ぶら下がったり，ぶら下がりながら友達とじゃんけんをしたりすること。

◎　運動が苦手な児童への配慮の例

　　・　人を押す，引く動きが苦手な児童には，膝を曲げて腰を低くした構えで，安定した姿勢で行えるようにするなどの配慮をする。

　　・　人を運ぶ，支える動きが苦手な児童には，補助を受けながらゆっくりと動いたり，手のひらでしっかりと地面や床を押し付けたりして行うことができるようにするなどの配慮をする。

(オ)　基本的な動きを組み合わせる運動

　　バランスをとりながら移動する，用具を操作しながら移動するなど二つ以上の動きを同時に行ったり，連続して行ったりする運動を通して，基本的な動きの組み合わせた動きを身に付けることができるようにする。

［例示］

○　バランスをとりながら移動するなどの動きで構成される運動

　　・　物を持ったりかついだりして，バランスをとりながら歩いたり走ったりすること。

○　用具を操作しながら移動するなどの動きで構成される運動

　　・　短なわで跳びながら，歩いたり走ったりすること。

　　・　フープを回しながら歩いたり走ったり，フープを転がし，転がるフープの中をくぐり抜けたり，跳び越したりすること。

　　・　ボールを投げ上げ，その場で回ったり移動したりして，投げ上げたボールを落とさないように捕ること。

　　・　ペアで各々が立てたり回したりしたフープや棒をすばやく相手と場所を入れ替わって捕らえること。

○　用具を操作しながらバランスをとるなどの動きで構成される運動

　　・　回旋する長なわを跳びながら，ボールを捕ったり投げたり，ついたりすること。

◎　運動が苦手な児童への配慮の例

　　・　物を持ったりかついだりして，バランスをとりながら移動することが苦手な児童には，物を持たずに移動，または小さい物を持って移動する

などの簡単な動きから始めるようにするなどの配慮をする。

- 回旋する長なわを跳びながらボールを操作することが苦手な児童には、止めた長なわを跳び越しながら操作したり、ボールを持ったまま回旋する長なわを跳んだりするなど、基本的な動きの習熟を図りながら組み合わせた動きに高めていけるようにするなどの配慮をする。

- ボールを投げ上げ、移動して捕ることが苦手な児童には、友達に投げ上げてもらったボールを移動して捕るなど、行い方を変えるなどの配慮をする。

- ペアになり、各々が立てたり回したりしたフープや棒をすばやく相手と場所を入れ替わって捕らえることが苦手な児童には、ペアとの距離を調整したり、易しいフープや棒を用いるなどの配慮をする。

(2) 思考力，判断力，表現力等

> (2) 自己の課題を見付け、その解決のための活動を工夫するとともに、考えたことを友達に伝えること。

ア 体ほぐしの運動や多様な動きをつくる運動について自己の課題を見付け、その課題を解決するために様々な運動の行い方を選んだり、友達と一緒に工夫したりすること。

○ 心地よさを味わえる運動を選んだり、楽しく運動をしながら基本的な動きを高めるための課題を見付けたりする例

- 掲示物等に示された運動の行い方の中から、心も弾み、体の動きが軽快になる運動や、体を動かすと心のつながりを感じる運動の行い方を選ぶこと。

- 用具の操作の仕方や行う人数など、より楽しく運動ができ、体の様々な動きを身に付けることができる行い方を選ぶこと。

- 基本的な動きを高めるために友達の運動の行い方と自己の行い方とを比べるなどして、自己の課題を見付けること。

○ 運動の楽しさや心地よさを味わったり、様々な基本的な体の動きを身に付けたりするために行い方を選ぶ例

- これまでに行った運動の中から更に行ってみたい運動を選び、人数や用具などの条件を変え、新たな運動の行い方を選ぶこと。

- 友達と声を出して動きを合わせるなど、リズムやタイミングを合わせる行い方を選ぶこと。

・　友達の行い方の真似をしたりそれを修正したりしながら，自己に適した動き方を選ぶこと。

イ　楽しく運動をしながら心と体の変化に気付いたことや，友達と関わり合ったり，多様な動きを身に付けたりするための運動の行い方について，考えたことや見付けたことを友達に伝えること。

○　運動の楽しさや心地よさを味わい，基本的な動きを身に付けるために考えたり，見付けたりしたことを友達に伝える例

・　これまでの学習で経験した運動の中から選んだ，みんなで行うと楽しくなる運動を友達に紹介すること。

・　基本的な動きを身に付けるための運動のポイントや行い方について，友達と考え合う際に，自己の気付きを発表したり，大切だと感じたことを友達に教えたりすること。

・　体を動かすと心が軽くなることや体の力を抜くと気持ちがよいこと，運動の仕方によって気持ちが変わることなどの気付きや，行ってみて楽しかったことなどを学習カードに書いたり，発表したりすること。

(3) 学びに向かう力，人間性等

> (3)　運動に進んで取り組み，きまりを守り誰とでも仲よく運動をしたり，友達の考えを認めたり，場や用具の安全に気を付けたりすること。

ア　体ほぐしの運動や多様な動きをつくる運動に進んで取り組むこと。

イ　運動を行う際にきまりを守り，誰とでも仲よく励まし合うこと。

ウ　使用する用具の準備や片付けを，友達と一緒にすること。

エ　友達の考えを認めたり，互いの気持ちを尊重し合ったりしようとすること。

オ　活動の場の危険物を取り除いたり，用具や活動する場の安全を確かめたりすること。

◎　運動に意欲的でない児童への配慮の例

・　運動の行い方が分からないために意欲的に取り組めない児童には，友達の様子を見ながら，その真似をして体を動かし徐々に運動に加わることができるようにするなどの配慮をする。

・　友達と関わり合うことが苦手で運動に意欲的に取り組めない児童には，意欲的に取り組む児童とペアやグループを組み，友達の動きに刺激を受けて一緒に様々な運動に挑戦できるようにするなどの配慮をする。

- 運動への興味や関心がもてず意欲的に取り組めない児童には，体を動かしたり，みんなで運動をしたりすることのよさを個別に語ったり，易しい運動の行い方や場の設定，BGM など環境の工夫をし，少しでも取り組もうとする行動を称賛したり，励ましたりするなどの配慮をする。

B　器械運動

　中学年の器械運動は，「マット運動」，「鉄棒運動」及び「跳び箱運動」で構成され，回転したり，支持したり，逆位になったり，懸垂したりすることなどの技に挑戦し，その技ができる楽しさや喜びに触れることのできる運動である。

　低学年の器械・器具を使っての運動遊びの学習を踏まえ，中学年では，器械運動の楽しさや喜びに触れ，その行い方を知るとともに，マット運動，鉄棒運動，跳び箱運動などの基本的な動きや技を身に付けるようにし，高学年の器械運動の学習につなげていくことが求められる。

　また，運動を楽しく行うために，自己の課題を見付け，その解決のための活動を工夫するとともに，きまりを守り誰とでも仲よく運動をしたり，友達の考えを認めたり，場や器械・器具の安全に気を付けたりすることなどをできるようにすることが大切である。

器械運動について，次の事項を身に付けることができるよう指導する。

---

(1)　知識及び技能

---

(1)　次の運動の楽しさや喜びに触れ，その行い方を知るとともに，その技を身に付けること。
　ア　マット運動では，回転系や巧技系の基本的な技をすること。
　イ　鉄棒運動では，支持系の基本的な技をすること。
　ウ　跳び箱運動では，切り返し系や回転系の基本的な技をすること。

　基本的な技とは，類似する技のグループの中で，最も初歩的で易しい技でありながら，グループの技に共通する技術的な課題をもっていて，当該学年で身に付けておきたい技のことである。

ア　マット運動

　マット運動では，その行い方を知るとともに，自己の能力に適した回転系（前転など）や巧技系（壁倒立など）の基本的な技をすること。また，基本的

79

な技に十分に取り組んだ上で，それらの発展技に取り組んだり，技を繰り返したり組み合わせたりすること。

[背中をマットに接して回転する（接転技群）回転系の基本的な前転グループ技の例示]

○　前転（発展技：開脚前転）
　　・　しゃがんだ姿勢から手で支えながら腰を上げ，体を丸めながら後頭部－背中－尻－足裏の順にマットに接して前方に回転して立ち上がること。
○　易しい場での開脚前転
　　・　傾斜をつくった場で両手を着き，腰を高く上げながら後頭部をつき前方へ回転し，膝を伸ばして足を左右に大きく開き，接地するとともに素早く両手を股の近くに着いて膝を伸ばしたまま開脚立ちをすること。

[背中をマットに接して回転する（接転技群）回転系の基本的な後転グループ技の例示]

○　後転
　　・　しゃがんだ姿勢から体を丸めながら尻－背中－後頭部－足裏の順にマットに接して腰を上げながら後方に回転し，両手で押して立ち上がること。
○　開脚後転（発展技：伸膝後転）
　　・　しゃがんだ姿勢から体を丸めながら尻－背中－後頭部－足裏の順にマットに接して腰を上げながら後方に回転し，膝を伸ばして足を左右に大きく開き，両手で押して膝を伸ばしたまま開脚立ちすること。

[手や足の支えで回転する（ほん転技群）回転系の基本的な倒立回転グループ技の例示]

○　補助倒立ブリッジ（発展技：倒立ブリッジ）
　　・　二人組の補助者は，実施者が両手をマットに着いて足を振り上げるときに，実施者の背中に手を当て，ブリッジの姿勢をつくりやすいように支えること。
○　側方倒立回転（発展技：ロンダート）
　　・　正面を向き，体を前方へ振り下ろしながら片足を振り上げ，前方に片手ずつ着き，腰を伸ばした姿勢で倒立位を経過し，側方回転しながら片足を振り下ろして起き上がること。

[手や足の支えで回転する（ほん転技群）回転系の基本的なはね起きグループ技の例示]

○　首はね起き（発展技：頭はね起き）
　　・　前転を行うように回転し，両肩－背中がマットについたら腕と腰を伸ばし，体を反らせながらはね起きること。

［バランスをとりながら静止する（平均立ち技群）巧技系の基本的な倒立グ
ループ技の例示］
○　壁倒立（発展技：補助倒立）
・　壁に向かって体を前方に振り下ろしながら片足を振り上げ両手を着き，
体を真っ直ぐに伸ばして壁に足をもたれかけて倒立すること。
○　頭倒立
・　頭と両手で三角形をつくるように，両手を肩幅くらいに着き，頭を三角
形の頂点になるようについて，腰の位置を倒立に近付けるように上げなが
ら両足をゆっくりと上に伸ばし逆さの姿勢になること。
◎　運動が苦手な児童への配慮の例
・　前転が苦手な児童には，ゆりかごなどの体を揺らす運動遊びや，かえる
の逆立ちなどの体を支える運動遊びに取り組んだり，傾斜を利用して回転
に勢いをつけて転がりやすくしたりするなどの配慮をする。
・　易しい場での開脚前転が苦手な児童には，足が曲がらないように太もも
に力を入れたり，両足を勢いよく振り下ろしてマットに接地したりして，
足の伸ばし方や回転の勢いをつける動きが身に付くようにするなどの配慮
をする。
・　後転が苦手な児童には，ゆりかごなどの体を揺らす運動遊びや，かえる
の逆立ちなどの体を支える運動遊びに取り組んだり，傾斜を利用して回転
に勢いをつけて転がりやすくしたりして，腰を上げたり，体を支えたり，
回転の勢いをつけたりする動きが身に付くようにするなどの配慮をする。
・　開脚後転が苦手な児童には，足を伸ばしたゆりかごで体を揺らしたり，
かえるの逆立ちなどの体を支えたりする運動遊びに取り組んだり，傾斜を
利用して回転に勢いをつけて転がりやすくしたりして，足を伸ばしたり，
腰を上げたり，体を支えたり，回転の勢いをつけたりする動きが身に付く
ようにするなどの配慮をする。
・　補助倒立ブリッジが苦手な児童には，壁登り逆立ちや背支持倒立（首倒
立）などの逆さまで体を支える運動遊びに取り組んだり，ブリッジなどの
体を反らす運動遊びに取り組んだりして，体を支えたり，逆さまで体を反
らしたりする動きが身に付くようにするなどの配慮をする。
・　側方倒立回転が苦手な児童には，壁登り逆立ちや支持での川跳びなどの
体を支えたり，逆さまになる運動遊びに取り組んだり，足を勢いよく振り
上げるためにゴムなどを活用したり，補助を受けたりして，腰を伸ばした
姿勢で回転できる動きが身に付くようにするなどの配慮をする。
・　首はね起きが苦手な児童には，壁登り逆立ちや背支持倒立（首倒立）な

2
第3学年及
び第4学年
の内容

どの逆さまで体を支える運動遊びや，ブリッジなどの体を反らす運動遊び
に取り組んだり，腰を上げた仰向けの姿勢からはねてブリッジをしたり，
段差を利用して起き上がりやすくしたりして，逆さまで体を支えて体を反
らしたり，手でマットを押したり，反動を利用して起き上がる動きが身に
付くようにするなどの配慮をする。

- 　壁倒立が苦手な児童には，肋木や壁を活用した運動遊びに取り組んだり，
足を勢いよく振り上げるためにゴムなどを活用したりして，体を逆さまに
して支えたり，足を勢いよく振り上げたりする動きが身に付くようにする
などの配慮をする。

- 　頭倒立が苦手な児童には，かえるの逆立ちや背支持倒立（首倒立）など
の逆さまで体を支える運動遊びに取り組んだり，肋木，壁を活用した運動
遊びに取り組んだりして，体を逆さまにして支える動きが身に付くように
するなどの配慮をする。

イ　鉄棒運動

　鉄棒運動では，その行い方を知るとともに，自己の能力に適した支持系の基
本的な技をすること。また，基本的な技に十分に取り組んだ上で，それらの発
展技に取り組んだり，技を繰り返したり組み合わせたりすること。

［腹を鉄棒に掛けて前に回る（前方支持回転技群）支持系の基本的な前転グ
ループ技の例示］

○　前回り下り（発展技：前方支持回転）
- 　支持の姿勢から前方へ上体を大きく振り出して，腰を曲げたまま回転し，
両足を揃えて開始した側に着地すること。

○　かかえ込み前回り（発展技：前方支持回転）
- 　支持の姿勢から腰を曲げながら上体を前方へ倒し，手で足を抱え込んで
回転すること。

○　転向前下り（発展技：片足踏み越し下り）
- 　前後開脚の支持の姿勢から前に出した足と同じ側の手を逆手に持ちか
え，反対側の手を放しながら後ろの足を前に出し，逆手に持ちかえた手は
握ったままで横向きに着地すること。

［足を鉄棒に掛けて前に回る（前方支持回転技群）支持系の基本的な前方足掛
け回転グループ技の例示］

○　膝掛け振り上がり（発展技：膝掛け上がり）
- 　片膝を鉄棒に掛け，腕を曲げて体を鉄棒に引きつけながら，掛けていな
い足を前後に大きく振動させ，振動に合わせて前方へ回転し手首を返しな
がら上がること。

○　前方片膝掛け回転（発展技：前方もも掛け回転）

・　逆手で鉄棒を持ち，前後開脚の支持の姿勢から前方へ上体を大きく振り出して，膝を掛けて回転し，手首を返しながら前後開脚の支持の姿勢に戻ること。

［腹を鉄棒に掛けて後ろに回る（後方支持回転技群）支持系の基本的な後転グループ技の例示］

○　補助逆上がり（発展技：逆上がり）

・　補助や補助具を利用した易しい条件の基で，足の振り上げとともに腕を曲げ上体を後方へ倒し，手首を返して鉄棒に上がること。

○　かかえ込み後ろ回り（発展技：後方支持回転）

・　支持の姿勢から腰を曲げながら上体を後方へ倒し，手で足を抱え込んで回転すること。

［足を鉄棒に掛けて後ろに回る（後方支持回転技群）支持系の基本的な後方足掛け回転グループ技の例示］

○　後方片膝掛け回転（発展技：後方もも掛け回転）

・　前後開脚の支持の姿勢から後方へ上体と後ろ足を大きく振り出し片膝を掛けて回転し，手首を返しながら前後開脚の支持の姿勢に戻ること。

○　両膝掛け倒立下り（発展技：両膝掛け振動下り）

・　鉄棒に両膝を掛けた姿勢から両手を放し，その両手を地面に着いて倒立の姿勢になり，指先の方向へ手で少し歩いて移動し，両膝を鉄棒から外してつま先から下りること。

◎　運動が苦手な児童への配慮の例

・　前回り下りが苦手な児童には，ふとん干しなどの鉄棒に腹を掛けて揺れる運動遊びに取り組んだり，補助を受けて回転しやすくしたりして，勢いのつけ方や体を丸めて鉄棒から離さない動きが身に付くようにするなどの配慮をする。

・　かかえ込み前回りが苦手な児童には，ふとん干しの姿勢から足を抱えて揺れたり，支持の姿勢からふとん干しを繰り返したりするなどの鉄棒に腹を掛けて揺れる運動遊びに取り組んだり，補助や補助具で回転しやすくしたりして，勢いのつけ方や体を丸めて鉄棒から離さない動きが身に付くようにするなどの配慮をする。

・　転向前下りが苦手な児童には，ツバメの姿勢から鉄棒上に片足を掛けて座ったり，台などを設置して足を台上につけて行ったりして，バランスをとる動きが身に付くようにするなどの配慮をする。

・　膝掛け振り上がりが苦手な児童には，片膝を掛けて大きく振れるように，

2
第３学年及び第４学年の内容

83

補助を受けて回転したり，鉄棒に補助具をつけて回転しやすいようにしたりして，振りの勢いを利用して起き上がる動きが身に付くようにするなどの配慮をする。

・　前方片膝掛け回転が苦手な児童には，鉄棒上に片足を掛けて座ったり，鉄棒に片膝を掛けて揺れたりして，バランスをとって回転を開始する姿勢をつくったり，体を揺らしてから振りの動きを利用して回転したりする動きが身に付くようにするなどの配慮をする。

・　補助逆上がりが苦手な児童には，ダンゴムシや足抜き回り，ふとん干しから支持の姿勢を繰り返すなどの運動遊びに取り組み，体を鉄棒に引きつけたり，回転したり，腹支持から起き上がる動きが身に付くようにするなどの配慮をする。

・　かかえ込み後ろ回りが苦手な児童には，ふとん干しの姿勢で揺れたり，ふとん干しの姿勢から足を抱えて揺れたりするなどの鉄棒に腹を掛けて揺れる運動遊びに取り組んだり，補助や補助具で回転しやすくしたりして，勢いのつけ方や体を丸めて鉄棒から離さない動きが身に付くようにするなどの配慮をする。

・　後方片膝掛け回転が苦手な児童には，ツバメの姿勢から鉄棒上に片足を掛けて座って反対側の足を振ったり，鉄棒に片膝を掛けて揺れたりして，バランスをとって回転を開始する姿勢をつくったり，体を揺らしてから振りの動きを利用して回転したりする動きが身に付くようにするなどの配慮をする。

・　両膝掛け倒立下りが苦手な児童には，こうもりで揺れたり，足抜き回りなどで鉄棒に足を掛けて逆さまでぶら下がったり，揺れたり，懸垂の姿勢から前後に回転したりする運動遊びに取り組み，逆さまで体を動かしたり，鉄棒に足を掛けたりする動きが身に付くようにするなどの配慮をする。

ウ　跳び箱運動

　跳び箱運動では，その行い方を知るとともに，自己の能力に適した切り返し系（開脚跳びなど）や回転系（台上前転など）の基本的な技をすること。また，基本的な技に十分に取り組んだ上で，それらの発展技に取り組むこと。

［跳び箱上に支持し，回転方向を切り返して跳び越す切り返し系の基本的な切り返し跳びグループ技の例示］

○　開脚跳び（発展技：かかえ込み跳び）

・　助走から両足で踏み切り，足を左右に開いて着手し，跳び越えて着地すること。

［跳び箱上を回転しながら跳び越す回転系の基本的な回転跳びグループ技の例

示〕

○　台上前転（発展技：伸膝台上前転）

・　助走から両足で踏み切り，腰の位置を高く保って着手し，前方に回転して着地すること。

○　首はね跳び（発展技：頭はね跳び）

・　台上前転を行うように回転し，背中が跳び箱についたら腕と腰を伸ばして体を反らせながらはね起きること。

◎　運動が苦手な児童への配慮の例

・　開脚跳びが苦手な児童には，マットを数枚重ねた上に跳び箱1段を置いて，手を着きやすくしたり，跳び越しやすくしたりして，踏切り－着手－着地までの動きが身に付くようにするなどの配慮をする。

・　台上前転が苦手な児童には，マットを数枚重ねた場で前転したり，マット上にテープなどで跳び箱と同じ幅にラインを引いて，速さのある前転をしたり，真っ直ぐ回転する前転をしたりして，腰を上げて回転する動きが身に付くようにするなどの配慮をする。

・　首はね跳びが苦手な児童には，マットを数枚重ねた場や低く設置した跳び箱，ステージなどを利用して体を反らせてブリッジをしたり，場でつくった段差と補助を利用して首はね起きを行ったりしながら，体を反らしてはねたり，手で押したりする動きが身に付くようにするなどの配慮をする。

(2)　思考力，判断力，表現力等

> (2)　自己の能力に適した課題を見付け，技ができるようになるための活動を工夫するとともに，考えたことを友達に伝えること。

ア　自己の能力に適した課題を見付け，その課題の解決のための活動を選ぶこと。

○　学習カードや掲示物を用いて，自己の能力に適した課題を見付ける例

・　上手くできたところやできなかったところを，学習カードや掲示物などの連続図に目印や色をつけたり，シールを貼ったりして，自己の能力に適した課題を見付けること。

○　技のできばえを視覚的に振り返って，自己の能力に適した課題を見付ける例

・　手の着く位置や着地する位置に目印を置くなどして，技のできばえを視覚的に確認して，自己に適した課題を見付けること。

○　技のできばえを振り返り，自己の能力に適した課題を解決するための活動
　を選ぶ例
　　・　手の着く位置や着地する位置，目線が向く場所などに目印をして，技の
　　　できばえを振り返り，自己の能力に適した課題を解決しやすい練習の場を
　　　選ぶこと。

イ　課題の解決のために考えたことを友達に伝えること。
　○　見付けたポイントを伝える例
　　・　つまずいていた技が上手にできた際に，わかったことを言葉で伝えたり，
　　　連続図の絵の横に付箋を貼って文字で示したりして伝えること。
　○　目印を置くなどして，友達の技のできばえを伝える例
　　・　友達の手の着く位置や着地する位置，目線が向く場所に目印を置いて，
　　　動きのできばえを友達に伝えること。

(3)　学びに向かう力，人間性等

> (3)　運動に進んで取り組み，きまりを守り誰とでも仲よく運動をした
> 　り，友達の考えを認めたり，場や器械・器具の安全に気を付けたりす
> 　ること。

ア　回転したり，支持したり，逆位になったりするなど，マット運動や鉄棒運
　動，跳び箱運動の基本的な技に進んで取り組むこと。
イ　マットや跳び箱，踏切り板などの器械・器具の正しい使い方や試技をする前
　の待ち方，技を観察するときなどのきまりを守り，誰とでも仲よく励まし合う
　こと。
ウ　器械・器具の準備や片付けを，友達と一緒にすること。
エ　互いの動きを見合ったり補助をし合ったりして，技がうまくできたときの動
　き方や気付いたことなどを伝え合う際に，友達の考えを認めること。
オ　場の危険物を取り除いたり，器械・器具の安全を確かめたりするとともに，
　試技の開始前の安全を確かめること。
　◎　運動に意欲的でない児童への配慮の例
　　・　技への恐怖心がある児童には，落ちても痛くないようにマットを敷いた
　　　り，回転しやすいように鉄棒に補助具を付けたりして，場を工夫するなど
　　　の配慮をする。
　　・　技への不安感がある児童には，必要な体の動かし方や運動感覚が身に付
　　　くように，低学年で学習した運動遊びに取り組む場を設定するなどの配慮

をする。

・　技に繰り返し取り組もうとしない児童には，着地位置に目印を置いて自
己評価をできるようにしたり，ゲーム化した運動遊びにグループで取り組
めるようにしたりするなどの配慮をする。

・　友達とうまく関わって学習することができない児童には，手や足の位置
に目印を置いたり，回数を数えたりする役割ができるようにするなどの配
慮をする。

C　走・跳の運動

　中学年の走・跳の運動は，「走の運動」及び「跳の運動」で構成され，調子よ
く走ったり，バトンの受渡しをしたり，小型ハードルを走り越えたりする楽しさ
や喜びに触れることができる運動である。

　低学年の走・跳の運動遊びの学習を踏まえ，中学年では，走・跳の運動の楽し
さや喜びに触れ，その行い方を知るとともに，かけっこ・リレー，小型ハードル
走，幅跳び，高跳びなどの基本的な動きや技能を身に付けるようにし，高学年の
陸上運動の学習につなげていくことが求められる。

　また，運動を楽しく行うために，自己の課題を見付け，その解決のための活動
を工夫するとともに，きまりを守り誰とでも仲よく運動をしたり，勝敗を受け入
れたり，友達の考えを認めたり，場や用具の安全に気を付けたりできるようにす
ることが大切である。

　　走・跳の運動について，次の事項を身に付けることができるよう指導
する。

---

(1) 知識及び技能

---

(1)　次の運動の楽しさや喜びに触れ，その行い方を知るとともに，その
動きを身に付けること。
ア　かけっこ・リレーでは，調子よく走ったりバトンの受渡しをした
りすること。
イ　小型ハードル走では，小型ハードルを調子よく走り越えること。
ウ　幅跳びでは，短い助走から踏み切って跳ぶこと。
エ　高跳びでは，短い助走から踏み切って跳ぶこと。

ア　かけっこ・リレー

　　かけっこ・リレーでは，その行い方を知るとともに，距離を決めて調子よく最後まで走ったり，走りながらバトンの受渡しをする周回リレーをしたりすること。

　　［例示］

　　○　30〜50m程度のかけっこ

　　　・　いろいろな走り出しの姿勢から，素早く走り始めること。

　　　・　真っ直ぐ前を見て，腕を前後に大きく振って走ること。

　　○　周回リレー（一人が走る距離30〜50m程度）

　　　・　走りながら，タイミングよくバトンの受渡しをすること。

　　　・　コーナーの内側に体を軽く傾けて走ること。

　　◎　運動が苦手な児童への配慮の例

　　　・　かけっこで，スタートが苦手な児童には，立った姿勢からだけでなくいろいろな姿勢から素早く走ったり，スタート位置を変えて競走したりするなどの配慮をする。

　　　・　周回リレーで，タイミングよくバトンを受渡すことが苦手な児童には，追いかけ走やコーナー走で受渡しをするなどの配慮をする。

イ　小型ハードル走

　　小型ハードル走では，その行い方を知るとともに，小型ハードルを自己に合ったリズムで走り越えること。

　　［例示］

　　○　いろいろなリズムでの小型ハードル走

　　　・　インターバルの距離や小型ハードルの高さに応じたいろいろなリズムで小型ハードルを走り越えること。

　　○　30〜40m程度の小型ハードル走

　　　・　一定の間隔に並べられた小型ハードルを一定のリズムで走り越えること。

　　◎　運動が苦手な児童への配慮の例

　　　・　一定のリズムで小型ハードルを走り越えることが苦手な児童には，インターバルの異なる複数のレーンを設定し選べるようにしたり，いろいろな材質の小型ハードル（ゴムを張った小型ハードルや段ボールを用いたハードル等）を使用したりするなどの配慮をする。

ウ　幅跳び

　　幅跳びでは，その行い方を知るとともに，短い助走から強く踏み切って遠くへ跳ぶこと。

　　［例示］

○　短い助走からの幅跳び

・　5〜7歩程度の助走から踏切り足を決めて前方に強く踏み切り，遠くへ跳ぶこと。

・　膝を柔らかく曲げて，両足で着地すること。

◎　運動が苦手な児童への配慮の例

・　踏切り足が定まらず，強く前方へ跳ぶことが苦手な児童には，3〜5歩など，短い助走による幅跳びをしたり，「トン・トン・ト・ト・トン」など，一定のリズムの助走からの幅跳びを行ったりする場を設定するなどの配慮をする。

エ　高跳び

高跳びでは，その行い方を知るとともに，短い助走から強く踏み切って高く跳ぶこと。

［例示］

○　短い助走からの高跳び

・　3〜5歩程度の短い助走から踏切り足を決めて上方に強く踏み切り，高く跳ぶこと。

・　膝を柔らかく曲げて，足から着地すること。

◎　運動が苦手な児童への配慮の例

・　踏切り足が定まらず，強く上方へ跳ぶことが苦手な児童には，3歩など，短い助走による高跳びをしたり，「トン・トン・ト・ト・トン」など，一定のリズムの助走からの高跳びを行ったりする場を設定するなどの配慮をする。

(2) 思考力，判断力，表現力等

> (2)　自己の能力に適した課題を見付け，動きを身に付けるための活動や競争の仕方を工夫するとともに，考えたことを友達に伝えること。

ア　自己の課題を見付け，その課題の解決のための活動を選ぶこと。

○　ICT 機器を活用して自己の課題を見付ける例

・　自己の走・跳の運動の様子をタブレットやデジタルカメラなどの ICT 機器を活用して確認し，動きのポイントと照らし合わせて自己の課題を見付けること。

○　自己に応じた課題の解決のための練習の場を選ぶ例

・　踏切り位置に輪を置くなど，動きのポイントについて見合ったり教え

合ったりしやすくなるような練習の場を選ぶこと。

イ　友達との競走（争）の仕方を考え，競走（争）の規則や記録への挑戦の仕方を選ぶこと。

　　○　自己の能力に適した規則を選ぶ例

　　　・　個人の記録を得点化してチーム対抗戦をしたり，チームの目標得点を設定して競争したりするなどの規則を選ぶこと。

ウ　友達のよい動きや変化を見付けたり，考えたりしたことを友達に伝えること。

　　○　学び合ったことを友達に伝える例

　　　・　活動後に，運動のポイントや友達の動きのよさなどを学習カードなどに記入したり，振り返りの時間に発表したり，感想文を書いたりすること。

(3) 学びに向かう力，人間性等

> (3)　運動に進んで取り組み，きまりを守り誰とでも仲よく運動をしたり，勝敗を受け入れたり，友達の考えを認めたり，場や用具の安全に気を付けたりすること。

ア　かけっこ・リレーや小型ハードル走，幅跳びや高跳びに進んで取り組むこと。

イ　かけっこやリレーなどのきまりを守り，誰とでも仲よく励まし合うこと。

ウ　走・跳の運動で使用する用具の準備や片付けを友達と一緒にすること。

エ　かけっこやリレーなどの勝敗を受け入れること。

オ　小型ハードル走で互いの動きを見合ったり，高跳びで動きのよさや課題を伝え合ったりするなどの際に，友達の考えを認めること。

カ　小型ハードル走をする場所や幅跳びをする砂場などの危険物を取り除くとともに，用具の安全を確かめること。

　　◎　運動に意欲的でない児童への配慮の例

　　　・　かけっこ・リレーでの競走など，競走（争）に対して意欲的に取り組めない児童には，いろいろな走り方・跳び方で活動する場を設定したり，勝敗のルールを工夫したりするなどの配慮をする。

　　　・　高跳びのスタンドやバーが当たることへの恐怖心がある児童には，友達が持つゴムひもを跳ぶようにするなどの配慮をする。

　　　・　課題が易しすぎたり難しすぎたりして，うまく走ったり跳んだりできずに達成感を味わうことができない児童には，一つの場だけでなく，速さ，

距離を変えるなど，易しい課題や複数の課題を設定するなどの配慮をする。
- ・　リレーのバトンの受渡しの練習の場面などで，友達同士でうまく関わり合うことができない児童には，互いに見合い，教え合いをする学習の仕組みや，振り返りの場面などで，友達同士で学習の成果を認め合うようにするなどの配慮をする。

D　水泳運動

　中学年の水泳運動は，「浮いて進む運動」及び「もぐる・浮く運動」で構成され，水に浮いて進んだり呼吸したり，様々な方法で水にもぐったり浮いたりする楽しさや喜びに触れることができる運動である。

　低学年の水遊びの学習を踏まえ，中学年では，水泳運動の楽しさや喜びに触れ，その行い方を知るとともに，け伸びや初歩的な泳ぎ，もぐる・浮くことなどの基本的な動きや技能を身に付けるようにし，高学年の水泳運動の学習につなげていくことが求められる。

　また，運動を楽しく行うために，自己の課題を見付け，その解決のための活動を工夫するとともに，きまりを守り誰とでも仲よく運動をしたり，友達の考えを認めたり，水泳運動の心得を守って安全に気を付けたりすることなどをできるようにすることが大切である。

　水泳運動について，次の事項を身に付けることができるよう指導する。

---

(1)　知識及び技能

---

(1)　次の運動の楽しさや喜びに触れ，その行い方を知るとともに，その動きを身に付けること。
　　ア　浮いて進む運動では，け伸びや初歩的な泳ぎをすること。
　　イ　もぐる・浮く運動では，息を止めたり吐いたりしながら，いろいろなもぐり方や浮き方をすること。

　初歩的な泳ぎとは，呼吸しながらのばた足泳ぎやかえる足泳ぎなど，近代泳法の前段階となる泳ぎのことである。このような泳ぎでは，浮いて呼吸をしながら手や足を使って進むことが大切であり，近代泳法の手や足の動かし方などの泳形にこだわる必要がない泳ぎである。

ア　浮いて進む運動

　浮いて進む運動では，その行い方を知るとともに，プールの底や壁を蹴った勢いを利用して進むけ伸びをしたり，浮いて呼吸をしながら手や足を使って進む初歩的な泳ぎをしたりすること。

［例示］

○　け伸び

・　け伸びにつながるように，友達に手を引かれたり足を押されたりした勢いを利用して，伏し浮きの姿勢で続けて進むこと。

・　プールの底を両足で蹴り，体を一直線に伸ばした姿勢で進んだり，友達の股の下をくぐり抜けたりすること。

・　体を縮めた状態になってプールの壁に両足を揃えてから，力強く両足で蹴り出した勢いで，顎を引いて腕で頭を挟んで体を一直線に伸ばした姿勢で進むこと。

○　初歩的な泳ぎ

・　補助具を用いて浮き，呼吸をしながら手や足を動かして進む初歩的な泳ぎをすること。

・　補助具を用いて仰向けの姿勢で浮き，呼吸をしながら手や足を動かして進む初歩的な泳ぎをすること。

・　水面に顔を付け，手や足をゆっくりと動かし進むなど，呼吸を伴わない初歩的な泳ぎをすること。

・　ばた足泳ぎやかえる足泳ぎなど，頭の上方に腕を伸ばした姿勢で，手や足をバランスよく動かし，呼吸をしながら進むこと。

◎　運動が苦手な児童への配慮の例

・　け伸びで，体を一直線に伸ばすことが苦手な児童には，補助具や友達の手につかまり，大きく息を吸って伏し浮きの姿勢になるまで待つように助言したり，体を伸ばした状態になったところを友達に引っ張ってもらったりするなどの配慮をする。

・　け伸びで，プールの底や壁を力強く蹴ることが苦手な児童には，水の中に体を十分に沈め，膝を曲げて体を小さく縮めてから底や壁を蹴るように助言したり，け伸びで進む距離を友達と競争したり自己の記録を伸ばしたりする場を設定したりするなどの配慮をする。

・　初歩的な泳ぎで，手や足の動きと呼吸のタイミングを合わすことが苦手な児童には，陸上で動きのイメージができる言葉「伸びて，イーチ・ニィー・サーン（手で水をかいたり，足を動かしたりして），ブハ！（息をまとめて吐く），伸びて」とともにタイミングを確認する場を設定したり，友達

にゆっくりと引っ張ってもらいながら息継ぎのタイミングを声かけしてもらったりするなどの配慮をする。

イ　もぐる・浮く運動

もぐる・浮く運動では，その行い方を知るとともに，呼吸を調整しながらいろいろなもぐり方をしたり，背浮きの姿勢で浮いたり，簡単な浮き沈みをしたりすること。

［例示］

○　プールの底にタッチ，股くぐり，変身もぐりなどのいろいろなもぐり方

・　プールの底から足を離して，体の一部分をプールの底につけるようにもぐること。

・　手や足を動かした推進力を利用して，上体からもぐったり，友達の股の下やプールの底に固定した輪の中をくぐり抜けたりすること。

・　座った姿勢でもぐってから大の字の姿勢に変わったり，仰向けの姿勢でもぐってから伏し浮きの姿勢に変わったり，体を回転させたりするなど，水の中で姿勢を変えること。

○　背浮き，だるま浮き，変身浮きなどのいろいろな浮き方

・　補助具を抱えたり挟んだりして，浮力を生かしたいろいろな浮き方をすること。

・　大きく息を吸い込み全身の力を抜いて，背浮きやだるま浮きなどのいろいろな浮き方をすること。

・　伏し浮きから大の字浮き，伏し浮きからだるま浮き，背浮きから伏し浮きなど，ゆっくりと浮いた姿勢を変える変身浮きをすること。

○　だるま浮きやボビングなどを活用した簡単な浮き沈み

・　息を大きく吸った状態でもぐり体が浮いてくる動きをしたり，浮いた姿勢から息を吐き体が沈んでいく動きをしたりすること。

・　浮いた姿勢から手や足を利用して口を水面上へ出すこと。

・　大きく息を吸ってだるま浮きをした状態で，友達に背中を押して沈めてもらい，息を止めてじっとして水面に浮上する動きをすること。

・　ボビングを連続して行ったり，連続したボビングをしながらジャンプをして移動したりすること。

◎　運動が苦手な児童への配慮の例

・　プールの底にタッチをする際，浮力の影響でもぐることが苦手な児童には，息を吐きながらもぐることや手や足を大きく使うことを助言したり，水深が浅い場を設定したりするなどの配慮をする。

・　いろいろなもぐり方をする際，もぐり方を変えることが苦手な児童には，

友達ともぐり方の真似をし合う場を設定したり，陸上でできる動きを水の中でできないかを助言したりするなどの配慮をする。

・　だるま浮きで，体を小さく縮めることが苦手な児童には，両膝を抱え込まずに持つ程度にした簡単な方法に挑戦することや，膝を抱えると一度は沈むがゆっくりと浮いてくることを助言するなどの配慮をする。

・　背浮きで，腰が沈まないようにして浮くことが苦手な児童には，補助具が体から離れないようにしっかり抱えて浮くように助言したり，友達に背中や腰を支えてもらう場を設定したりするなどの配慮をする。

・　変身浮きで，浮き方を変えることが苦手な児童には，一つの浮き方で浮いている時間を延ばしたり，「つぼみがだんだん開いて，またしぼんでいく」などお話づくりで変身していくイメージをもって挑戦したりする場を設定するなどの配慮をする。

・　連続したボビングが苦手な児童には，低学年で扱った呼吸のリズムを再度確認したり，友達と手をつないでボビングをしたりする場を設定するなどの配慮をする。

(2) 思考力，判断力，表現力等

> (2)　自己の能力に適した課題を見付け，水の中での動きを身に付けるための活動を工夫するとともに，考えたことを友達に伝えること。

ア　自己の能力に適した課題を見付け，その課題の解決のための活動を選ぶこと。

○　進んだ距離やできた回数を確かめて自己の課題を見付ける例

・　け伸びや初歩的な泳ぎで進んだ距離，連続ボビングの回数など，自己で決めた距離や回数に挑戦することで，自己の課題を見付けること。

○　真っ直ぐに体を伸ばしたけ伸びにするための活動を選ぶ例

・　補助具を活用して体を真っ直ぐに伸ばした時間を長くとる練習や，伸びた状態で友達に手を引っ張ってもらう練習など，自己の課題に適した練習の仕方を選ぶこと。

○　手や足をバランスよく動かし，呼吸をしながら進むための活動を選ぶ例

・　陸上で手や足の動かし方と呼吸を合わせた動きをしたり，補助具を用いて体を安定させて手や足の動きと呼吸を合わせたりするなど，自己の課題に適した練習の仕方を選ぶこと。

・　け伸びで進んだ回数をグループで競ったり，連続ボビングでのリレーを

したりするなど，自己の能力に適した競争の仕方を選ぶこと。

イ　課題の解決のために考えたことを友達に伝えること。

　　○　け伸びや初歩的な泳ぎでの動きを友達と見合ったり補助をし合ったりする
　　　過程で，考えたことを伝える例

　　　　・　け伸びや初歩的な泳ぎについて見付けた友達のよい動きや課題の解決の
　　　　　ための動きのポイントを言葉や動作で伝えること。

　　○　いろいろなもぐり方や浮き方を友達に伝える例

　　　　・　自ら試したいろいろなもぐり方や浮き方を友達に紹介したり，互いのよ
　　　　　い動きの真似をしたりすること。

(3) 学びに向かう力，人間性等

> (3)　運動に進んで取り組み，きまりを守り誰とでも仲よく運動をした
> 　り，友達の考えを認めたり，水泳運動の心得を守って安全に気を付け
> 　たりすること。

ア　け伸びや初歩的な泳ぎをしたり，いろいろなもぐり方や浮き方をしたりする
　　など，水泳運動に進んで取り組むこと。

イ　け伸びをする際に順番にスタートしたり，決まった場所で友達と練習したり
　　するなど，水泳運動のきまりを守り，誰とでも仲よく励まし合うこと。

ウ　水泳運動の練習で使用する用具の準備や片付けを，友達と一緒にすること。

エ　互いの動きを見合ったり補助をし合ったりするときに見付けた動きのよさや
　　課題について伝え合う際に，友達の考えを認めること。

オ　準備運動や整理運動を正しく行う，バディで互いを確認しながら活動する，
　　シャワーを浴びてからゆっくりと水の中に入る，プールに飛び込まないなど，
　　水泳運動の心得を守って安全を確かめること。

　　◎　運動に意欲的でない児童への配慮の例

　　　　・　水に対する恐怖心や違和感を抱く児童には，低学年での水遊びを単元や
　　　　　授業の始めに取り入れたり，ゲーム的な要素のある運動をしたりするなど
　　　　　の配慮をする。

　　　　・　友達と練習することが苦手な児童には，自己の能力に適した距離や時間
　　　　　等の明確な目標をもって挑戦する場を設定し，その成果を友達と見合った
　　　　　り，友達と課題を一緒に解決する活動を取り入れたりするなどの配慮をす
　　　　　る。

　　　　・　既にクロールや平泳ぎができる児童には，け伸びの距離をより伸ばすこ
　　　　　とを助言したり，いろいろなもぐり方をする場面で腹や背中をプールの底

2
第３学年及
び第４学年
の内容

95

に付けたり逆立ちや連続回転をしたりすることを助言したりするなど，挑戦する課題を提示するなどの配慮をする。

E　ゲーム

中学年のゲームは，「ゴール型ゲーム」，「ネット型ゲーム」及び「ベースボール型ゲーム」で構成され，主として，規則を工夫したり作戦を選んだり，集団対集団で友達と力を合わせて競い合ったりする楽しさや喜びに触れることができる運動である。

低学年のゲームの学習を踏まえ，中学年では，ゲームの楽しさや喜びに触れ，その行い方を知るとともに，基本的なボール操作とボールを持たないときの動きによって，易しいゲームをすることができるようにし，高学年のボール運動の学習につなげていくことが求められる。

また，運動を楽しく行うために，自己の課題を見付け，その解決のための活動を工夫するとともに，規則を守り誰とでも仲よく運動をしたり，友達の考えを認めたり，場や用具の安全に気を付けたりすることなどをできるようにすることが大切である。

ゲームについて，次の事項を身に付けることができるよう指導する。

---

(1)　知識及び技能

---

(1)　次の運動の楽しさや喜びに触れ，その行い方を知るとともに，易しいゲームをすること。

ア　ゴール型ゲームでは，基本的なボール操作とボールを持たないときの動きによって，易しいゲームをすること。

イ　ネット型ゲームでは，基本的なボール操作とボールを操作できる位置に体を移動する動きによって，易しいゲームをすること。

ウ　ベースボール型ゲームでは，蹴る，打つ，捕る，投げるなどのボール操作と得点をとったり防いだりする動きによって，易しいゲームをすること。

易しいゲームとは，ゲームを児童の発達の段階を踏まえて，基本的なボール操作で行え，プレイヤーの人数（プレイヤーの人数を少なくしたり，攻める側のプレイヤーの人数が守る側のプレイヤーの人数を上回るようにしたりすること），

コートの広さ（奥行きや横幅など），ネットの高さ，塁間の距離，プレイ上の緩和や制限（攻める側のプレイ空間，触球方法の緩和や守る側のプレイ空間，身体接触の回避，触球方法の制限など），ボールその他の運動用具や設備などを修正し，児童が取り組みやすいように工夫したゲームをいう。

ア　ゴール型ゲーム

　　ゴール型ゲームでは，その行い方を知るとともに，基本的なボール操作とボールを持たないときの動きによって，コート内で攻守入り交じって，ボールを手や足でシュートしたり，空いている場所に素早く動いたりする易しいゲーム及び陣地を取り合って得点ゾーンに走り込むなどの易しいゲームをすること。

［例示］

○　ハンドボール，ポートボール，ラインサッカー，ミニサッカーなどを基にした易しいゲーム（味方チームと相手チームが入り交じって得点を取り合うゲーム）

○　タグラグビー，フラッグフットボールなどを基にした易しいゲーム（陣地を取り合うゲーム）

・　ボールを持ったときにゴールに体を向けること。

・　味方にボールを手渡したり，パスを出したり，シュートをしたり，ゴールにボールを持ち込んだりすること。

・　ボール保持者と自分の間に守る者がいない空間に移動すること。

◎　運動が苦手な児童への配慮の例

・　パスを出したり，シュートをしたりすることが苦手な児童には，ボールを保持する条件を易しくするとともに，ボールを保持した際に周囲の状況が確認できるように言葉がけを工夫するなどの配慮をする。

・　ボール保持者と自分の間に守る者がいない空間に移動することが苦手な児童には，守る者の位置を見るように言葉がけを工夫するなどの配慮をする。

イ　ネット型ゲーム

　　ネット型ゲームでは，その行い方を知るとともに，基本的なボール操作とボールを操作できる位置に体を移動するなどのボールを持たないときの動きによって，軽量のボールを片手，両手もしくは用具を使って，自陣の味方にパスをしたり，相手コートに返球したり，弾むボールを床や地面に打ちつけて相手コートに返球したりして，ラリーの続く易しいゲームをすること。

［例示］

○　ソフトバレーボールを基にした易しいゲーム

○　プレルボールを基にした易しいゲーム

○　バドミントンやテニスを基にした易しいゲーム

○　天大中小など，子供の遊びを基にした易しいゲーム

・　いろいろな高さのボールを片手，両手もしくは用具を使ってはじいたり，打ちつけたりすること。

・　相手コートから飛んできたボールを片手，両手もしくは用具を使って相手コートに返球すること。

・　ボールの方向に体を向けたり，ボールの落下点やボールを操作しやすい位置に移動したりすること。

◎　運動が苦手な児童への配慮の例

・　いろいろな高さのボールを片手，両手もしくは用具を使ってはじいたり，打ちつけたりすることが苦手な児童には，飛んできたボールをキャッチして打つことを認めるなどの配慮をする。

・　ボールの落下点やボールを操作しやすい位置に移動したりすることが苦手な児童には，プレイできるバウンド数を多くしたり，飛んできたボールをキャッチしてラリーを継続したりするなどの配慮をする。

ウ　ベースボール型ゲーム

　ベースボール型ゲームでは，その行い方を知るとともに，ボールを蹴ったり打ったりする攻めや捕ったり投げたりする守りなどの基本的なボール操作と，ボールの飛球方向に移動したり，全力で走塁したりするなどのボールを持たないときの動きによって，攻守を交代する易しいゲームをすること。

〔例示〕

○　攻める側がボールを蹴って行う易しいゲーム

○　手や用具などを使って打ったり，静止したボールを打ったりして行う易しいゲーム

・　ボールをフェアグラウンド内に蹴ったり打ったりすること。

・　投げる手と反対の足を一歩前に踏み出してボールを投げること。

・　向かってくるボールの正面に移動すること。

・　ベースに向かって全力で走り，かけ抜けること。

◎　運動が苦手な児童への配慮の例

・　ボールをフェアグラウンド内に蹴ったり打ったりすることが苦手な児童には，大きなボールや軽いボールを用いたり，手や大きなバット，軽いバット，ラケットなどを用いて打ったり，静止したボールを蹴ったり打ったりすることができるようにするなどの配慮をする。

・　投げる手と反対の足を一歩前に踏み出してボールを投げることが苦手な

児童には，的当てゲームを取り入れたり，紙鉄砲やタオルを用いて遊ぶ場を設定したりして，投げる動きが自然に身に付くような練習をするなどの配慮をする。

(2) 思考力，判断力，表現力等

> (2) 規則を工夫したり，ゲームの型に応じた簡単な作戦を選んだりするとともに，考えたことを友達に伝えること。

ア　規則を工夫すること
　○　誰もが楽しくゲームに参加できるように，プレイヤーの人数，コートの広さ，プレイ上の緩和や制限，得点の仕方などの規則を選ぶ例
　　・　攻めと守りの局面でプレイヤーの人数に違いを設け，攻めを行いやすいようにするなどの規則を選ぶこと。
イ　ゲームの型に応じた簡単な作戦を選ぶこと
　○　ゴール型の陣地を取り合うゲームで，陣地に侵入するための簡単な作戦を選ぶ例
　　・　少人数のゲームで，ボールを持っている人とボールを持っていない人の役割を踏まえた作戦を選ぶこと。
ウ　課題の解決のために考えたことを友達に伝えること
　○　いろいろな高さのボールを片手，両手もしくは用具を使ってはじいたり，打ちつけたりすることについて考えたことを友達に伝える例
　　・　易しいネット型ゲームで，高さの違うボールを片手，両手もしくは用具を使って強さや方向を変えてはじいた工夫を，動作や言葉，絵図などを使って，友達に伝えること。
　○　向かってくるボールの正面に移動することについて考えたことを友達に伝える例
　　・　易しいベースボール型ゲームで，友達の正面に移動する動きのよさを，動作や言葉，絵図などを使って，友達に伝えること。

(3) 学びに向かう力，人間性等

> (3) 運動に進んで取り組み，規則を守り誰とでも仲よく運動をしたり，勝敗を受け入れたり，友達の考えを認めたり，場や用具の安全に気を付けたりすること。

ア　易しいゴール型ゲーム，ネット型ゲーム，ベースボール型ゲームに進んで取り組むこと。

イ　ゲームの規則を守り，誰とでも仲よくすること。

ウ　ゲームで使用する用具などの準備や片付けを，友達と一緒にすること。

エ　ゲームの勝敗を受け入れること。

オ　ゲームやそれらの練習の中で互いに動きを見合ったり，話し合ったりして見付けた動きのよさや課題を伝え合う際に，友達の考えを認めること。

カ　ゲームやそれらの練習の際に，使用する用具などを片付けて場の危険物を取り除くなど，周囲を見て場や用具の安全を確かめること。

　◎　運動に意欲的でない児童への配慮の例

・　ボールが固くて恐怖心を抱いたり，小さくて操作しにくかったりするために，ゲームに意欲的に取り組めない児童には，柔らかいボールを用意したり，大きなボールやゆっくりとした速さになる軽めのボールを用意したりするなどの配慮をする。

・　学習の仕方が分からないために，ゲームに意欲的に取り組めない児童には，学習への取組の手順を掲示物で確認できるようにするなどの配慮をする。

・　場や規則が難しいと感じ，ゲームに意欲的に取り組めない児童には，文字やイラスト等を用いて掲示しながら説明したり，より易しい規則に変更したりするなどの配慮をする。

・　新しく提示した動きが分からないために，ゲームや練習に意欲的に取り組めない児童には，よい動きの友達やチームを観察したり，掲示物などの具体物を用いて説明したりするなどの配慮をする。

・　審判の判定に納得しなかったり，ゲームに勝てなかったりすることで，ゲームに意欲的に取り組めない児童には，判定に従うことやフェアなプレイの大切さについて，継続して伝えていくようにするなどの配慮をする。

・　ゲームに参加している実感がなく，楽しさを味わえない児童には，チームの人数を少なくして，役割を明確にしたり触球回数を増やせるようにしたりするなどの配慮をする。

・　友達と仲よくゲームに取り組めない児童には，試合の前後に相手や味方同士で挨拶や握手を交わしたり，相手や味方同士でよいプレイや取組を称賛したりするなどの配慮をする。

F　表現運動

　中学年の表現運動は，「表現」及び「リズムダンス」で内容が構成され，これらの運動は，自己の心身を解き放して，イメージやリズムの世界に没入してなりきって踊ることが楽しい運動であり，互いのよさを生かし合って友達と交流して踊る楽しさや喜びに触れることのできる運動である。

　低学年の「表現リズム遊び」の学習を踏まえ，中学年では，表現運動の楽しさや喜びに触れ，その行い方を知るとともに，題材の特徴を捉えた多様な感じの表現と全身でリズムに乗って踊る学習を通して，即興的に表現する能力やリズムに乗って踊る能力，友達と豊かに関わり合うコミュニケーション能力などを培えるようにし，高学年の「表現運動」の学習につなげていくことが求められる。

　また，表現運動を楽しく行うために，表現運動についての自己の課題を見付け，その解決のための活動を工夫するとともに，誰とでも仲よく踊ったり，友達の動きや考えを認めたり，場の安全に気を付けたりすることが大切である。

　表現運動について，次の事項を身に付けることができるよう指導する。

---

(1)　知識及び技能

---

(1)　次の運動の楽しさや喜びに触れ，その行い方を知るとともに，表したい感じを表現したりリズムに乗ったりして踊ること。
　ア　表現では，身近な生活などの題材からその主な特徴を捉え，表したい感じをひと流れの動きで踊ること。
　イ　リズムダンスでは，軽快なリズムに乗って全身で踊ること。

ア　表現

　表現では，その行い方を知るとともに，身近な生活などの題材から主な特徴や感じを捉え，表したい感じをひと流れの動きで即興的に踊ること。
　身近な生活などの題材とは，中学年の児童の発達の段階に応じて，「具体的な生活からの題材」やそれと対比する「空想の世界からの題材」など，ダイナミックで変化に富んだ多様な表現に取り組みやすい題材として示している。そ

れらの中から児童の関心や能力にふさわしい題材を取り上げ，その主な特徴や感じを捉えて，表したい感じを中心に動きを誇張したり変化を付けたりしてメリハリ（緩急・強弱）のあるひと流れの動きにして即興的に表現すること。

［題材と動きの例示］

○ 「具体的な生活からの題材」－「○○づくり」（料理，粘土造形など），「1日の生活」（洗濯物，掃除，スポーツなど）など，身近な生活の中から特徴が捉えやすく多様な感じの動きを含む題材

　・　題材の特徴の捉え方としては，その題材の変化する様子（「料理」で焼かれたり揚げられたり「洗濯」で洗われたり干されたりする，それらの行程で質感や形状が変わっていく様子など）を捉えるようにすること。

　・　動きの誇張や変化の付け方としては，表したい感じを，硬く・軟らかく，大きく・小さく，速く・遅くなどの動きの質感や形状の変化を付けて誇張したり，二人で対応する動きを繰り返したりしてひと流れの動きで即興的に踊ること。

　・　ひと流れの動きへの工夫の仕方としては，表したい感じを中心に，感じの異なる動きや急変する場面などの変化のある動きをつなげて，メリハリ（緩急・強弱）のあるひと流れの動きに工夫して感じを込めて踊ること。

○ 「空想の世界からの題材」－「○○探検」（ジャングル，宇宙，海底など）などの未知の想像が広がる題材や，忍者や戦いなどの二人組で対立する動きを含む題材

　・　題材の特徴の捉え方としては，「ジャングル探検」などでは多様な場面（底なし沼に落ちた，宝物発見！など）を捉えたり，「忍者」などではその題材ならではのふさわしい動き（忍び込む，戦うなど）で特徴を捉えたりすること。

　・　動きの誇張や変化の付け方としては，表したい感じを，跳ぶ－転がる，素早く動く－急に止まるなど動きに差を付けて誇張したり，「追いつ・追われつ」などの二人組で対応する動きや「戦い・対決」などの二人組で対立する動きで変化を付けたりして，ひと流れの動きで即興的に踊ること。

　・　ひと流れの動きへの工夫の仕方としては，「具体的な生活からの題材」と同じように，表したい感じを中心に，感じの異なる動きや急変する場面など変化のある動きをつなげてメリハリ（緩急・強弱）のあるひと流れの動きに工夫して感じを込めて踊ること。

◎ 運動が苦手な児童への配慮の例

　・　題材の特徴を捉えることが苦手な児童には，題材の多様な場面を絵や文字で描いたカードをめくりながら動くなどの配慮をする。

・　動きの誇張や変化の付け方が苦手な児童には，動きに差を付けて誇張したり，急変する動きで変化を付けたりして踊っている友達の動きを見合い，真似をするようにするなどの配慮をする。

・　ひと流れの動きにすることが苦手な児童には，気に入った様子を中心に，動きが急変する場面の例を複数挙げて動いてみるなどの配慮をする。

イ　リズムダンス

リズムダンスでは，その行い方を知るとともに，軽快なロックやサンバなどのリズムの特徴を捉え，リズムに乗って弾んで踊ったり，友達と関わり合ったりして即興的に踊ること。

軽快なリズムに乗って全身で踊るとは，スキップで弾んで踊れる軽快なリズムの曲を取り上げ，ロックの後打ちやサンバのシンコペーション（拍子の強弱を逆転させたり変化させたりしたリズム）などのリズムの特徴を捉え，へそ（体幹部）を中心に，リズムに乗って全身で弾んで踊ったり，動きに変化を付けて踊ったり，友達と関わり合って踊ったりすること。

［リズムと動きの例示］

○　軽快なテンポやビートの強いロックのリズム

・　リズムの特徴を捉えた踊り方としては，軽快なテンポのロックのリズム（テンポの目安はスキップで弾める BPM140前後：BPM とは1分間のビートの数を示す）では，「ンタ（1拍）ンタ（1拍）」（※下線は，強調を表す）の弾みや後打ち（後拍が強調された弱起のリズムでアフタービートともいう）のリズムの特徴を捉え，へそ（体幹部）を中心にその場で弾んだり，体の各部分でリズムをとったりして即興的に踊ること。ビートの強いロックのリズム（テンポの目安は歩く速さの BPM120前後）では，「ウンタ（2拍）ウンタ（2拍）」の後打ちのリズムの特徴を捉え，動きにアクセントを付けるなどして即興的に踊ること。

・　動きの変化の付け方としては，弾む動きにねじる・回るなどの動きを入れて変化を付けたり，素早い動きやストップなどで曲のリズムに変化を付けたりして続けて即興的に踊ること。

・　友達との関わり方としては，二人で向かい合って手をつないだりくぐり抜けたりして自由に関わり合って踊ったり，二人で調子を合わせたりかけ合いをしたりして即興的に踊ること。

○　陽気で小刻みなビートのサンバのリズム

・　リズムの特徴を捉えた踊り方としては，サンバの「ンタッタ（2拍）ンタッタ（2拍）」（※下線は，強調を表す）のシンコペーションのリズムと打楽器の小刻みなビートのリズムの特徴を捉え，その場で弾んだり，体の

各部分で小刻みにリズムをとったり，へそ（体幹部）を中心に前後左右の
スイングなどでリズムに乗ったりして即興的に踊ること。

・　動きの変化の付け方としては，ロックのリズムと同じように，弾む動き
にねじる・回るなどの動きを入れて変化を付けたり，素早い動きやストッ
プなどで曲のリズムに変化を付けたりして続けて即興的に踊ること。

・　友達との関わり方としては，二, 三人の友達と調子を合わせたりかけ合
いをしたりして即興的に踊ること。

◎　運動が苦手な児童への配慮の例

・　リズムの特徴を捉えて踊ることが苦手な児童には，リズムに合わせて手
拍子をしたり，リズムを表す言葉がけをしながら踊ったりするなどの配慮
をする。

・　動きに変化を付けて踊ることが苦手な児童には，曲のリズムに同調する
だけでなく，動きやリズムに変化を付けた動きで踊っている友達の動きを
見て，真似をするようにするなどの配慮をする。

・　友達と関わって踊ることが苦手な児童には，二人組で向かい合って手を
つなぎ，スキップで弾んだり，回ったり，動きの真似をし合うようにした
りするなどの配慮をする。

(2) 思考力，判断力，表現力等

> (2)　自己の能力に適した課題を見付け，題材やリズムの特徴を捉えた踊
> り方や交流の仕方を工夫するとともに，考えたことを友達に伝えるこ
> と。

ア　自己の能力に適した課題を見付け，その課題の解決のための活動を選ぶこ
と。

○　自己の能力に適した課題を見付ける例

・　題材やリズムの特徴を知り，自己の能力に合った課題を選ぶこと。

・　表現やリズムダンスの動きのポイントを知り，楽しく踊るための自己に
合った課題を見付けること。

○　友達のよい動きを取り入れる例

・　よい動きを知り，友達のよい動きを自己の動きに取り入れること。

イ　課題の解決のために考えたことを友達に伝えること。

○　友達が工夫したよいところを伝える例

・　表したい感じや様子にふさわしい動きで踊れていたかどうかを見合い，

特徴を捉えた動きや変化のある動きなどよかったところを友達に伝えること。

○　リズムダンスで工夫した動きを伝える例

・　その時間に見付けた動きや気に入った動きを，みんなで円形などになって一緒に踊りながら伝えること。

(3) 学びに向かう力，人間性等

> (3)　運動に進んで取り組み，誰とでも仲よく踊ったり，友達の動きや考えを認めたり，場の安全に気を付けたりすること。

ア　表したい感じをひと流れの動きで踊ったり，軽快なリズムに乗って全身で踊ったりする運動に進んで取り組むこと。

イ　表現やリズムダンスに取り組む際に，誰とでも仲よくすること。

ウ　表現やリズムダンスを行う場の設定や用具の片付けを，友達と一緒にすること。

エ　表現やリズムダンスでの友達の動きや楽しく踊るための友達の考えを認めること。

オ　友達とぶつからないように周りの安全を確かめて踊ること。

◎　運動に意欲的でない児童への配慮の例

・　踊ることに意欲的に取り組めない児童には，授業の導入で，みんなで円形などになり，顔を見合わせながら軽快なリズムに乗って弾んだり手拍子をしたりして，心と体をほぐすなどの配慮をする。

・　友達と関わりながら踊ることに意欲的に取り組めない児童には，友達と組んでできる簡単な動きを示した中から選べるようにするなどの配慮をする。

G　保　健

(1) 健康な生活

> (1)　健康な生活について，課題を見付け，その解決を目指した活動を通して，次の事項を身に付けることができるよう指導する。
>
> 　ア　健康な生活について理解すること。
>
> 　　(ｱ)　心や体の調子がよいなどの健康の状態は，主体の要因や周囲の環境の要因が関わっていること。

　　　　(イ) 毎日を健康に過ごすには，運動，食事，休養及び睡眠の調和の
　　　　　とれた生活を続けること，また，体の清潔を保つことなどが必要
　　　　　であること。
　　　　(ウ) 毎日を健康に過ごすには，明るさの調節，換気などの生活環境
　　　　　を整えることなどが必要であること。
　　イ　健康な生活について課題を見付け，その解決に向けて考え，それ
　　　を表現すること。

　健康な生活については，児童が自ら主体的に健康によい生活を送るための基礎として，健康の大切さを認識できるようにするとともに，毎日の生活に関心をもつようにし，健康によい生活の仕方を理解できるようにする必要がある。また，健康な生活に関する課題を見付け，よりよい解決に向けて考え，それを表現できるようにする必要がある。さらに，自己の生活を見直すことを通して，健康によい１日の生活の仕方や生活環境を整えることについて実践する意欲をもてるようにすることも大切である。

　このため，本内容は，健康の状態には主体の要因や周囲の環境の要因が関わっていること，また，健康を保持増進するには，１日の生活の仕方が深く関わっていること，体を清潔に保つこと，生活環境を整えることが必要であることなどの知識と健康な生活に関する課題を解決するための思考力，判断力，表現力等を中心として構成している。

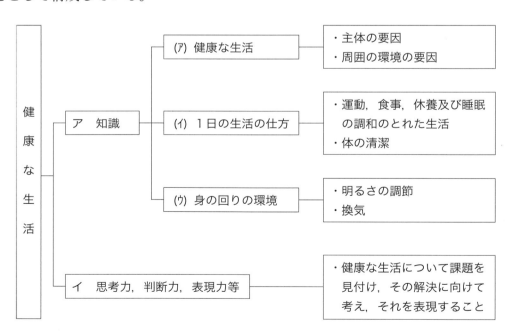

ア　知識

(ｱ)　健康な生活

健康の状態には，気持ちが意欲的であること，元気なこと，具合の悪いところがないことなどの心や体の調子がよい状態があることを理解できるようにする。また，健康の状態には，1日の生活の仕方などの主体の要因や身の回りの環境の要因が関わっていることを理解できるようにする。その際，心や体が健康であることは，人と関わりながら明るく充実した毎日の生活を送れることにつながり，健康がかけがえのないものであることにも触れるようにする。

(ｲ)　1日の生活の仕方

健康の保持増進には，1日の生活の仕方が深く関わっており，1日の生活のリズムに合わせて，運動，食事，休養及び睡眠をとることが必要であることを理解できるようにする。その際，日常生活に運動を取り入れることの大切さについても触れるようにする。

また，手や足などの清潔，ハンカチや衣服などの清潔を保つことが必要であることを理解できるようにする。

(ｳ)　身の回りの環境

健康の保持増進には，生活環境が関わっており，部屋の明るさの調節や換気などの生活環境を整えることが必要であることを理解できるようにする。

イ　思考力，判断力，表現力等

健康な生活に関わる事象から課題を見付け，健康な生活を目指す視点から，解決の方法を考え，それを伝えることができるようにする。

［例示］

・　1日の生活の仕方などの主体の要因や身の回りの環境の要因から健康に関わる課題を見付けること。

・　運動，食事，休養及び睡眠，体の清潔，明るさの調節や換気などの学習したことと，自分の生活とを比べたり関連付けたりして，1日の生活の仕方や生活環境を整えるための方法を考えること。

・　健康な生活について，健康に過ごすために考えた方法を学習カードなどに書いたり，発表したりして伝え合うこと。

(2) 体の発育・発達

(2)　体の発育・発達について，課題を見付け，その解決を目指した活動を通して，次の事項を身に付けることができるよう指導する。

ア　体の発育・発達について理解すること。
　　(ｱ) 体は，年齢に伴って変化すること。また，体の発育・発達には，個人差があること。
　　(ｲ) 体は，思春期になると次第に大人の体に近づき，体つきが変わったり，初経，精通などが起こったりすること。また，異性への関心が芽生えること。
　　(ｳ) 体をよりよく発育・発達させるには，適切な運動，食事，休養及び睡眠が必要であること。
　イ　体がよりよく発育・発達するために，課題を見付け，その解決に向けて考え，それを表現すること。

　体の発育・発達については，その一般的な現象や思春期の体の変化などについて理解できるようにする必要がある。また，体をよりよく発育・発達させるための生活の仕方について理解できるようにする必要がある。さらに，体の発育・発達に関する課題を見付け，よりよい解決に向けて考え，それを表現できるようにすることも必要である。

　このため，本内容は，体が年齢に伴って変化すること，体の発育・発達には個人差があること，思春期になると体に変化が起こり，異性への関心も芽生えること，体の発育・発達には適切な運動，食事，休養及び睡眠が必要であることなどの知識と体の発育・発達に関する課題を解決するための思考力，判断力，表現力等を中心として構成している。

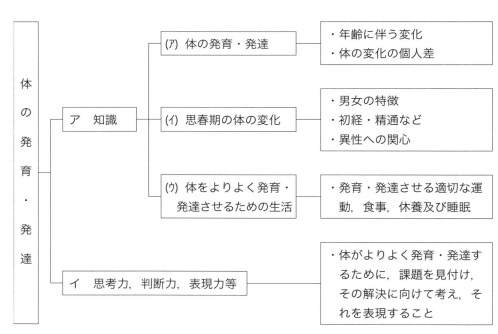

ア　知識

(ｱ) 体の発育・発達

　体の発育・発達については，身長，体重などを適宜取り上げ，これらは年齢に伴って変化することを理解できるようにするとともに，個人差があることを理解できるようにする。

(ｲ) 思春期の体の変化

　⑦　思春期には，体つきに変化が起こり，人によって違いがあるものの，男子はがっしりした体つきに，女子は丸みのある体つきになるなど，男女の特徴が現れることを理解できるようにする。

　⑦　思春期には，初経，精通，変声，発毛が起こり，また，異性への関心も芽生えることについて理解できるようにする。さらに，これらは，個人差があるものの，大人の体に近づく現象であることを理解できるようにする。

　なお，指導に当たっては，発達の段階を踏まえること，学校全体で共通理解を図ること，保護者の理解を得ることなどに配慮することが大切である。

(ｳ) 体をよりよく発育・発達させるための生活

　体をよりよく発育・発達させるための生活の仕方には，体の発育・発達によい運動，多くの種類の食品をとることができるようなバランスのとれた食事，適切な休養及び睡眠などが必要であることを理解できるようにする。

　その際，運動については，生涯を通じて骨や筋肉などを丈夫にする効果が期待されること，食事については，特に，体をつくる基になるたん白質，不足がちなカルシウム，不可欠なビタミンなどを摂取する必要があることについても触れるようにする。

イ　思考力，判断力，表現力等

　体の発育・発達に関わる事象から課題を見付け，体のよりよい発育・発達を目指す視点から，適切な方法を考え，それを伝えることができるようにする。

［例示］

・　身長や体重などの年齢に伴う体の変化や体の発育・発達に関わる生活の仕方から課題を見付けること。

・　思春期の体の変化について，学習したことを，自己の体の発育・発達と結び付けて考えること。

・　体をよりよく発育・発達させるための生活について，学習したことを自己の生活と比べたり，関連付けたりするなどして適切な解決方法を考えること。

・　体の発育・発達について，自己の発育・発達や体をよりよく発育・発達さ

2
第3学年及び第4学年の内容

せるために考えたことを学習カードなどに書いたり，発表したりして伝え合うこと。

● 3 内容の取扱い

---

(1) 内容の「A体つくり運動」については，2学年間にわたって指導するものとする。

(2) 内容の「C走・跳の運動」については，児童の実態に応じて投の運動を加えて指導することができる。

(3) 内容の「Eゲーム」の(1)のアについては，味方チームと相手チームが入り交じって得点を取り合うゲーム及び陣地を取り合うゲームを取り扱うものとする。

(4) 内容の「F表現運動」の(1)については，学校や地域の実態に応じてフォークダンスを加えて指導することができる。

(5) 内容の「G保健」については，(1)を第3学年，(2)を第4学年で指導するものとする。

(6) 内容の「G保健」の(1)については，学校でも，健康診断や学校給食など様々な活動が行われていることについて触れるものとする。

(7) 内容の「G保健」の(2)については，自分と他の人では発育・発達などに違いがあることに気付き，それらを肯定的に受け止めることが大切であることについて触れるものとする。

(8) 各領域の各内容については，運動と健康が密接に関連していることについての具体的な考えがもてるよう指導すること。

---

(1)は，「A体つくり運動」の「体ほぐしの運動」及び「多様な動きをつくる運動」について，それぞれの学年で指導することを示したものである。また，「体つくり運動」以外の領域については，いずれかの学年で指導することもできることを示したものである。

(2)は，「C走・跳の運動」について，児童の実態に応じて投の運動を加えて指導することができることを示したものである。

(3)は，「Eゲーム」について，アについては，味方チームと相手チームが入り交じって得点を取り合うゲーム及び陣地を取り合うゲームを取り扱うことを示したものである。

(4)は，「F表現運動」について，「フォークダンス」を学校や地域の実態に応

じて加えて指導することができることを示したものである。

(5)は，「G保健」の内容の「(1)　健康な生活」を第3学年で，「(2)　体の発育・発達」を第4学年で指導することを示したものである。

(6)は，学校での健康診断や学校給食などは，学校全体で計画的に行われていること，また，保健室では，養護教諭が中心となってけがの手当や健康についての相談などが行われていることなどを取り上げ，保健活動の大切さについて気付かせるよう配慮するものとすることを示したものである。

(7)は，自分や他の人を大切にする気持ちを育てる観点から，自己の体の変化や個人による発育の違いなどについて肯定的に受け止めることが大切であることに気付かせるよう配慮するものとすることを示したものである。

(8)は，保健領域の「健康な生活と運動」及び「体の発育・発達と適切な運動」について学習したことを，運動領域の各領域において関係付けて学習することによって，児童が運動と健康が密接に関連していることに考えをもてるよう指導することを示したものである。特に，保健領域の「体の発育・発達」については，児童が「運動については，生涯を通じて骨や筋肉などを丈夫にする効果が期待されること」の知識を習得したことを，運動領域の「A体つくり運動」の「跳ぶ，はねるなどの動きで構成される運動」を通じて行うなど，運動と健康との関連について具体的な考えをもてるよう配慮することが大切である。

〔第5学年及び第6学年〕

● 1 目 標

> (1) 各種の運動の楽しさや喜びを味わい，その行い方及び心の健康やけがの防止，病気の予防について理解するとともに，各種の運動の特性に応じた基本的な技能及び健康で安全な生活を営むための技能を身に付けるようにする。
>
> (2) 自己やグループの運動の課題や身近な健康に関わる課題を見付け，その解決のための方法や活動を工夫するとともに，自己や仲間の考えたことを他者に伝える力を養う。
>
> (3) 各種の運動に積極的に取り組み，約束を守り助け合って運動をしたり，仲間の考えや取組を認めたり，場や用具の安全に留意したりし，自己の最善を尽くして運動をする態度を養う。また，健康・安全の大切さに気付き，自己の健康の保持増進や回復に進んで取り組む態度を養う。

(1) は，「知識及び技能」に関する目標であり，各種の運動の楽しさや喜びを味わうことを通して，その行い方や心の健康，けがの防止及び病気の予防について理解するとともに，各種の運動の特性に応じた基本的な技能及び健康で安全な生活を営むための技能を身に付けること及び体力を養うことを意図している。

各種の運動とは，児童の発達の段階を踏まえ，設定される運動であり，児童が成功体験を得やすいように，児童の発達の段階と運動の特性を踏まえ，課題やルール，場や用具等が緩和された体つくり運動，器械運動，陸上運動，水泳運動，ボール運動及び表現運動を指す。

楽しさや喜びを味わいとは，教科の目標に示している**体育・保健の見方・考え方**を働かせ，課題を見付け，その解決に向けた学習過程を通して，**心と体を一体として捉え，生涯にわたって心身の健康を保持増進し豊かなスポーツライフを実現するための資質・能力**を育成すること及び「体育の見方・考え方」である「運動やスポーツを，その価値や特性に着目して，楽しさや喜びとともに体力の向上に果たす役割の視点から捉え，自己の適性等に応じた『する・みる・支える・知る』の多様な関わり方と関連付けること」を踏まえたねらいである。また，児童にとって発達の段階に適した，易しい運動を通して運動の楽しさや喜びを味わう

ようにすることを目指すとともに，健康な生活や発育・発達について理解することを通して，生涯にわたって運動やスポーツに親しみ，実践していくための資質・能力を育てることを意図したものである。そのためには，課題や活動の場などを工夫した易しい運動を行ったり，運動の取り上げ方の弾力化を図ったりすることが重要である。

高学年では，中学年の**楽しさや喜びに触れる**段階から，**楽しさや喜びを味わう**ことを重視したものである。そのため，楽しさとともに，運動の特性に即して自己の力に応じた各種の運動の行い方を理解し，それらの基本的な技能を身に付けたり，それをプレイ等の中で発揮したりすることで喜びを味わうことに重点を置いている。また，個人の達成感や仲間と協力して得られる達成感等の喜びを味わうことにより，知識及び技能が更に身に付いていくことを意図している。さらに，知識及び技能を活用しながら身に付けていくことで，一層楽しさや喜びが高まっていくことを意図している。

その行い方を理解するとは，高学年においても運動の課題や約束，場や用具の使い方，場の安全の確保等，各種の運動の行い方を理解することが，各種の運動の基本的な技能の習得や仲間との関わり合いなどをしやすくするものであることから，今回，新たに示したものである。

心の健康やけがの防止，病気の予防について理解するとは，保健領域の内容との関連から，心の発達や心と体との密接な関係及び不安や悩みへの対処の仕方，交通事故や身の回りの生活の危険を予測し，回避すること，病気の起こり方と予防について理解できるようにすることを目指したものである。

各種の運動の特性に応じた基本的な技能を身に付けるようにするとは，各種の運動の基本となる技能を，それぞれの運動の特性に応じて身に付けることを示している。また，このねらいは，それぞれの運動の特性に応じた楽しさや喜びを味わうようにすることを大切にしながら，基本的な技能を身に付けることを重視したものである。

健康で安全な生活を営むための技能を身に付けるようにするとは，心の健康における不安や悩みへの対処の方法やけがの防止におけるけがなどの簡単な手当に関わる技能を身に付けるようにすることを意図し，今回，新たに示したものである。

なお，高学年の児童は体力についての認識が高まってくることを踏まえ，体力の重要性を理解するとともに，各種の運動の楽しさや喜びを味わい，活発に運動を行っていく中で，各種の運動の基本となる様々な技能を身に付け，結果として体力の向上を図ることを目指すものである。したがって，高学年の各種の運動を取り上げるに当たっては，高学年の児童の発達の段階や指導内容，体力の状況等

に十分に留意することが大切である。

(2)は，「思考力，判断力，表現力等」に関する目標であり，自己やグループの運動の課題や健康に関する自己の課題を見付け，その解決方法を工夫するとともに，それについて自己や仲間の考えたことを他者に伝える力を養うことを意図している。

自己やグループの運動の課題を見付けとは，自己やグループが取り組む運動に関わり解決すべき課題を見付けることを指す。取り組む運動についての課題と，課題に対応した練習の場，技や技術を確認することがそれに当たる。その際，個人が対応すべき課題とグループで対応すべき課題とを整理して確認することが大切になる。そのため，教師は，児童が自己やグループの適切な運動の課題を見付けることができるように支援することが必要になる。

身近な健康に関わる課題を見付けとは，保健領域の内容である心の発達や心と体との密接な関係及び不安や悩みへの対処の仕方，交通事故や身の回りの生活の危険を予測し，回避すること，病気の起こり方と予防についての自己の課題を見付けることを意図したものである。その際，教師は，児童がそれぞれの内容に関わる情報を収集したり，自己の経験を振り返ったりすることによって課題を見付けることができるように支援することが重要である。

その解決のための方法や活動を工夫するとは，高学年の各種の運動において見付けた自己やグループの運動や心の健康，けがの防止及び病気の予防に関する課題の解決に向けた方法や活動を工夫することを示している。自己やグループの運動の課題であれば，各種の運動の楽しさや喜びを味わうことができるようにするために，運動をする場や練習の仕方などを発達の段階に即して，自ら適切に工夫したり，選択したりすることを示している。そこには，自ら楽しみ方を工夫したり，教師や仲間から提案された楽しみ方から，自己やグループに合った楽しみ方を選択したりすることも含まれている。自己の健康の課題であれば，保健で習得した知識及び技能を活用して課題の解決方法を予想し考えたり，それらの中から適切な方法を選択したりすることを示している。

自己や仲間の考えたことを他者に伝えるとは，自己や仲間の考えたことを他者に伝えることができるようにすることを示している。自己の考えのみならず，仲間の考えたことを他者に伝えることで，他者の考えを理解するとともに自己の考えを深めることができるようにすることを意図している。他者とは，共に学ぶ仲間だけでなく，教師，保護者等も含めた総称である。また，直接，言葉で説明することばかりでなく，身振りなどの動作を伴い表現すること，学習で経験したことを感想文や絵で表現すること，保護者や地域の人に伝えることなども想定している。

(3) は,「学びに向かう力，人間性等」に関する目標であり，運動やスポーツの価値である，公正，協力，責任，参画，共生，健康・安全等に関する態度及び意欲的に運動をする態度を養うことを意図している。特に，運動をする際の良好な人間関係が運動の楽しさや喜びに大きな影響を与えることや，仲間と共に積極的に意思決定に関わることが，運動やスポーツの意義や価値を知ることにつながることを踏まえたものである。また，児童の発達の段階に応じて，ルールやマナーを遵守することの大切さをはじめ，スポーツの意義や価値等に触れることができるよう指導等の改善を図ることで，オリンピック・パラリンピックに関する指導の充実に資するようにすることを意図している。さらに，健康・安全の大切さを認識し，自己の心身の健康の保持増進や疾病やけがなどからの回復，危険の回避等に主体的に取り組み，楽しく明るい生活を営む態度の育成を重視するという保健の「学びに向かう力，人間性等」を示している。

各種の運動に積極的に取り組みとは，各種の運動の楽しさや喜びを味わい，自ら積極的に運動に取り組むことにより，生涯にわたる豊かなスポーツライフを実現する資質・能力を培うことを示している。

約束を守り助け合って運動をしとは，高学年の各種の運動において，仲間と一緒に運動の楽しさや喜びを味わうことができるように，自分たちで決めた約束を守り，仲間と互いに助け合って運動をすることを示している。互いに助け合って運動をすることを通して，運動の課題やその解決方法についての理解が深まるとともに，仲間への信頼感が高まり，互いの関係がより良好になっていくことなどのスポーツの価値の実現に関する態度の育成を示している。

仲間の考えや取組を認めとは，仲間の考えを聞くことで自己の考えを深めたり，互いの取組を認めて仲間とのより良好な関係を築いたりすることを目指したものである。

場や用具の安全に留意しとは，運動をする場所や器械・器具の整備，用具の安全を確かめること，水泳運動の心得を守って安全に気を配ることなど，中学年のねらいを発展させたものである。

自己の最善を尽くして運動をする態度を養うとは，運動領域の学習で児童が学習課題の達成に向けて全力を出して運動に取り組む態度の育成を示している。最善を尽くして運動をする過程で達成感を得たり，課題の解決に取り組む意味や，自己や仲間の可能性に気付いたり，新たな課題に挑戦する態度が培われたりすることにより，生涯にわたり豊かなスポーツライフを実現する資質・能力を養うことを意図したものである。また，このねらいは，運動の実践だけでなく日常の生活において必要な態度にもつながるものである。

健康・安全の大切さに気付き，自己の健康の保持増進や回復に進んで取り組む

態度を養うとは，保健領域の内容を学習し，健康や安全の大切さに気付くことにより，自己の健康に関心をもち，心身の健康の保持増進や疾病の予防・回復のために主体的に学習活動に取り組む，課題の解決に向けて協力し合う，安全を確保してけがを防止するなどの態度を養うことを意図したものである。

● 2 内 容

A 体つくり運動

　高学年の体つくり運動は，「体ほぐしの運動」及び「体の動きを高める運動」で構成され，運動の楽しさや喜びを味わうとともに，中学年までに身に付けた体の基本的な動きを基に，体の様々な動きを高めるための運動である。

　高学年では，手軽な運動を行うことを通して自己や仲間の心と体との関係に気付いたり，仲間と関わり合ったりするとともに，低学年・中学年での多様な動きをつくる運動（遊び）を踏まえ，体の動きを高める運動の行い方を理解し，体の柔らかさ，巧みな動き，力強い動き，動きを持続する能力を高めて中学校での体つくり運動の学習につなげていくことが求められる。

　また，児童が運動の必要性や行い方を理解し，自己の心と体の状態を捉え，仲間と話し合いながら課題を明確にし，その解決の仕方を工夫し合うとともに，考えたことを仲間に伝え，約束を守り協力し合って運動をし，仲間の考えや取組を認め，場や用具の安全に気を配って運動をすることができるようにすることが大切である。

　体の動きを高めることによって直接的に体力の向上をねらいとするが，児童が必要感のないまま運動を繰り返す活動にならないよう留意し，自己の課題をもち楽しく運動を行いながら体の動きを高めるとともに，学んだことを生かして授業以外でも取り組むことができるようにすることが重要である。

　体つくり運動について，次の事項を身に付けることができるよう指導する。

---

(1) 知識及び運動

---

(1) 次の運動の楽しさや喜びを味わい，その行い方を理解するとともに，体を動かす心地よさを味わったり，体の動きを高めたりすること。

> ア　体ほぐしの運動では，手軽な運動を行い，心と体との関係に気付
> いたり，仲間と関わり合ったりすること。
> イ　体の動きを高める運動では，ねらいに応じて，体の柔らかさ，巧
> みな動き，力強い動き，動きを持続する能力を高めるための運動を
> すること。

ア　体ほぐしの運動

　体ほぐしの運動では，その行い方を理解するとともに，手軽な運動を行い，体を動かす楽しさや心地よさを味わうことを通して，自己や仲間の心と体の状態に気付いたり，仲間と豊かに関わり合ったりすること。

　心と体との関係に気付くとは，運動をすると心が軽くなったり，体の力を抜くとリラックスできたり，体の動かし方によって気持ちも異なることなど，心と体が関係し合っていることに気付くことである。

　仲間と関わり合うとは，運動を通して自他の心と体に違いがあることを理解し，仲間のよさを認め合うとともに，仲間の心と体の状態に配慮しながら豊かに関わり合う楽しさや大切さを体験することである。

［行い方の例］

○　伸び伸びとした動作で全身を動かしたり，ボール，なわ，体操棒，フープなどの用具を用いた運動を行ったりすること。

○　リズムに乗って，心が弾むような動作での運動を行うこと。

○　ペアになって背中合わせに座り，互いの心や体の状態に気付き合いながら体を前後左右に揺らすなどの運動を行うこと。

○　動作や人数などの条件を変えて，歩いたり走ったりする運動を行うこと。

○　グループや学級の仲間と力を合わせて挑戦する運動を行うこと。

○　伝承遊びや集団による運動を行うこと。

◎　運動が苦手な児童への配慮の例

・　心や体の変化に気付くことが苦手な児童には，二人組で気持ちや体の変化を話し合う場面をつくったり，運動を通して感じたことを確かめるような言葉がけをしたりするなどの配慮をする。

・　仲間と関わり合いながら運動をすることが苦手な児童には，協力や助け合いが必要になる運動を仕組み，仲間と共に運動をすることのよさが実感できるよう言葉がけをするなどの配慮をする。

イ　体の動きを高める運動

　体の動きを高める運動では，体力の必要性や体の動きを高めるための運動の行い方を理解するとともに，自己の課題を踏まえ，直接的に体力の向上をねら

いとして，体の柔らかさ，巧みな動き，力強い動き，動きを持続する能力を高めるための運動を行うこと。

体の動きを高める運動は，次の内容で構成される。

(ｱ) 体の柔らかさを高めるための運動

(ｲ) 巧みな動きを高めるための運動

(ｳ) 力強い動きを高めるため運動

(ｴ) 動きを持続する能力を高めるための運動

特に，児童の発達の段階を考慮し，体の柔らかさ及び巧みな動きを高めるための運動に重点を置いて指導する。

(ｱ) 体の柔らかさを高めるための運動

体の柔らかさを高めるための運動とは，体の各部位の可動範囲を広げる体の動きを高めることをねらいとして行う運動である。

［例示］

○　徒手での運動

・　体の各部位を大きく広げたり曲げたりする姿勢を維持すること。

・　全身や各部位を振ったり，回したり，ねじったりすること。

・　向かい合って手をつなぎ，手を離さないで背中合わせになったり，足裏を合わせて座り，交互に引っ張り合って上体を前屈したり，背中を押してもらい前屈をしたりすること。

○　用具などを用いた運動

・　ゴムひもを張りめぐらせてつくった空間や，棒の下や輪の中をくぐり抜けること。

・　長座の姿勢で上体を曲げ，体の周りでボールを転がすこと。

・　短なわを短く折り曲げて両手で持ち，足の下・背中・頭上・腹部を通過させること。

◎　運動が苦手な児童への配慮の例

・　体の各部位を伸ばしたり曲げたり，その姿勢を維持したりすることが苦手な児童には，息を吐きながら脱力をし，ゆっくりと体を伸展できるような言葉がけをするなどの配慮をする。

・　一定の空間をくぐり抜けたり，前屈して用具を操作したりすることが苦手な児童には，空間を広げたり，十分な前屈ができなくても操作しやすい用具を用いたりするなどの配慮をする。

(ｲ) 巧みな動きを高めるための運動

巧みな動きを高めるための運動とは，人や物の動き，または場所の広さや形状などの環境の変化に対応して，タイミングやバランスよく動いたり，リ

ズミカルに動いたり，力の入れ方を加減したりする体の動きを高めることを
ねらいとして行う運動である。

［例示］

○　人や物の動き，場の状況に対応した運動

・　馬跳びで跳んだり，馬の下をくぐったりすること。

・　長座の姿勢で座り，足を開いたり閉じたりする相手の動きに応じ，開
脚・閉脚を繰り返しながら跳ぶこと。

・　グループで一列に並んだり，円陣や二列縦隊で手をつないだりして，
呼吸を合わせて一斉に前後左右に跳んだり，音楽に合わせてリズムを変
えながら跳んだりすること。

・　用具などを等間隔に並べた走路や，ゴムひもなどでつくった「くもの
巣」，跳び箱や平均台などの器具で作った段差のある走路などをリズミ
カルに走ったり跳んだりすること。

・　マーカーをタッチしながら，素早く往復走をすること。

○　用具などを用いた運動

・　短なわや長なわを用いて回旋の仕方や跳ぶリズム，人数などを変えて
いろいろな跳び方をしたり，なわ跳びをしながらボールを操作したりす
ること。

・　投げ上げたボールを姿勢や位置を変えて捕球すること。

・　用具をコントロールしながら投げる，捕る，回す，転がすなどの操作
をすること。

・　フープを転がし，回転しているフープの中をくぐり抜けたり，跳び越
したりすること。

・　跳び箱，平均台，輪などの器具やゴムひもなどの用具を用いて設定し
た変化のあるコースで，物を持ったり姿勢や速さを変えたりして移動す
ること。

◎　運動が苦手な児童への配慮の例

・　人や物の動きに対応して動くことが苦手な児童には，動きをリードす
る児童が動作に合わせた言葉がけをしたり，ゆっくりとした動作をした
りするなどの配慮をする。

・　用具を操作する運動が苦手な児童には，器具・用具や行い方を変えな
がら繰り返し行い，易しい動きから徐々に動きが高まっていくようにす
るなどの配慮をする。

・　用具を操作することが得意な児童が，苦手な児童に補助をしやすいよ
う，ペアやグループの編成の仕方を工夫するなどの配慮をする。

(ｳ) 力強い動きを高めるための運動

　　力強い動きを高めるための運動とは，自己の体重を利用したり，人や物などの抵抗に対してそれを動かしたりすることによって，力強い動きを高めることをねらいとして行う運動である。

　［例示］

　○　人や物の重さなどを用いた運動

　　・　いろいろな姿勢での腕立て伏臥腕屈伸をすること。

　　・　二人組，三人組で互いに持ち上げる，運ぶなどの運動をすること。

　　・　押し，寄りを用いてすもうをすること。

　　・　全身に力を込めて登り棒につかまったり，肋木や雲梯にぶら下がったりすること。

　◎　運動が苦手な児童への配慮の例

　　・　人を持ち上げる，運ぶなどの動きが苦手な児童には，負担の少ない役割を果たすことから始め，徐々に力強い動きに挑戦できるようにするなどの配慮をする。

　　・　押し，寄りを用いてすもうをすることが苦手な児童には，膝を曲げて腰を低くして構えることや，足裏全体を使って進むことなどの基本的な動きを意識したり，体格が同じ程度の相手と繰り返して行い，安心して活動ができるようにしたりするなどの配慮をする。

　　・　全身に力を込めて登り棒につかまったり，肋木や雲梯にぶら下がったりすることが苦手な児童には，わずかずつでもできたことを取り上げて称賛したり，足が届く程度の高さで繰り返し行うようにしたりするなどの配慮をする。

(ｴ) 動きを持続する能力を高めるための運動

　　動きを持続する能力を高めるための運動とは，一つの運動又は複数の運動を組み合わせて一定の時間続けて行ったり，一定の回数を反復して行ったりすることによって，動きを持続する能力を高めることをねらいとして行う運動である。

　［例示］

　○　時間やコースを決めて行う全身運動

　　・　短なわ，長なわを用いての跳躍やエアロビクスなどの全身運動を続けること。

　　・　無理のない速さで５〜６分程度の持久走をすること。

　　・　一定のコースに置かれた固定施設，器械・器具，変化のある地形などを越えながらかけ足で移動するなどの運動を続けること。

◎ 運動が苦手な児童への配慮の例

・ 短なわや長なわを用いて跳び続けることが苦手な児童には，自分が得意な跳び方で行い，自分に合ったペースで一定時間連続したり，中断しながらでも延べ回数を増やしたりするなどの配慮をする。

・ 一定の時間続けて走ることが苦手な児童には，自己のペースで無理のない速さで走り，段階的に課題を設定するよう助言したり，息をしっかり吐くことや，腕をリズムよく振ることができやすくなるよう個別に言葉がけをしたりするなどの配慮をする。

・ 一定の動きを繰り返しながら続けて行うことが苦手な児童には，リズムに合わせて動くことができるようＢＧＭを利用したり，ペアやグループで一緒に動いたりすることができるようにするなどの配慮をする。

(2) 思考力，判断力，表現力等

> (2) 自己の体の状態や体力に応じて，運動の行い方を工夫するとともに，自己や仲間の考えたことを他者に伝えること。

ア 体ほぐしの運動や体の動きを高める運動について，自己の心と体の状態や体力に応じて運動の課題や行い方を選ぶこと。

○ 心が弾んだり，仲間との関わり合いが深まったりする運動や，自己やグループで体の動きを高めるための運動の課題を選ぶ例

・ これまでに経験した運動の中から心と体との関係に気付いたり，仲間と関わり合ったりするなどのねらいに応じた活動を選ぶこと。

・ 自己の体力の状況を知ったり，体の様々な動きを試したりすることを通して，体の動きを高めるためにどのような運動に取り組むとよいか，自己の課題を見付けること。

○ 気付きや関わり合いが深まりやすい運動や，体の動きを高めるために適した運動の行い方を選んだり，工夫したりする例

・ 複数の運動を試して行い，比べてみることを通して，気付きや関わり合いが深まりやすい運動を選ぶこと。

・ 体の柔らかさを高めるために，長座の姿勢で体の周囲を転がすボールの大きさを変えたり，操作の仕方を変えたりして，自己に合った運動の行い方を選ぶこと。

・ 短なわ跳びを一定時間続けるために，動きを見合ったり，体の状態を確かめたりしながら，自己に合った回数や時間を選ぶこと。

・　ICT機器を活用して動き方を確認し，どのようなポイントを意識して運動を行うと動きが高まるのかを見付け，それを生かした運動を工夫すること。

イ　体をほぐしたり，体の動きを高めたりするために自己やグループで考えた運動の行い方を他者に伝えること。

　○　心や体の変化に気付いたり，みんなで行って楽しいと感じたりした運動を他者に伝える例

　　・　運動を行うと心と体が軽やかになったことやみんなでリズムに乗って運動をすると楽しさが増したことを学習カードに書いたり，振り返りの時間に発表したりすること。

　○　体の動きを高めるためにグループで工夫した運動の行い方を他のグループに紹介する例

　　・　グループで工夫した長なわ跳びをしながらボールを投げたり捕ったりする運動の行い方を他のグループの仲間に例示して見せたり，言葉で伝えたりすること。

　　・　活動後の感想を伝える場面で，言葉のかけ方や並び方などの条件を工夫することで，グループのみんなが楽しく運動が行えたことを他のグループに説明すること。

(3) 学びに向かう力，人間性等

> (3)　運動に積極的に取り組み，約束を守り助け合って運動をしたり，仲間の考えや取組を認めたり，場や用具の安全に気を配ったりすること。

ア　体ほぐしの運動や体の動きを高める運動に積極的に取り組むこと。

イ　運動を行う際の約束を守り，仲間と助け合うこと。

ウ　運動を行う場の設定や用具の片付けなどで，分担された役割を果たすこと。

エ　運動の行い方について仲間の気付きや考え，取組のよさを認めること。

オ　運動の場の危険物を取り除くとともに，用具の使い方や周囲の安全に気を配ること。

　◎　運動に意欲的でない児童への配慮の例

　　・　仲間との身体接触を嫌がる児童には，バトンやひもなどの用具を用いて触れ合う運動を工夫するなどの配慮をする。

　　・　仲間と共に活動することに意欲的に取り組めない児童には，仲間と一緒

に運動をすると楽しさが増すことを体験できるようにしたり，気持ちも弾んで心の状態が軽やかになることを感じることができるよう言葉がけをしたりするなどの配慮をする。

・　自己の課題を見付けることに意欲的に取り組めない児童には，仲間の行い方を見て真似をしながら運動を行ったり，仲間に気付きを言ってもらったりし，徐々に自己の課題を見付けていくことができるようにするなどの配慮をする。

・　課題の解決の仕方がわからないために運動に意欲的に取り組めない児童には，自己の課題を仲間に伝え，仲間からの助言を受けたり，同じような課題をもっている仲間の行い方の真似をしたりすることができるよう，ペアやグループの編成の仕方を工夫するなどの配慮をする。

・　達成感をもてないために運動に意欲的に取り組めない児童には，運動の記録をとるようにしたり，わずかな変化を見付けて称賛したりしながら，自己の体の動きが高まっていることに気付くことができるようにするなどの配慮をする。

B　器械運動

　高学年の器械運動は，「マット運動」，「鉄棒運動」及び「跳び箱運動」で構成され，回転したり，支持したり，逆位になったり，懸垂したりするなどの技に挑戦し，その技ができる楽しさや喜びを味わうことのできる運動である。

　低学年の器械・器具を使っての運動遊びと中学年の器械運動の学習を踏まえ，高学年では，器械運動の楽しさや喜びを味わい，その行い方を理解するとともにマット運動，鉄棒運動，跳び箱運動などの中学年で学習した基本的な技を安定して行ったり，その発展技や更なる発展技に取り組んだり，それらを組み合わせたりして技を身に付けるようにし，中学校の器械運動の学習につなげていくことが求められる。

　また，運動を楽しく行うために，自己やグループの課題を見付け，その解決のための活動を工夫するとともに，約束を守り助け合って運動をしたり，仲間の考えや取組を認めたり，場や器械・器具の安全に気を配ったりすることなどをできるようにすることが大切である。

　器械運動について，次の事項を身に付けることができるよう指導する。

2
第5学年及び第6学年の内容

(1) 知識及び技能

(1) 次の運動の楽しさや喜びを味わい，その行い方を理解するととも
に，その技を身に付けること。
ア マット運動では，回転系や巧技系の基本的な技を安定して行った
り，その発展技を行ったり，それらを繰り返したり組み合わせたり
すること。
イ 鉄棒運動では，支持系の基本的な技を安定して行ったり，その発
展技を行ったり，それらを繰り返したり組み合わせたりすること。
ウ 跳び箱運動では，切り返し系や回転系の基本的な技を安定して
行ったり，その発展技を行ったりすること。

ア マット運動

マット運動では，その行い方を理解するとともに，自己の能力に適した回転
系や巧技系の基本的な技を安定して行ったり，その発展技に取り組んだりする
こと。また，選んだ技を自己やグループで繰り返したり，組み合わせたりする
こと。

[回転系 接転技群 前転グループ発展技の例示]

○ 開脚前転（更なる発展技：易しい場での伸膝前転）

・ 両手と後頭部をつきながら腰を高く上げ前方へ回転し，膝を伸ばして足
を左右に大きく開き，接地するとともに素早く両手を股の近くに着いて膝
を伸ばしたまま開脚立ちをすること。

○ 補助倒立前転（更なる発展技：倒立前転，跳び前転）

・ 片足を振り上げ補助倒立を行い，前に倒れながら腕を曲げ，頭を入れて
前転すること。

[回転系 接転技群 後転グループ発展技の例示]

○ 伸膝後転（更なる発展技：後転倒立）

・ 直立の姿勢から前屈しながら後方へ倒れ，尻をつき，膝を伸ばして後方
に回転し，両手でマットを押して膝を伸ばしたまま立ち上がること。

[回転系 ほん転技群 倒立回転グループ発展技の例示]

○ 倒立ブリッジ（更なる発展技：前方倒立回転，前方倒立回転跳び）

・ 倒立位から前方へ体を反らせ，ゆっくりと足を下ろしながらブリッジの
姿勢をつくること。

○ ロンダート

・ 助走からホップを行い，片足を振り上げながら片手ずつ着き，体を1/2

ひねり両足を真上で揃え，両手で押しながら両足を振り下ろし，空中で回転して立ち上がること。

○　頭はね起き

・　両手で支えて頭頂部をついて屈身の姿勢の頭倒立を行いながら前方に回転し，尻が頭を越えたら腕と腰を伸ばし，体を反らせながらはね起きること。

［巧技系　平均立ち技群　倒立グループ発展技の例示］

○　補助倒立（更なる発展技：倒立）

・　体を前方に振り下ろしながら片足を振り上げ両手を着き，体を真っ直ぐに伸ばして逆さの姿勢になり，補助者の支えで倒立すること。

［技の組み合わせ方の例］

○　上に示した技や既にできる技を選び，それらにバランスやジャンプなどを加えて組み合わせたり，ペアやグループで動きを組み合わせて演技をつくったりすること。演技のつくり方は，回転系の接転技群の前転グループ技を行った後，ジャンプやバランス技で方向を変え，接転技群の後転グループ技やほん転技群の倒立回転グループ技を行うなど，いろいろな技群やグループ技で組み合わせること。また，前転で足を交差して後ろ向き立ちになったり，側方倒立回転で1/4ひねって後ろ向き立ちになったり，本来の終末の姿勢とは異なるように条件を変えて技を組み合わせたりすること。

◎　運動が苦手な児童への配慮の例

・　開脚前転が苦手な児童には，前転の起き上がる速さをつけたり，傾斜を利用したりして，勢いをつけて回転する動きが身に付くようにするなどの配慮をする。

・　補助倒立前転が苦手な児童には，壁倒立をしたり，跳び箱や台などの上に足を置き，逆さの姿勢からの前転を行ったり，壁登り逆立ちから補助を受けながら前転したりして，倒立の姿勢からの前転を行う動きが身に付くようにするなどの配慮をする。

・　伸膝後転が苦手な児童には，足を伸ばしたゆりかごで体を揺らしたり，傾斜を利用して回転に勢いをつけて転がりやすくしたりして，腰を上げたり，足を伸ばして回転の勢いを付けたりする動きが身に付くようにするなどの配慮をする。

・　倒立ブリッジが苦手な児童には，壁登り逆立ちや壁倒立，ブリッジなどの逆さまで体を支える運動遊びや，体を反らす運動遊びに取り組んだりして，倒立したり，体を反らす動きが身に付くようにするなどの配慮をする。

・　ロンダートが苦手な児童には，手や足を着く場所が分かるように目印を

置くなどして練習したり，側方倒立回転で足を勢いよく振り上げたりして，腰を伸ばした姿勢で体をひねる動きが身に付くようにするなどの配慮をする。

・　頭はね起きが苦手な児童には，頭倒立や壁倒立などをしたり，首はね起きや頭倒立からブリッジなどに取り組んだり，また段差を利用して起き上がりやすくしたりして，逆さまで体を支え，体を反らし反動を利用して起き上がる動きが身に付くようにするなどの配慮をする。

・　補助倒立が苦手な児童には，壁登り逆立ちや壁倒立などをして，体を逆さまにして支えたり，足を振り上げたりする動きが身に付くようにするなどの配慮をする。

イ　鉄棒運動

鉄棒運動では，その行い方を理解するとともに，自己の能力に適した支持系の基本的な技を安定して行ったり，その発展技に取り組んだりすること。また，選んだ技を自己やグループで繰り返したり，組み合わせたりすること。

［支持系　前方支持回転技群　前転グループ発展技の例示］

○　前方支持回転（更なる発展技：前方伸膝支持回転）

・　支持の姿勢から腰と膝を曲げ，体を前方に勢いよく倒して腹を掛けて回転し，その勢いを利用して手首を返しながら支持の姿勢に戻ること。

○　片足踏み越し下り（更なる発展技：横とび越し下り）

・　片逆手の支持の姿勢から順手側の手の近くに足を鉄棒に乗せ，踏み込みながら順手を離し，逆手握りの手は鉄棒を握ったままで横向きに下りること。

［支持系　前方支持回転技群　前方足掛け回転グループ発展技の例示］

○　膝掛け上がり（更なる発展技：もも掛け上がり）

・　鉄棒の下を走り込み，両足を振り上げ，振れ戻りながら片膝を掛けて手首を返しながら上がること。

○　前方もも掛け回転

・　逆手で鉄棒を持ち，前後開脚の支持の姿勢から前方へ上体を大きく振り出して，足を伸ばし鉄棒を挟むように回転し，手首を返しながらももを掛けて前後開脚の支持の姿勢に戻ること。

［支持系　後方支持回転技群　後転グループ発展技の例示］

○　逆上がり

・　足の振り上げとともに腕を曲げ，上体を後方へ倒し手首を返して鉄棒に上がること。

○　後方支持回転（更なる発展技：後方伸膝支持回転）

・　支持の姿勢から腰と膝を曲げたまま体を後方に勢いよく倒し，腹を鉄棒に掛けたまま回転し，手首を返して支持の姿勢に戻ること。

［支持系　後方支持回転技群　後方足掛け回転グループ発展技の例示］

○　後方もも掛け回転

・　前後開脚の支持の姿勢から後方に上体と後ろ足を大きく振り出し，ももを掛けて回転し手首を返しながら前後開脚の支持の姿勢に戻ること。

○　両膝掛け振動下り

・　鉄棒に両膝を掛けて逆さまになり両手を離し，腕と頭を使って体を前後に振動させ，振動が前から後ろに振れ戻る前に膝を鉄棒から外して下りること。

［技の組み合わせ方の例示］

○　中学年までの基本的な技や上に示した技の中から，自己の能力に適した技を選んで組み合わせること。

◎　運動が苦手な児童への配慮の例

・　前方支持回転が苦手な児童には，ツバメの姿勢からふとん干しを繰り返したり，補助や補助具で回転しやすくしたりして，勢いのつけ方や体を丸めて鉄棒から離さない動きが身に付くようにするなどの配慮をする。

・　片足踏み越し下りが苦手な児童には，ツバメの姿勢から鉄棒上に片足を掛けて座ったり，ツバメの姿勢で鉄棒上を横に移動したり，片手ずつ順手から逆手，逆手から順手に握りかえるなどの運動に取り組んだりして，バランスをとって鉄棒上で体を操作するための動きが身に付くようにするなどの配慮をする。

・　膝掛け上がりが苦手な児童には，両手でぶら下がって体を前後に揺らしたり，片膝を掛けて大きく揺らしたり，足抜き回りなどの運動遊びに取り組んだり，補助を受けて回転したり，鉄棒に補助具をつけて回転しやすいようにしたりして，片膝を掛け振りの勢いを利用して上がる動きが身に付くようにするなどの配慮をする。

・　前方もも掛け回転が苦手な児童には，ツバメの姿勢から鉄棒上に片足を掛けて座ったり，鉄棒に片膝を掛けて揺れたりするなど，バランスをとって回転を開始する姿勢をつくったり，体を揺らしてから振りの動きを利用して回転したりする動きが身に付くようにするなどの配慮をする。

・　逆上がりが苦手な児童には，体を鉄棒に引きつける運動に取り組んだり，補助や補助具を利用して足を振り上げながら後方回転をしたりして，体を上昇させながら鉄棒に引きつけ回転する動きが身に付くようにするなどの配慮をする。

・　後方支持回転が苦手な児童には，ツバメの姿勢で足を前後に振って体を曲げたり，補助や補助具で回転しやすくしたりして，勢いのつけ方や体を丸めて回転する動きが身に付くようにするなどの配慮をする。

・　後方もも掛け回転が苦手な児童には，ツバメの姿勢から鉄棒上に片足を掛けて座ったり，片足を鉄棒から離したりしながら反対側の足を振ったり，また鉄棒に片膝を掛けて揺れたりするなど，バランスをとって回転を開始する姿勢をつくったり，体を揺らしてから振りの動きを利用して回転したりする動きが身に付くようにするなどの配慮をする。

・　両膝掛け振動下りが苦手な児童には，両膝を掛けて体を揺らしたり，前を見て両膝を外したりする動きが身に付くように，こうもりで腕や頭を使って体を前後に揺らして前を見たり，二人の補助者と手をつないで体を前後に軽く揺らしながら前を見たりする運動に取り組めるようにするなどの配慮をする。

ウ　跳び箱運動

跳び箱運動では，その行い方を理解するとともに，自己の能力に適した切り返し系や回転系の基本的な技を安定して行ったり，その発展技に取り組んだりすること。

［切り返し系　切り返し跳びグループ発展技の例示］

○　かかえ込み跳び（更なる発展技：屈身跳び）

・　助走から両足で踏み切って着手し，足をかかえ込んで跳び越し着地すること。

［回転系　回転跳びグループ発展技の例示］

○　伸膝台上前転

・　助走から両足で強く踏み切り，足を伸ばしたまま腰の位置を高く保って着手し，前方に回転して着地すること。

○　頭はね跳び（更なる発展技：前方屈腕倒立回転跳び）

・　伸膝台上前転を行うように腰を上げ回転し，両手で支えながら頭頂部をつき，尻が頭を越えたら腕と腰を伸ばし，体を反らせながら回転すること。

◎　運動が苦手な児童への配慮の例

・　かかえ込み跳びが苦手な児童には，マットを数枚重ねた場を設置して，手を着きやすくしたり，跳び越しやすくしたり，体育館のステージに向かって跳び乗ったりして，跳び越しやすい場で踏切り－着手－着地までの動きが身に付くようにするなどの配慮をする。

・　伸膝台上前転が苦手な児童には，マットを数枚重ねた場や低く設置した跳び箱で腰を上げたり，速さのある前転をしたりして，膝を伸ばして回転

する動きが身に付くようにするなどの配慮をする。

・　頭はね跳びが苦手な児童には，マットを数枚重ねた場や低く設置した跳び箱，ステージを利用して体を反らせてブリッジをしたり，場でつくった段差と補助を利用して頭はね起きを行ったりしながら，体を反らしてはねたり，手で押したりする動きが身に付くようにするなどの配慮をする。

(2) 思考力，判断力，表現力等

> (2)　自己の能力に適した課題の解決の仕方や技の組み合わせ方を工夫するとともに，自己や仲間の考えたことを他者に伝えること。

ア　自己の能力に適した課題を見付け，その課題の解決の仕方を考えたり，課題に応じた練習の場や段階を選んだりすること。

　○　ICT機器を活用して，自己やグループの課題を見付ける例

　　・　タブレットやデジタルカメラなどのICT機器を活用して，動きのポイントと自己や仲間の動きを照らし合わせ，技のできばえや次の課題を確認するなど，自己の課題を見付けること。

　○　自己やグループに適した課題を設定して，解決のための活動を選ぶ例

　　・　見付けた課題を解決するために，複数の場の中から自己の課題に適した練習の場を選ぶこと。

イ　課題の解決のために自己や仲間の考えたことを他者に伝えること。

　○　観察し合って見付けたこつやわかったことを他者に伝える例

　　・　グループの中で互いの役割を決めて観察し合ったり，学習カードやICT機器を活用したりして，つまずいていた技や演技のこつやわかったことを，文字や図で書いたり，映像を活用して発表したりするなどして，仲間やグループに伝えること。

(3) 学びに向かう力，人間性等

> (3)　運動に積極的に取り組み，約束を守り助け合って運動をしたり，仲間の考えや取組を認めたり，場や器械・器具の安全に気を配ったりすること。

ア　膝を伸ばして回転したり，体を真っ直ぐ伸ばして逆さの姿勢になったり，それらの技を組み合わせたりするなど，マット運動，鉄棒運動及び跳び箱運動の

基本的な技や発展技に積極的に取り組むこと。

イ　互いの役割を決めて観察し合うなど，学習の仕方や約束を守り，仲間と助け合うこと。

ウ　器械・器具の準備や片付けなどで，分担された役割を果たすこと。

エ　技や演技を行うなかでわかったことを伝えたり，課題の解決方法を工夫したりする際に，仲間の考えや取組を認めること。

オ　けがのないように，互いの服装や髪形に気を付けたり，場の危険物を取り除いたりするとともに，試技の前後などに器械・器具の安全に気を配ること。

　　◎　運動に意欲的でない児童への配慮の例

　　・　痛みへの不安感や技への恐怖心をもつ児童には，ぶつかったり，落ちたりしても痛くないように，器械・器具の横や下などにマットを敷いたり，補助者を付けたりする場を設定するなどの配慮をする。

　　・　技に対する苦手意識が強い児童には，必要な体の動かし方や運動感覚が身に付くように，取り組む技と類似した動き方をする運動遊びに取り組む時間や場を設定するなどの配慮をする。

　　・　仲間とうまく関わって学習を進めることが難しい児童には，技を観察するポイントや位置を示し，気付いたことなどを仲間に伝える時間や場を設定するなどの配慮をする。

　　・　既に基本的な技を安定して行えるようになった児童には，発展技に挑戦したり，できる技を組み合わせたりして，新たな課題に取り組むことができる時間や場を設定するなどの配慮をする。

C　陸上運動

　高学年の陸上運動は，「短距離走・リレー」，「ハードル走」，「走り幅跳び」及び「走り高跳び」で構成され，一定の距離を全力で走ったり，バトンの受渡しをしたり，リズミカルにハードルを走り越えたり，リズミカルな助走から踏み切って跳んだりして，記録に挑戦したり，相手と競走（争）したりする楽しさや喜びを味わうことができる運動である。

　低学年の走・跳の運動遊びと中学年の走・跳の運動の学習を踏まえ，高学年では，陸上運動の楽しさや喜びを味わい，その行い方を理解するとともに，短距離走・リレー，ハードル走，走り幅跳び，走り高跳びなどの基本的な技能を身に付けるようにし，中学校の陸上競技の学習につなげていくことが求められる。

　また，陸上運動を楽しく行うために，自己やグループの課題を見付け，その解決のための活動を工夫するとともに，約束を守り助け合って運動をしたり，勝敗を受け入れたり，仲間の考えや取組を認めたり，場や用具の安全に気を配ったり

できるようにすることが大切である。

陸上運動について，次の事項を身に付けることができるよう指導する。

---

(1) 知識及び技能

---

(1) 次の運動の楽しさや喜びを味わい，その行い方を理解するととも
に，その技能を身に付けること。
ア　短距離走・リレーでは，一定の距離を全力で走ったり，滑らかな
バトンの受渡しをしたりすること。
イ　ハードル走では，ハードルをリズミカルに走り越えること。
ウ　走り幅跳びでは，リズミカルな助走から踏み切って跳ぶこと。
エ　走り高跳びでは，リズミカルな助走から踏み切って跳ぶこと。

ア　短距離走・リレー

短距離走・リレーでは，その行い方を理解するとともに，走る距離やバトン
の受渡しなどのルールを決めて競走したり，自己（チーム）の記録の伸びや目
標とする記録の達成を目指したりしながら，一定の距離を全力で走ることがで
きるようにすること。

［例示］

○　40〜60m程度の短距離走

・　スタンディングスタートから，素早く走り始めること。

・　体を軽く前傾させて全力で走ること。

○　いろいろな距離でのリレー（一人が走る距離40〜60m程度）

・　テークオーバーゾーン内で，減速の少ないバトンの受渡しをすること。

◎　運動が苦手な児童への配慮の例

・　短距離走で，素早いスタートが苦手な児童には，構えた際に前に置いた
足に重心をかけ，低い姿勢で構えるといったポイントを示すなどの配慮を
する。

・　リレーで，減速せずにバトンの受渡しをすることが苦手な児童には，「ハ
イ」の声をしっかりかけたり，バトンを受ける手の位置や高さを確かめた
り，仲間同士でスタートマークの位置を確かめたりするなどの配慮をする。

イ　ハードル走

ハードル走では，その行い方を理解するとともに，インターバルの距離や

ハードルの台数などのルールを決めて競走したり，自己の記録の伸びや目標とする記録の達成を目指したりしながら，ハードルをリズミカルに走り越えることができるようにすること。

［例示］

○　40〜50m程度のハードル走

・　第1ハードルを決めた足で踏み切って走り越えること。

・　スタートから最後まで，体のバランスをとりながら真っ直ぐ走ること。

・　インターバルを3歩または5歩で走ること。

◎　運動が苦手な児童への配慮の例

・　走り越える時に体のバランスを取ることが苦手な児童には，1歩ハードル走や短いインターバルでの3歩ハードル走で，体を大きく素早く動かしながら走り越える場を設定するなどの配慮をする。

・　一定の歩数でハードルを走り越えることが苦手な児童には，3歩または5歩で走り越えることができるインターバルを選んでいるかを仲間と確かめたり，インターバル走のリズムを意識できるレーン（レーン上に輪を置く等）を設けたりするなどの配慮をする。

ウ　走り幅跳び

走り幅跳びでは，その行い方を理解するとともに，試技の回数や踏切りゾーンの設置などのルールを決めて競争したり，自己の記録の伸びや目標とする記録の達成を目指したりしながら，リズミカルな助走から力強く踏み切って跳ぶことができるようにすること。

［例示］

○　リズミカルな助走からの走り幅跳び

・　7〜9歩程度のリズミカルな助走をすること。

・　幅30〜40cm程度の踏切りゾーンで力強く踏み切ること。

・　かがみ跳びから両足で着地すること。

◎　運動が苦手な児童への配慮の例

・　リズミカルな助走から踏み切ることが苦手な児童には，5〜7歩程度の助走からの走り幅跳びや跳び箱などの台から踏み切る場などで，力強く踏み切って体が浮くことを経験できるようにしたり，「トン・トン・ト・ト・トン」など，一定のリズムを声に出しながら踏み切る場を設定したりするなどの配慮をする。

エ　走り高跳び

走り高跳びでは，その行い方を理解するとともに，試技の回数やバーの高さの決め方などのルールを決めて競争したり，自己の記録の伸びや目標とする記

録の達成を目指したりしながら，リズミカルな助走から力強く踏み切って跳ぶことができるようにする。

［例示］

○　リズミカルな助走からの走り高跳び

・　5〜7歩程度のリズミカルな助走をすること。

・　上体を起こして力強く踏み切ること。

・　はさみ跳びで，足から着地すること。

◎　運動が苦手な児童への配慮の例

・　リズミカルな助走から踏み切ることが苦手な児童には，3〜5歩程度の短い助走での走り高跳びや跳び箱などの台から踏み切る場などで，力強く踏み切って体が浮くことを経験できるようにしたり，「トン・トン・ト・ト・トン」など，一定のリズムを声に出しながら踏み切る場を設定したりするなどの配慮をする。

(2) 思考力，判断力，表現力等

> (2)　自己の能力に適した課題の解決の仕方，競争や記録への挑戦の仕方を工夫するとともに，自己や仲間の考えたことを他者に伝えること。

ア　自己やグループの能力に適した課題を見付け，課題に応じた練習の場や段階を選ぶこと。

　○　ICT機器を活用して自己の課題を見付ける例

・　自己や仲間の走りや跳び方の様子をタブレットやデジタルカメラなどのICT機器を活用して確認し，動きのポイントと照らし合わせて自己やグループの課題を見付け，自己に適した練習方法を選ぶこと。

　○　自己やグループの能力に適した課題を設定し，解決のための活動を選ぶ例

・　ハードル走のインターバルを選ぶなど，自己の課題に適した練習の場を選ぶこと。

イ　自己の能力に適した競走（争）のルールや記録への挑戦の仕方を選ぶこと。

　○　記録への挑戦の仕方を選ぶ例

・　リレーで，チーム対抗戦に向けて自己のチームに適した作戦（レーンや走順など）を選ぶこと。

ウ　自己や仲間の動きの変化や伸びを見付けたり，考えたりしたことを他者に伝えること。

　○　学び合ったことを他者に伝える例

・　活動後に，運動のポイント，学習の記録，仲間の動きのよさなどを学習カードに書いたり，振り返りの時間に発表したり，感想文を書いたりすること。

(3) 学びに向かう力，人間性等

> (3) 運動に積極的に取り組み，約束を守り助け合って運動をしたり，勝敗を受け入れたり，仲間の考えや取組を認めたり，場や用具の安全に気を配ったりすること。

ア　短距離走・リレーやハードル走，走り幅跳びや走り高跳びに積極的に取り組むこと。

イ　短距離走やリレーなどの約束を守り，仲間と助け合うこと。

ウ　陸上運動をするときに用具の準備や片付け，計測や記録などで，分担された役割を果たすこと。

エ　短距離やリレーなどの勝敗を受け入れること。

オ　課題を見付けたり，その解決方法を工夫したりする際に，仲間の考えや取組を認めること。

カ　短距離走の場の危険物を取り除いたり，走り高跳びの場を整備したりするとともに，用具の安全に気を配ること。

　◎　運動に意欲的でない児童への配慮の例

・　リレーに意欲的に取り組めない児童には，チーム内で一人一人の走る距離を変えたり，勝敗を競うのではなく目標記録に近づくことを課題としたリレーを行ったりするなどの配慮をする。

・　ハードルにぶつかることへの恐怖心がある児童には，ハードルの板をゴムや新聞紙を折りたたんだものやスポンジ製のものに変えるなどの配慮をする。

・　ハードルのインターバルの歩数がうまく合わないために，自己の課題に意欲的に取り組めない児童には，インターバルの歩数を決めてから場を選ぶなど，自己の能力に適した練習の場や課題の選択ができるようにしたり，同じような課題をもつ仲間と協力して練習できるようにしたりするなどの配慮をする。

・　リレーの作戦について考える場面や走り高跳びのグループ競争の仕方を決める場面などで，自己の意見をうまく伝えられなかったり，仲間とうまく関わることができない児童には，話合いや振り返りの際に，学習カード

を用いて仲間同士で新たな課題を出し合ったり，学習の成果を確認したりする場面を設定するなどの配慮をする。

D　水泳運動

　高学年の水泳運動は，「クロール」，「平泳ぎ」及び「安全確保につながる運動」で構成され，続けて長く泳いだり，泳ぐ距離や浮いている時間を伸ばしたり，記録を達成したりする楽しさや喜びを味わうことができる運動である。

　低学年の水遊びと中学年の水泳運動の学習を踏まえ，高学年では，水泳運動の楽しさや喜びを味わい，その行い方を理解するとともに，手と足の動かし方や呼吸動作などの基本的な技能を身に付けるようにし，中学校の水泳の学習につなげていくことが求められる。

　また，水泳運動を楽しく行うために，自己やグループの課題を見付け，その解決のための活動を工夫するとともに，約束を守り助け合って運動をしたり，仲間の考えや取組を認めたり，水泳運動の心得を守って安全に気を配ったりすることなどをできるようにすることが大切である。

　水泳運動について，次の事項を身に付けることができるよう指導する。

---

(1) 知識及び技能

---

(1)　次の運動の楽しさや喜びを味わい，その行い方を理解するとともに，その技能を身に付けること。
　ア　クロールでは，手や足の動きに呼吸を合わせて続けて長く泳ぐこと。
　イ　平泳ぎでは，手や足の動きに呼吸を合わせて続けて長く泳ぐこと。
　ウ　安全確保につながる運動では，背浮きや浮き沈みをしながら続けて長く浮くこと。

ア　クロール

　クロールでは，その行い方を理解するとともに，左右の手を入れ替える動きに呼吸を合わせて，続けて長く泳ぐこと。

［例示］

○　25〜50m程度を目安にしたクロール

135

- 手を左右交互に前方に伸ばして水に入れ，水を大きくかくこと。
- 柔らかく足を交互に曲げたり伸ばしたりして，リズミカルなばた足をすること。
- 肩のローリングを用い，体を左右に傾けながら顔を横に上げて呼吸をすること。

○　ゆったりとしたクロール
- １ストロークで進む距離が伸びるように，頭の上方で両手を揃えた姿勢で，片手ずつ大きく水をかくこと。
- １ストロークで進む距離が伸びるように，ゆっくりと動かすばた足をすること。
- 呼吸する側の手をかく動きに合わせて，呼吸をすること。

◎　運動が苦手な児童への配慮の例
- 前方に伸ばした手が下がり，手のかきに呼吸を合わすことが苦手な児童には，両手を必ず前方で揃えてから片手ずつかくための練習をする場や，仲間に手を引っ張ってもらいより前方に手を伸ばす練習をする場を設定したり，補助具をおさえる手に力を入れすぎないように助言したりするなどの配慮をする。
- 頭が前方に上がり，横向きの息継ぎが苦手な児童には，歩きながら息継ぎの練習をする場を設定したり，へそを見るようにして顎を引き，耳まで浸かって息継ぎをするように助言したりするなどの配慮をする。
- 手や足をゆっくりと動かすことが苦手な児童には，一定の距離を少ないストローク数で泳ぐ場や，決められたストローク数で泳ぐ距離を仲間と競い合う場を設定するなどの配慮をする。

イ　平泳ぎ

　平泳ぎでは，その行い方を理解するとともに，手の動きに合わせて呼吸し，キックの後には息を止めてしばらく伸びて，続けて長く泳ぐことができるようにする。

〔例示〕

○　25〜50ｍ程度を目安にした平泳ぎ
- 両手を前方に伸ばし，ひじを曲げながら円を描くように左右に開き，水をかくこと。
- 足の親指を外側に開いて左右の足の裏や脚の内側で水を挟み出すとともに，キックの後に伸びの姿勢を保つこと。
- 手を左右に開き水をかきながら，顔を前に上げ呼吸をすること。
- 伸びた姿勢から顔を前方にゆっくりと起こしながら手をかきはじめ，肘

を曲げながら顔を上げ呼吸した後，キックをした勢いを利用して伸びること。

○　ゆったりとした平泳ぎ

・　１ストロークで進む距離が伸びるように，キックの後に顎を引いた伏し浮きの姿勢を保つこと。

・　キックの勢いをしっかり利用するようにゆっくりと手をかくこと。

◎　運動が苦手な児童への配慮の例

・　かえる足の動きが苦手な児童には，プールサイドに腰かけて足の内側で水を挟む動きだけを練習したり，壁や補助具につかまって仲間に足を支えてもらい練習したりする場を設定するなどの配慮をする。

・　手や足の動きと呼吸のタイミングを合わすことが苦手な児童には，陸上で動きの確認をする場を設定したり，水中を歩きながら仲間が息継ぎのタイミングを助言したりするなどの配慮をする。

・　キックの後にすぐ手をかいてしまい，伸びることが苦手な児童には，け伸びをしてから「かいて，蹴る」動きを繰り返すことを仲間と確かめ合ったり，「かいて，蹴って，伸びる」の一連の動作をしたら一度立つように助言し，少ないストローク数で泳ぐ距離を伸ばす場を設定したりするなどの配慮をする。

ウ　安全確保につながる運動

　安全確保につながる運動では，その行い方を理解するとともに，背浮きや浮き沈みをしながら，タイミングよく呼吸をしたり，手や足を動かしたりして，続けて長く浮くことができるようにする。

［例示］

○　10〜20秒程度を目安にした背浮き

・　顔以外の部位がしっかりと水中に入った背浮きの姿勢を維持すること。

・　息を一度に吐き出し呼吸すること。

・　背浮きの姿勢を崩さないように，手や足をゆっくりと動かすこと。

○　３〜５回程度を目安にした浮き沈み

・　大きく息を吸ってだるま浮きをした状態で，仲間に背中を押して沈めてもらい，息を止めてじっとして水面に浮上する浮き沈みを続けること。

・　浮いてくる動きに合わせて両手を動かし，顔を上げて呼吸をした後，再び沈み，息を止めて浮いてくるまで姿勢を保つ浮き沈みを続けること。

◎　運動が苦手な児童への配慮の例

・　背浮きの姿勢での呼吸を続けることが苦手な児童には，浅い場所で踵を付けたまま背浮きになる姿勢の練習をしたり，補助具を胸に抱えたり，仲

間に頭や腰を支えてもらったりして続けて浮く練習をしたりするなどの配慮をする。

- 浮き沈みの動きに合わせた呼吸をすることが苦手な児童には，体が自然に浮いてくるまで待ってから息継ぎをすることや，頭を大きく上げるのではなく首をゆっくりと動かし呼吸することを助言するなどの配慮をする。

なお，着衣のまま水に落ちた場合の対処の仕方については，安全確保につながる運動との関連を図り，各学校の実態に応じて積極的に取り扱うこと。

(2) 思考力，判断力，表現力等

> (2) 自己の能力に適した課題の解決の仕方や記録への挑戦の仕方を工夫するとともに，自己や仲間の考えたことを他者に伝えること。

ア 自己の課題を見付け，その課題の解決の仕方を考えたり，課題に応じた練習の場や段階を選んだりすること。
- ○ 学習カードや掲示物などを活用して，自己の課題を見付ける例
  - 学習カードや掲示物などを活用し，動きのポイントと自己や仲間の動きを照らし合わせて自己の課題を見付けること。
- ○ 距離や回数，時間を確認して，自己の課題を見付ける例
  - クロールや平泳ぎで進んだ距離や，浮き沈みの回数，背浮きの時間など，自分で決めた距離や回数，時間に挑戦することで，自己の課題を見付けること。
- ○ 手や足の動きと呼吸を合わせるための活動を選ぶ例
  - 口伴奏で呼吸のタイミングを確かめたり，補助具の種類や練習場所を選んだりするなど，自己の課題に応じた練習の場や仕方を選ぶこと。
  - ICT機器を活用して，課題や解決のための動きのポイントを仲間と確認し，自己の課題に応じた練習の仕方を選ぶこと。
イ 自己の能力に適した記録への挑戦の仕方を選ぶこと。
- ○ 距離や回数を基にして記録への挑戦の仕方を選ぶ例
  - 自ら選んだ泳ぎ方（クロールや平泳ぎ）で続けて長く泳いだり，決まった距離でのストローク数に挑戦をしたりするなど，自己や仲間の能力に応じた記録への挑戦の仕方を選ぶこと。
ウ 課題の解決のために自己や仲間の考えたことを他者に伝えること。
- ○ クロールや平泳ぎでの自己や仲間の課題を解決する過程で見付けたことや考えたことを他者に伝える例

・　ペアやグループで陸上や水中から役割を決めて互いの動きを見合ったり，互いの練習の補助をし合ったりすることを通して，見付けた動きのポイントや自己や仲間の課題に適した練習方法を伝えること。

○　安全確保につながる運動での仲間の動きのよさを他者に伝える例

・　自己や仲間の手や足の動きや呼吸の合わせ方のよさを仲間同士で確かめ合ったり称賛し合ったりすること。

(3) 学びに向かう力，人間性等

> (3)　運動に積極的に取り組み，約束を守り助け合って運動をしたり，仲間の考えや取組を認めたり，水泳運動の心得を守って安全に気を配ったりすること。

ア　水泳運動が自己保全のために必要であることを生かし，クロールや平泳ぎをしたり，背浮きや浮き沈みをしたりするなどの水泳運動に積極的に取り組むこと。

イ　自己や仲間の課題を解決するための練習では，練習場所やレーンの使い方，補助の仕方などの約束を守り，仲間と助け合うこと。

ウ　水泳運動で使用する用具の準備や片付けなどで，分担された役割を果たすこと。

エ　課題を見付けたり，解決方法を工夫したりする際に，仲間の考えや取組を認めること。

オ　プールの底・水面などに危険物がないかを確認したり，自己の体の調子を確かめてから泳いだり，仲間の体の調子にも気を付けるなど，水泳運動の心得を守って安全に気を配ること。

◎　運動に意欲的でない児童への配慮の例

・　水に対する恐怖心や違和感を抱く児童には，すぐに泳法の練習を行うのではなく，もぐったり浮いたりしながら呼吸の仕方について確認する場を設定するなどの配慮をする。

・　仲間とうまく関わりながら学習を進めることが苦手な児童には，ペアやグループ編成を工夫したり，その児童の伸びや仲間との関わりの成果を仲間同士で積極的に認める場を設定したり，仲間と一緒に達成する課題を設定したりするなどの配慮をする。

・　クロールや平泳ぎが50ｍ以上泳ぐことができる児童には，設定した距離をより少ないストローク数で泳ぐことに挑戦する場を設定したり，いろい

ろな泳ぎ方で競うリレーを取り入れたりするなどの配慮をする。

E　ボール運動

　高学年のボール運動は，「ゴール型」，「ネット型」及び「ベースボール型」で構成され，ルールや作戦を工夫したり，集団対集団の攻防によって仲間と力を合わせて競い合ったりする楽しさや喜びを味わうことができる運動である。

　低学年と中学年のゲームの学習を踏まえ，高学年では，集団対集団の攻防によって競争する楽しさや喜びを味わい，その行い方を理解するとともに，ボール操作とボールを持たないときの動きによって，簡易化されたゲームをすることができるようにし，中学校の球技の学習につなげていくことが求められる。

　また，運動を楽しく行うために，自己やチームの課題を見付け，その解決のための活動を工夫するとともに，ルールを守り助け合って運動をしたり，仲間の考えや取組を認めたり，場や用具の安全に気を配ったりすることなどをできるようにすることが大切である。

　ボール運動について，次の事項を身に付けることができるよう指導する。

---

(1)　知識及び技能

（1）　次の運動の楽しさや喜びを味わい，その行い方を理解するとともに，その技能を身に付け，簡易化されたゲームをすること。
　ア　ゴール型では，ボール操作とボールを持たないときの動きによって，簡易化されたゲームをすること。
　イ　ネット型では，個人やチームによる攻撃と守備によって，簡易化されたゲームをすること。
　ウ　ベースボール型では，ボールを打つ攻撃と隊形をとった守備によって，簡易化されたゲームをすること。

　簡易化されたゲームとは，ルールや形式が一般化されたゲームを児童の発達の段階を踏まえ，実態に応じたボール操作で行うことができ，プレイヤーの人数（プレイヤーの人数を少なくしたり，攻撃側のプレイヤーの人数が守備側のプレイヤーの人数を上回るようにしたりすること），コートの広さ（奥行きや横幅など），ネットの高さ，塁間の距離，プレイ上の制限（攻撃や守備のプレイ空間，

触球方法など），ボールその他の運動用具や設備などを修正し，児童が取り組みやすいように工夫したゲームをいう。

　なお，アはバスケットボール及びサッカーを，イはソフトバレーボールを，ウはソフトボールを主として取り扱うものとするが，これらに替えてハンドボール，タグラグビー，フラッグフットボールなどア，イ及びウの型に応じたその他のボール運動を指導することもできるものとする。なお，学校の実態に応じてウは取り扱わないことができることを「内容の取扱い」で示した。

ア　ゴール型

　ゴール型では，その行い方を理解するとともに，投げる，受ける，蹴る，止める，運ぶ，手渡すといったボール操作とボール保持者からボールを受けることのできる場所に動くなどのボールを持たないときの動きによって，攻撃側にとって易しい状況の中でチームの作戦に基づいた位置取りをするなどの攻守入り交じった簡易化されたゲームや陣地を取り合う簡易化されたゲームをすること。

［例示］

○　バスケットボール，サッカー，ハンドボールなどを基にした簡易化されたゲーム（攻守が入り交じって行うゴール型）

○　タグラグビーやフラッグフットボールなどを基にした簡易化されたゲーム（陣地を取り合うゴール型）

・　近くにいるフリーの味方にパスを出すこと。

・　相手に捕られない位置でドリブルをすること。

・　ボール保持者と自己の間に守備者が入らないように移動すること。

・　得点しやすい場所に移動し，パスを受けてシュートなどをすること。

・　ボール保持者とゴールの間に体を入れて守備をすること。

◎　運動が苦手な児童への配慮の例

・　得点しやすい場所に移動し，パスを受けてシュートなどをすることが苦手な児童には，シュートが入りやすい場所に目印を付けたり，ボールを保持した際に最初にゴールを見ることを助言したりするなどの配慮をする。

・　ボール保持者とゴールの間に体を入れて守備をすることが苦手な児童には，仲間がゴールの位置を教えるようにするなどの配慮をする。

イ　ネット型

　ネット型では，その行い方を理解するともに，ボール操作とチームの作戦に基づいた位置取りをするなどのボールを持たないときの動きによって，軽くて柔らかいボールを片手，両手もしくは用具を使って操作したり相手が捕りにくいボールを返球したりするチームの連携プレイによる簡易化されたゲームや，

自陣から相手コートに向かって相手が捕りにくいボールを返球する手や用具などを使った簡易化されたゲームをすること。

［例示］

○　ソフトバレーボールやプレルボールを基にした簡易化されたゲーム

○　バドミントンやテニスを基にした簡易化されたゲーム

・　自陣のコート（中央付近）から相手コートに向けサービスを打ち入れること。

・　ボールの方向に体を向けて，その方向に素早く移動すること。

・　味方が受けやすいようにボールをつなぐこと。

・　片手，両手もしくは用具を使って，相手コートにボールを打ち返すこと。

◎　運動が苦手な児童への配慮の例

・　片手，両手もしくは用具を使って，相手コートにボールを打ち返すことが苦手な児童には，飛んできたボールを短時間保持することを認めたり，うまくはじくことができる児童と比較してどこが違うか考えたりする場を設定するなどの配慮をする。

・　自陣のコート（中央付近）から相手コートに向けサービスを打ち入れることが苦手な児童には，手を使って投げ入れたり，軽い用具や柄の短い用具を用いたり，軽いボールを用いたり，一歩前からサービスをすることを認めたり，ネットの高さを低くしたりするなどの配慮をする。

・　味方が受けやすいようにボールをつなぐことが苦手な児童には，飛んできたボールをキャッチしてパスしたりすることができるようにするなどの配慮をする。

ウ　ベースボール型

　ベースボール型では，その行い方を理解するとともに，静止したボールやゆっくりとした速さで投げられたボールを打つ攻撃や，捕球したり送球したりする守備などのボール操作と，チームとして守備の隊形をとったり走塁をしたりするボールを持たないときの動きによって，攻守交代が繰り返し行える簡易化されたゲームをすること。

［例示］

○　ソフトボールを基にした簡易化されたゲーム

○　ティーボールを基にした簡易化されたゲーム

・　止まったボールや易しく投げられたボールをバットでフェアグラウンド内に打つこと。

・　打球方向に移動し，捕球すること。

・　捕球する相手に向かって，投げること。

・　塁間を全力で走塁すること。
・　守備の隊形をとって得点を与えないようにすること。
◎　運動が苦手な児童への配慮の例
・　打球方向に移動し，捕球することが苦手な児童には，ゆっくりと投げられたボールを移動して手に当てる練習を工夫したり，柔らかいボールを素手で捕る練習を工夫したりするなどの配慮をする。
・　守備の隊形をとって得点を与えないようにすることが苦手な児童には，チーム練習の中で守備位置やその役割を確認したり，互いに言葉がけをしたりするなどの配慮をする。

(2) 思考力，判断力，表現力等

> (2)　ルールを工夫したり，自己やチームの特徴に応じた作戦を選んだりするとともに，自己や仲間の考えたことを他者に伝えること。

ア　ルールを工夫すること
　○　誰もが楽しくゲームに参加できるように，プレイヤーの人数，コートの広さ，プレイの制限，得点の仕方などのルールを選ぶ例
　　・　攻守に応じて動くことができる範囲を設けてプレイの制限をするなどのルールを選ぶこと。
イ　自己やチームの特徴に応じた作戦を選ぶこと
　○　自己やチームの特徴を確認して作戦を選ぶ例
　　・　チームの特徴に応じた作戦を選び，自己の役割を確認すること。
ウ　課題の解決のために自己や仲間の考えたことを他者に伝えること
　○　味方が受けやすいようにボールをつなぐことについて考えたことを他者に伝える例
　　・　簡易化されたネット型のゲームで，自己や仲間が行っていた動き方の工夫を，動作や言葉，絵図，ICT機器を用いて記録した動画などを使って，他者に伝えること。
　○　守備の隊形について工夫したことを他者に伝える例
　　・　簡易化されたベースボール型のゲームで，自チームや相手チームの守備位置のよさについて，動作や言葉，絵図，ICT機器を用いて記録した動画などを使って，他者に伝えること。

(3) 学びに向かう力，人間性等

> (3) 運動に積極的に取り組み，ルールを守り助け合って運動をしたり，勝敗を受け入れたり，仲間の考えや取組を認めたり，場や用具の安全に気を配ったりすること。

ア　ゴール型，ネット型，ベースボール型の簡易化されたゲームや練習に積極的に取り組むこと。

イ　ルールやマナーを守り，仲間と助け合うこと。

ウ　ゲームを行う場の設定や用具の片付けなどで，分担された役割を果たすこと。

エ　ゲームの勝敗を受け入れること。

オ　ゲームや練習の中で互いの動きを見合ったり，話し合ったりする際に，仲間の考えや取組を認めること。

カ　ゲームや練習の際に，使用する用具などを片付けたり場の整備をしたりするとともに，用具の安全に気を配ること。

◎　運動に意欲的でない児童への配慮の例

- 味方や相手が投げるボールに恐怖心を抱くためにゲームに意欲的に取り組めない児童には，柔らかいボールを用意したり，大きなボールやゆっくりとした速さになるボールを用意したりするなどの配慮をする。
- チームの中で何をすればよいかが分からないためにゲームに意欲的に取り組めない児童には，チーム内で分担する役割を確認するなどの配慮をする。
- 場やルールが難しいためにゲームに意欲的に取り組めない児童には，場の設定やルールをチームで一つずつ確認するなどの配慮をする。
- 新しく提示した動きが分からないためにゲームに意欲的に取り組めない児童には，代表の児童やチームが行う見本を観察したり，ゲーム中のポジションを確認したり，その動きを動画で確認したりする場を設定するなどの配慮をする。
- 技能が高いにもかかわらずゲームに意欲的に取り組めない児童には，リーダーとしてチームをまとめるようにしたり，仲間に動きのアドバイスをする役割を担うようにしたりするなどの配慮をする。
- ゲームに負け続けるためにゲームや練習に意欲的に取り組めない児童には，チームに合った作戦を選び直したり，新たな作戦を試したりすることを促すなどの配慮をする。

- チーム内で仲間とうまく関わることができないためにゲームに意欲的に取り組めない児童には，チーム内の役割を明確にしたり，その役割に取り組むように助言したりするなどの配慮をする。

- 仲間と仲よく助け合ってゲームに取り組めない児童には，役割を果たしたこと，最後まで全力でプレイしたこと，味方を励ます言葉がけがあったことなどの取組を，授業のまとめで取り上げて称賛したり，児童が相互に称え合ったりする場面を設定するなどの配慮をする。

F　表現運動

　高学年の表現運動は，「表現」及び「フォークダンス」で内容が構成され，これらの運動は，自己の心身を解き放して，イメージやリズムの世界に没入してなりきって踊ることが楽しい運動であり，互いのよさを生かし合って仲間と交流して踊る楽しさや喜びを味わうことのできる運動である。

　低学年の「表現リズム遊び」と中学年の「表現運動」の学習で身に付けてきた即興的に表現する能力やリズムに乗って踊る能力，コミュニケーション能力などを土台として，「表現」では，更に個人やグループの持ち味を生かした簡単なひとまとまりの動きにして，仲間と表したい感じを込めて通して踊る力を培うとともに，「フォークダンス」では，日本の地域や世界の国々で親しまれてきた日本の民踊や外国の踊りを身に付けて，日本の地域や世界の文化に触れながら踊りで交流する力を培い，中学校のダンスの学習につなげていくことが求められる。

　また，表現運動を楽しく行うために，自己やグループの課題を見付け，その解決のための活動を工夫するとともに，助け合って踊ったり，互いの動きや考えを認め合ったり，場の安全に気を配ったりすることが大切である。

　表現運動について，次の事項を身に付けることができるよう指導する。

---

(1) 知識及び技能

---

(1) 次の運動の楽しさや喜びを味わい，その行い方を理解するとともに，表したい感じを表現したり踊りで交流したりすること。
　ア　表現では，いろいろな題材からそれらの主な特徴を捉え，表したい感じをひと流れの動きで即興的に踊ったり，簡単なひとまとまりの動きにして踊ったりすること。
　イ　フォークダンスでは，日本の民踊や外国の踊りから，それらの踊

り方の特徴を捉え，音楽に合わせて簡単なステップや動きで踊ること。

ア　表現

表現では，その行い方を理解するとともに，いろいろな題材からそれらの主な特徴を捉え，表したい感じやイメージをひと流れの動きで即興的に表現したり，グループで簡単なひとまとまりの動きにして表現したりすること。

いろいろな題材とは，高学年の児童の発達の段階に応じて，「激しい感じの題材」，「群（集団）が生きる題材」などの変化と起伏のある表現へ発展しやすい題材と，題材を一つに固定しないで幅の広い捉え方や動きを含む題材として「多様な題材」を示している。それらの中から，題材の特徴を捉え，表したい感じやイメージを強調するように，動きを誇張したり変化を付けたりしてメリハリ（緩急・強弱）のあるひと流れの動きにして即興的に表現したり，グループで変化と起伏のある「はじめ－なか－おわり」の構成を工夫した簡単なひとまとまりの動きにしたりして表現すること。

［題材と動きの例示］

○　「激しい感じの題材」…生活や自然などから「激しく○○する」（バーゲンセール，火山の爆発，大型台風接近など）や「急に○○する」（ロボットが壊れた，竜巻発生，怒りの爆発など）などの変化や起伏のある動きを含む題材

○　「群（集団）が生きる題材」…生活や社会，自然などから「祭り」，「スポーツの攻防」，「出口を探せ！」などの特徴的な群の動きや迫力を生かせる題材

・　題材の特徴の捉え方としては，題材から動きの変化や起伏の特徴を捉え，そこに感情の変化や起伏を重ねていけるようにする。例えば，「火山の爆発」で，エネルギーの集中と不規則な爆発を繰り返す動きの中に自然への畏れの感情を重ねたり，「スポーツの攻防」で，対立・対応した動きから決定的な瞬間へ展開する動きの中に，勝者と敗者の感情の対比を重ねたりするなどである。

・　ひと流れの動きへの工夫の仕方としては，表したい感じやイメージを，素早く走る－急に止まる，ねじる－回る，跳ぶ－転がるなどの動きで変化を付けたり繰り返したりして，激しい感じや急変する感じをメリハリ（緩急・強弱）のあるひと流れの動きにして即興的に踊ること。

・　群の動きの工夫の仕方としては，集まる（固まる）－離れる，合わせて動く－自由に動くなど，表したい感じやイメージにふさわしい簡単な群の動きでひと流れの動きにして即興的に踊ること。

・　簡単なひとまとまりの動きへの工夫の仕方としては，表したい感じやイメージを強調するように，変化と起伏のある「はじめ－なか－おわり」の構成や群の動きを工夫して，仲間と感じを込めて通して踊ること。

○　「多様な題材」…「わたしたちの地球」，「ニュース○○」，「○月×日，私のダイアリー」など，社会や生活のいろいろな印象的な出来事から個人やグループで選んだ関心のある題材

・　題材の特徴の捉え方としては，社会の出来事や何気ない日常生活の中から個人やグループで関心のある印象的な出来事を独自に捉えるようにすること。

・　動きの誇張や変化の付け方としては，表したい感じやイメージを，素早く走る－急に止まる，ねじる－回る，跳ぶ－転がるなどの差のある動きや急変する動きを入れるなどして，変化とメリハリ（緩急・強弱）のあるひと流れの動きにして即興的に踊ること。

・　簡単なひとまとまりの動きへの工夫の仕方としては，表したい感じやイメージを強調するように「はじめ－なか－おわり」の構成や群の動きを工夫したり，特にラストシーンを印象的にしたりして，個人やグループの持ち味を生かした簡単なひとまとまりの動きにして，仲間と感じを込めて通して踊ること。

◎　運動が苦手な児童への配慮の例

・　題材の特徴を捉えることが苦手な児童には，二人から四人組などで，題材の特徴的な様子や動きを出し合いながら踊ってみるなどの配慮をする。

・　ひと流れの動きにすることが苦手な児童には，表したい感じやイメージから捉えた変化とメリハリ（緩急・強弱）のある動きを，教師や仲間のリードで幾つか一緒に踊ってみるなどの配慮をする。

・　簡単なひとまとまりの動きにすることが難しい児童には，一番表したい感じやイメージを明確にするとともに，できたところまでを通して踊ってみながら，表したい感じにふさわしい「はじめ－なか－おわり」の構成になっているか教師や他のグループに見てもらうなどの配慮をする。

イ　フォークダンス（日本の民踊を含む）

フォークダンスでは，その行い方を理解するとともに，日本の民踊や外国の踊りの踊り方の特徴を捉え，基本的なステップや動きを身に付けて，音楽に合わせてみんなで楽しく踊って交流すること。

日本の民踊とは，それぞれの地域で親しまれている民踊や日本の代表的な民踊で，歌詞に伴う手振り，低く踏みしめるような足どりと腰の動き，輪踊り，一人踊りが多いなどの日本の民踊に共通する特徴をもつ踊りとして示してい

る。**外国の踊り**とは，世界の国々で親しまれている代表的なフォークダンスで，軽快な音楽に乗せたいろいろなステップ，輪や列になって手をつないで踊る，パートナーと組んで踊るなど，国によって様々な特徴をもつ踊りとして示している。それらの踊りの中から踊りの特徴を捉え，基本的なステップや動きを身に付けて，音楽に合わせてみんなで楽しく踊って交流すること。また，踊りの由来や背景を理解し，踊りを通して日本の地域や世界の文化に触れるようにすること。

［踊りと動きの例示］

○　日本の民踊

それぞれの地域で親しまれている民踊や日本の代表的な民踊の中から，軽快なリズムの踊りや力強い踊りなど，特徴や感じが異なる踊りや簡単な動きで構成されている踊り。

・　日本の民踊に共通する特徴やそれぞれの踊り方の特徴を捉え，構成された基本的な踊り方を身に付けて踊ること。

・　阿波踊り（徳島県）や春駒（岐阜県）などの軽快なリズムの踊りでは，軽快な足さばきや手振りで踊ること。

・　ソーラン節（北海道）やエイサー（沖縄県）などの力強い踊りでは，低く踏みしめるような足取りや腰の動きで踊ること。

○　外国のフォークダンス

世界の国々で親しまれている代表的なフォークダンスの中から，特徴や感じが異なる踊りや簡単な隊形・ステップ・組み方で構成される踊り。

・　マイム・マイム（イスラエル）などのシングルサークルで踊る力強い踊りでは，みんなで手をつなぎ，かけ声をかけて力強くステップを踏みながら移動して踊ること。

・　コロブチカ（ロシア）などのパートナーチェンジのある軽快な踊りでは，パートナーと組んでスリーステップターンなどの軽快なステップで動きを合わせたり，パートナーチェンジをスムーズに行ったりしながら踊ること。

・　グスタフス・スコール（スウェーデン）などの特徴的な隊形と構成の踊りでは，前半の厳かな挨拶の部分と後半の軽快なスキップやアーチくぐりなどの変化を付けて，パートナーや全体でスムーズに隊形移動しながら踊ること。

◎　運動が苦手な児童への配慮の例

・　踊ることが苦手な児童には，低学年で既習した簡単な踊りや，前時に学習した踊りを授業の導入で行うなどの配慮をする。

・　踊りの特徴を捉えて踊ることが苦手な児童には，踊りの由来や背景を伝

えたり，映像を見て踊りのイメージを捉えたりするなどの配慮をする。

・ 踊り方を身に付けることが苦手な児童には，教師が曲を口ずさみながら全体を大まかに通して踊り，難しいところは部分練習をするなどの配慮をする。

(2) 思考力，判断力，表現力等

(2) 自己やグループの課題の解決に向けて，表したい内容や踊りの特徴を捉えた練習や発表・交流の仕方を工夫するとともに，自己や仲間の考えたことを他者に伝えること。

ア 自己やグループの課題を見付け，その課題の解決の仕方を考えたり，課題に応じた見合いや交流の仕方などを選んだりすること。

○ 自己やグループの課題を見付ける例

・ 表したい感じやイメージが表れているか，踊りの特徴を捉えて踊れているかなど，グループの仲間や他のグループの踊りを見て，自己やグループの課題を見付けること。

○ 課題に応じて動きを選ぶ例

・ 「表したい感じやイメージを強調する」という課題に応じて，素早く－ゆっくり，ねじる－回る，跳ぶ－転がるなどの差のある動きや群の動きなどで変化を付ける方法を選ぶこと。

○ 課題にふさわしい簡単なひとまとまりの動きを構成する例

・ 「表したい感じやイメージが伝わりにくい」という課題に応じて，「はじめ－なか－おわり」で一番盛り上げたい場面を明確にし，急変する場面や取り入れる群の動きを選ぶこと。

○ 課題に応じた見合いや交流の仕方を工夫する例

・ 表したい感じやイメージが表れているか，踊りの特徴を捉えているかなどを確かめるために，ペアのグループやクラス全体で見合ったり，一緒に踊って見合いながら交流したりするなどの仕方を選ぶこと。

イ 課題の解決のために自己や仲間の考えたことを他者に伝えること

○ 表現で工夫した成果を他者に伝える例

・ 表したい感じやイメージにふさわしい動きになっているかをペアのグループやクラス全体で見合い，よくなったところを伝えること。

○ フォークダンスで身に付けた踊りの特徴を他者に伝える例

・ ペアのグループやクラス全体で踊り，踊りの特徴が出ているかを伝える

こと。

(3) 学びに向かう力，人間性等

> (3) 運動に積極的に取り組み，互いのよさを認め合い助け合って踊ったり，場の安全に気を配ったりすること。

ア　表したい感じやイメージを表現したり，日本の民踊や外国のフォークダンスで交流したりする運動に積極的に取り組むこと。

イ　表現やフォークダンスに取り組む際に，互いの動きや考えのよさを認め合うこと。

ウ　表現やフォークダンスにグループで取り組む際に，仲間と助け合うこと。

エ　表現やフォークダンスを行う場の設定や用具の片付けなどで，分担された役割を果たすこと。

オ　活動する場所の危険物を取り除くとともに，仲間とぶつからないよう，場の安全に気を配ること。

　◎　運動に意欲的でない児童への配慮の例

　　・　仲間の前で表現やフォークダンスを行うことに意欲的に取り組めない児童には，授業の導入で，中学年のリズムダンスで学習したへそ（体幹部）を中心に軽快なリズムに乗って踊る活動を取り入れ，心と体をほぐすなどの配慮をする。

　　・　表したい感じやイメージを表現することに意欲的に取り組めない児童には，取り上げる題材を，クラス共通の題材だけでなく，個人やグループの関心や能力の違いに応じて選ぶようにするなどの配慮をする。

　　・　日本の民踊や外国のフォークダンスを踊ることに意欲的に取り組めない児童には，身近な郷土の民踊や外国のフォークダンスの映像を見せて興味・関心をもてるようにしたり，踊りに必要な簡単な小道具や衣装を着けて踊りの雰囲気を高めたりするなどの配慮をする。

G　保　健

(1) 心の健康

> (1) 心の健康について，課題を見付け，その解決を目指した活動を通して，次の事項を身に付けることができるよう指導する。
>
> 　ア　心の発達及び不安や悩みへの対処について理解するとともに，簡

　　　　単な対処をすること。
　　（ア）心は，いろいろな生活経験を通して，年齢に伴って発達すること。
　　（イ）心と体には，密接な関係があること。
　　（ウ）不安や悩みへの対処には，大人や友達に相談する，仲間と遊ぶ，運動をするなどいろいろな方法があること。
　イ　心の健康について，課題を見付け，その解決に向けて思考し判断するとともに，それらを表現すること。

　心の健康については，心は発達すること，及び心と体には密接な関係があることについて理解できるようにする必要がある。また，不安や悩みへの対処にはいろいろな方法があることを理解できるようにするとともに，不安や悩みを緩和するための対処の方法を行うことができるようにする必要がある。さらに，心の健康に関する課題を見付け，よりよい解決に向けて思考し判断するとともに，それらを表現できるようにする必要がある。

　このため，本内容は，感情，社会性，思考力など，様々なはたらきの総体として捉えることができる心が，様々な生活経験を通して年齢に伴って発達すること，また，心と体は深く影響し合っていること，不安や悩みは誰もが経験すること，それらへの対処にはいろいろな方法があることなどの知識及び不安や悩みへの対処の技能と，心の健康に関する課題を解決するための思考力，判断力，表現力等を中心として構成している。

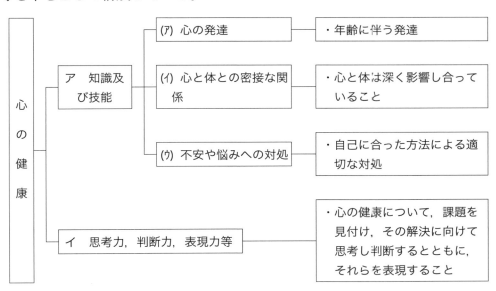

ア　知識及び技能

　（ア）心の発達

　　心は人との関わり，あるいは自然とのふれあいなど様々な生活経験や学習

を通して，年齢に伴って発達することを理解できるようにする。その際，家族，友達，地域の人々など人との関わりを中心として取り扱うようにし，心が発達することによって，自己の感情をコントロールしたり，相手の気持ちを理解したりすることができるようになることにも触れるようにする。また，自己の気持ちを上手に伝えるなど，よりよいコミュニケーションが大切であることにも触れるようにする。

(ｲ) 心と体との密接な関係

不安や緊張時には，動悸が激しくなったり，腹痛を起こしたりすること，体調が悪いときには，集中できなかったり，落ち込んだ気持ちになったり，体調がよいときには，気持ちが明るくなったり，集中できるようになったりすることなど，心と体は深く影響し合っていることを理解できるようにする。

(ｳ) 不安や悩みへの対処

不安や悩みがあるということは誰もが経験することであり，そうした場合には，家族や先生，友達などと話したり，相談したりすること，仲間と遊ぶこと，運動をしたり音楽を聴いたりすること，呼吸法を行うなどによって気持ちを楽にしたり，気分を変えたりすることなど様々な方法があり，自分に合った適切な方法で対処できることを理解できるようにする。その際，自己の心に不安や悩みがあるという状態に気付くことや不安や悩みに対処するために様々な経験をすることは，心の発達のために大切であることにも触れるようにする。

不安や悩みへの対処として，体ほぐしの運動や深呼吸を取り入れた呼吸法などを行うことができるようにする。

イ 思考力，判断力，表現力等

心の健康に関わる事象から課題を見付け，心をよりよく発達させたり不安や悩みに対処したりする視点から，解決の方法を考え，適切なものを選び，それらを説明することができるようにする。

［例示］

・ 心の発達に関する事柄や，不安や悩みの経験から，心の健康に関わる課題を見付けること。

・ 心の発達や心と体の関わりについて，自己の経験と学習したことを関連付けて，よりよく心を発達させる適切な方法や心と体の関わりについて考えること。

・ 不安や悩みに対処する様々な方法を考え，学習したことを活用して，適切な方法を選ぶこと。

- 心の健康について、考えたり選んだりした方法がなぜ適切なのか、理由をあげて学習カードなどに書いたり、友達に説明したりすること。

(2) けがの防止

> (2) けがの防止について、課題を見付け、その解決を目指した活動を通して、次の事項を身に付けることができるよう指導する。
> ア　けがの防止について理解するとともに、けがなどの簡単な手当をすること。
> 　(ｱ)　交通事故や身の回りの生活の危険が原因となって起こるけがの防止には、周囲の危険に気付くこと、的確な判断の下に安全に行動すること、環境を安全に整えることが必要であること。
> 　(ｲ)　けがなどの簡単な手当は、速やかに行う必要があること。
> イ　けがを防止するために、危険の予測や回避の方法を考え、それらを表現すること。

けがの防止については、けがの発生要因や防止の方法について理解できるようにする必要がある。また、けがが発生したときには、その症状の悪化を防ぐために速やかに手当ができるようにする必要がある。さらに、危険を予測し回避する方法を考え、それらを表現できるようにする必要がある。

このため、本内容は、交通事故や身の回りの生活の危険などを取り上げ、けがの起こり方とその防止、けがの悪化を防ぐための簡単な手当などの知識及びけがの手当の技能と、けがの防止に関する課題を解決するための思考力、判断力、表現力等などを中心として構成している。

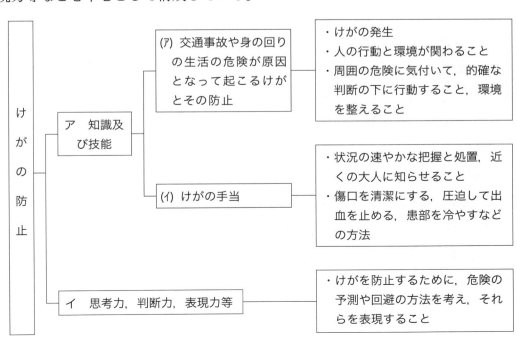

ア　知識及び技能

(ｱ)　交通事故や身の回りの生活の危険が原因となって起こるけがとその防止

　　⑦　毎年多くの交通事故や水の事故が発生し，けがをする人や死亡する人が少なくないこと，また，学校生活での事故や，犯罪被害が発生していることを理解できるようにするとともに，これらの事故や犯罪，それらが原因となるけがなどは，人の行動や環境が関わって発生していることを理解できるようにする。

　　④　交通事故や身の回りの生活の危険が原因となって起こるけがを防止するためには，周囲の状況をよく見極め，危険に早く気付いて，的確な判断の下に安全に行動することが必要であることを理解できるようにする。その際，交通事故の防止については，道路を横断する際の一時停止や右左の安全確認などを，学校生活の事故によるけがの防止については，廊下や階段の歩行の仕方，運動場などでの運動や遊び方などを，犯罪被害の防止については，犯罪が起こりやすい場所を避けること，犯罪に巻き込まれそうになったらすぐに助けを求めることなどを取り上げるようにする。なお，心の状態や体の調子が的確な判断や行動に影響を及ぼすことについても触れるようにする。

　　⑦　交通事故，水の事故，学校生活の事故や，犯罪被害の防止には，危険な場所の点検などを通して，校舎や遊具など施設・設備を安全に整えるなど，安全な環境をつくることが必要であることを理解できるようにする。その際，通学路や地域の安全施設の改善などの例から，様々な安全施設の整備や適切な規制が行われていることにも触れるようにする。

(ｲ)　けがの手当

　　⑦　けがをしたときには，けがの悪化を防ぐ対処として，けがの種類や程度などの状況をできるだけ速やかに把握して処置すること，近くの大人に知らせることが大切であることを理解できるようにする。また，自らできる簡単な手当には，傷口を清潔にする，圧迫して出血を止める，患部を冷やすなどの方法があることを理解できるようにする。

　　④　すり傷，鼻出血，やけどや打撲などを適宜取り上げ，実習を通して，傷口を清潔にする，圧迫して出血を止める，患部を冷やすなどの自らできる簡単な手当ができるようにする。

イ　思考力，判断力，表現力等

　　けがの防止に関わる事象から課題を見付け，危険の予測や回避をしたり，けがを手当したりする方法を考え，それらを伝えることができるようにする。

　　［例示］

・ 人の行動や環境，けがの手当の仕方などから，けがや症状の悪化の防止に関わる課題を見付けること。

・ 自分のけがに関わる経験を振り返ったり，学習したことを活用したりして，危険の予測や回避の方法，けがなどの適切な手当の方法を考えたり，選んだりすること。

・ けがの防止について，けがや症状の悪化の防止のために考えたり，選んだりした方法がなぜ適切であるか，理由をあげて学習カードなどに書いたり，友達に説明したりすること。

(3) 病気の予防

(3) 病気の予防について，課題を見付け，その解決を目指した活動を通して，次の事項を身に付けることができるよう指導する。

ア　病気の予防について理解すること。

(ｱ) 病気は，病原体，体の抵抗力，生活行動，環境が関わりあって起こること。

(ｲ) 病原体が主な要因となって起こる病気の予防には，病原体が体に入るのを防ぐことや病原体に対する体の抵抗力を高めることが必要であること。

(ｳ) 生活習慣病など生活行動が主な要因となって起こる病気の予防には，適切な運動，栄養の偏りのない食事をとること，口腔の衛生を保つことなど，望ましい生活習慣を身に付ける必要があること。

(ｴ) 喫煙，飲酒，薬物乱用などの行為は，健康を損なう原因となること。

(ｵ) 地域では，保健に関わる様々な活動が行われていること。

イ　病気を予防するために，課題を見付け，その解決に向けて思考し判断するとともに，それらを表現すること。

病気の予防については，病気の発生要因や予防の方法について理解できるようにする必要がある。また，喫煙，飲酒，薬物乱用が健康に与える影響について理解できるようにする必要がある。さらに，病気の予防に関する課題を見付け，よりよい解決に向けて思考し判断するとともに，それらを表現できるようにする必要がある。

このため，本内容は，病気の予防には，病原体が体に入るのを防ぐこと，病原

体に対する体の抵抗力を高めること及び望ましい生活習慣を身に付けることが必要であること，また，喫煙，飲酒，薬物乱用などの行為は健康を損なう原因となること，さらに，地域において保健に関わる様々な活動が行われていることなどの知識と病気の予防に関する課題を解決するための思考力，判断力，表現力等を中心として構成している。

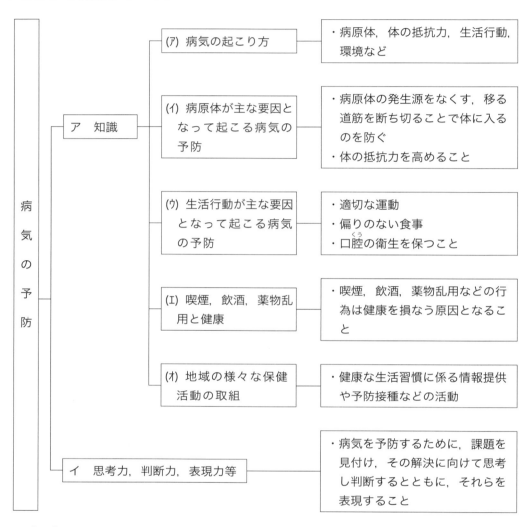

ア　知識

(ｱ) 病気の起こり方

　　日常経験している病気として「かぜ」などを取り上げ，病気は，病原体，体の抵抗力，生活行動，環境などが関わりあって起こることを理解できるようにする。

(ｲ) 病原体が主な要因となって起こる病気の予防

　　病原体が主な要因となって起こる病気として，インフルエンザ，麻疹，風疹，結核などを適宜取り上げ，その予防には，病原体の発生源をなくしたり，移る道筋を断ち切ったりして病原体が体に入るのを防ぐこと，また，予防接種や適切な運動，食事，休養及び睡眠をとることなどによって，体の抵

抗力を高めておくことが必要であることを理解できるようにする。

(ウ) 生活行動が主な要因となって起こる病気の予防

生活行動が主な要因となって起こる病気として，心臓や脳の血管が硬くなったりつまったりする病気，むし歯や歯ぐきの病気などを適宜取り上げ，その予防には，全身を使った運動を日常的に行うこと，糖分，脂肪分，塩分などを摂りすぎる偏った食事や間食を避けたり，口腔の衛生を保ったりすることなど，健康によい生活習慣を身に付ける必要があることを理解できるようにする。

(エ) 喫煙，飲酒，薬物乱用と健康

⑦ 喫煙については，せきが出たり心拍数が増えたりするなどして呼吸や心臓のはたらきに対する負担などの影響がすぐに現れること，受動喫煙により周囲の人々の健康にも影響を及ぼすことを理解できるようにする。また，喫煙を長い間続けるとがんや心臓病などの病気にかかりやすくなるなどの影響があることについても触れるようにする。

飲酒については，判断力が鈍る，呼吸や心臓が苦しくなるなどの影響がすぐに現れることを理解できるようにする。なお，飲酒を長い間続けると肝臓などの病気の原因になるなどの影響があることについても触れるようにする。

その際，低年齢からの喫煙や飲酒は特に害が大きいことについても取り扱うようにし，未成年の喫煙や飲酒は法律によって禁止されていること，好奇心や周りの人からの誘いなどがきっかけで喫煙や飲酒を開始する場合があることについても触れるようにする。

① 薬物乱用については，シンナーなどの有機溶剤を取り上げ，一回の乱用でも死に至ることがあり，乱用を続けると止められなくなり，心身の健康に深刻な影響を及ぼすことを理解できるようにする。その際，覚醒剤を含む薬物乱用は法律で厳しく規制されていることにも触れるようにする。

(オ) 地域の様々な保健活動の取組

人々の病気を予防するために，保健所や保健センターなどでは，健康な生活習慣に関わる情報提供や予防接種などの活動が行われていることを理解できるようにする。

イ 思考力，判断力，表現力等

病気の予防に関わる事象から課題を見付け，病気を予防する視点から解決の方法を考え，適切な方法を選び，それらを説明することができるようにする。

［例示］

・ 病気の予防について，病原体，体の抵抗力，生活行動，環境などの要因か

ら課題を見付けること。

- 病気の予防や回復に関する課題について，学習したことを活用して解決の方法を考えたり，選んだりすること。

- いくつかの病気の要因や起こり方を比べて，それぞれの病気に応じた予防の方法を選ぶこと。

- 喫煙，飲酒，薬物乱用と健康について，それらの害や体への影響を考えたり，地域の様々な保健活動の取組の中から人々の病気を予防するための取組を選んだりすること。

- 病気の予防について，病気の予防や回復のために考えたり，選んだりした方法がなぜ適切であるか，理由をあげて学習カードなどに書いたり，友達に説明したりすること。

●3 内容の取扱い

(1) 内容の「A体つくり運動」については，2学年間にわたって指導するものとする。また，(1)のイについては，体の柔らかさ及び巧みな動きを高めることに重点を置いて指導するものとする。その際，音楽に合わせて運動をするなどの工夫を図ること。

(2) 内容の「A体つくり運動」の(1)のアと「G保健」の(1)のアの(ウ)については，相互の関連を図って指導するものとする。

(3) 内容の「C陸上運動」については，児童の実態に応じて，投の運動を加えて指導することができる。

(4) 内容の「D水泳運動」の(1)のア及びイについては，水中からのスタートを指導するものとする。また，学校の実態に応じて背泳ぎを加えて指導することができる。

(5) 内容の「Eボール運動」の(1)については，アはバスケットボール及びサッカーを，イはソフトバレーボールを，ウはソフトボールを主として取り扱うものとするが，これらに替えてハンドボール，タグラグビー，フラッグフットボールなどア，イ及びウの型に応じたその他のボール運動を指導することもできるものとする。なお，学校の実態に応じてウは取り扱わないことができる。

(6) 内容の「F表現運動」の(1)については，学校や地域の実態に応じてリズムダンスを加えて指導することができる。

(7) 内容の「G保健」については，(1)及び(2)を第5学年，(3)を第6

学年で指導するものとする。また，けがや病気からの回復についても触れるものとする。

(8) 内容の「G保健」の(3)のアの(エ)の薬物については，有機溶剤の心身への影響を中心に取り扱うものとする。また，覚醒剤等についても触れるものとする。

(9) 各領域の各内容については，運動領域と保健領域との関連を図る指導に留意すること。

(1)は，「A体つくり運動」の「体ほぐしの運動」及び「体の動きを高める運動」について，それぞれの学年で指導することを示したものである。また，「体の動きを高める運動」については，高学年の児童の発達の段階を踏まえ，体の柔らかさ及び巧みな動きを高めるための運動に重点を置いて指導することを示したものである。また，体つくり運動の指導に当たっては，音楽に合わせて運動をするなど，楽しく運動に取り組むための工夫を図ることを示したものである。

(2)の**相互の関連を図って指導する**とは，「体ほぐしの運動」についての意味や必要性について，保健の時間において理解を図ることであり，また，心の健康で学んだことを「体つくり運動」の時間で実践し理解を深めようとすることである。

(3)は，「C陸上運動」について，児童の実態に応じて投の運動を加えて指導することができることを示したものである。

(4)は，「D水泳運動」について，泳ぎにつなげる水中からのスタートを指導するとともに，学校の実態に応じて「背泳ぎ」を加えて指導することができることを示したものである。

(5)は，「Eボール運動」について，アからウまでの各型で主として取り扱う運動を示すとともに，それぞれの型に応じてその他のボール運動を替えて指導することもできることを示したものである。また，「ベースボール型」については，運動場が狭くその実施が難しい学校もあることから，取り扱わないこともできることを示したものである。

(6)は，「F表現運動」について，学校や地域の実態に応じて，「リズムダンス」を加えて指導することができることを示したものである。

(7)は，「G保健」の内容の「(1)心の健康」及び「(2)けがの防止」については第5学年，「(3)病気の予防」については第6学年で指導することを示したものである。また，けがの防止や病気の予防だけでなく，「(2)けがの防止」の適切なけがの手当や「(3)病気の予防」の病原体に対する体の抵抗力や早期の治療の効果などを取り上げ，けがや病気からの回復についても触れるようにすることを示し

たものである。

(8) は,「G保健」の内容の (3) のアの (エ) の薬物乱用の心身への影響について
は,シンナーなどの有機溶剤を中心に取り扱うものとしたものである。また,覚
醒剤については,乱用される薬物には様々なものがあることに触れる例として示
したものである。

(9) は,「A体つくり運動」をはじめ各運動領域の内容と,心の健康と運動,病
気の予防の運動の効果などの保健領域の内容とを関連して指導することを示した
ものである。特に,児童が保健領域の病気の予防について,全身を使った運動を
日常的に行うことが,現在のみならず大人になってからの病気の予防の方法とし
ても重要であることを理解することと,各運動領域において学習したことを基に
日常的に運動に親しむことを関連付けるなど,運動と健康との関連について具体
的な考えをもてるよう配慮することが大切である。

第2章
体育科の目
標及び内容

第3章 指導計画の作成と内容の取扱い

● 1 指導計画の作成

　体育科の目標を達成するためには，意図的，計画的に学習指導を展開することが必要である。このためには，学校や地域の実態及び児童の心身の発達の段階や特性を十分に考慮し，小学校6年間の見通しに立って，各学年の目標や内容，授業時数，単元配当等を的確に定め，年間を通して運動の実践が円滑に行われるなど調和のとれた指導計画を作成することが大切である。

　指導計画の作成に当たって留意すべき事項として，次の点に配慮をすることが大切である。

> (1) 単元など内容や時間のまとまりを見通して，その中で育む資質・能力の育成に向けて，児童の主体的・対話的で深い学びの実現を図るようにすること。その際，体育や保健の見方・考え方を働かせ，運動や健康についての自己の課題を見付け，その解決のための活動を選んだり工夫したりする活動の充実を図ること。また，運動の楽しさや喜びを味わったり，健康の大切さを実感したりすることができるよう留意すること。

　(1)は，体育科の指導計画の作成に当たり，児童の主体的・対話的で深い学びの実現に授業改善を進めることとし，体育科の特質に応じて，効果的な学習が展開できるように配慮すべき内容を示したものである。

　体育科の指導に当たっては，(1)「知識及び技能」が習得されること，(2)「思考力，判断力，表現力等」を育成すること，(3)「学びに向かう力，人間性等」を涵養することが偏りなく実現されるよう，単元など内容や時間のまとまりを見通しながら，主体的・対話的で深い学びの実現に向けた授業改善を行うことが重要である。

　児童に体育科の指導を通して「知識及び技能」や「思考力，判断力，表現力等」の育成を目指す授業改善を行うことはこれまでも多くの実践が重ねられてきている。そのような着実に取り組まれてきた実践を否定し，全く異なる指導方法を導入しなければならないと捉えるのではなく，児童や学校の実態，指導の内容に応じ，「主体的な学び」，「対話的な学び」，「深い学び」の視点から授業改善を図ることが重要である。

　主体的・対話的で深い学びは，必ずしも1単位時間の授業の中で全てが実現さ

れるものではない。単元など内容や時間のまとまりの中で，例えば，主体的に学習に取り組めるよう学習の見通しを立てたり学習したことを振り返ったりして自身の学びや変容を自覚できる場面をどこに設定するか，対話によって自分の考えなどを広げたり深めたりする場面をどこに設定するか，学びの深まりをつくり出すために，児童が考える場面と教師が教える場面をどのように組み立てるか，といった視点で授業改善を進めることが求められる。また，児童や学校の実態に応じ，多様な学習活動を組み合わせて授業を組み立てていくことが重要であり，単元のまとまりを見通した学習を行うに当たり基礎となる知識及び技能の習得に課題が見られる場合には，それを身に付けるために，児童の主体性を引き出すなどの工夫を重ね，確実な習得を図ることが必要である。

主体的・対話的で深い学びの実現に向けた授業改善を進めるに当たり，特に「深い学び」の視点に関して，各教科等の学びの深まりの鍵となるのが「見方・考え方」である。各教科等の特質に応じた物事を捉える視点や考え方である「見方・考え方」を，習得・活用・探究という学びの過程の中で働かせることを通じて，より質の高い深い学びにつなげることが重要である。

体育科においては，体育や保健の見方・考え方を働かせ，課題の解決を図るとともに，学習活動を通して運動の楽しさや喜びを味わったり健康の大切さを実感したりすることを重視することが大切である。

---

(2) 一部の領域の指導に偏ることのないよう授業時数を配当すること。

---

(2)は，主として運動領域の内容の指導に対しての授業時数を指すものであるが，各領域の授業時数の配当に当たっては，一部の領域に偏ることなく全ての領域の指導がバランスよく行われるようにするとともに，領域別の授業時数の配当は，ある程度の幅をもって考えてもよいことを示したものである。これについては，目標及び内容が「第1学年及び第2学年」，「第3学年及び第4学年」，「第5学年及び第6学年」の三段階に分けて示されていることとの関連で，児童の実態に応じた指導がより適切に行われるよう，内容の取扱いに偏りがない限り，低・中・高学年の三区分ごとの複数学年の中で弾力的な扱いを工夫することが大切である。したがって，年間計画の作成に当たっては，二つの学年を一つの単位として，その中で各運動種目の単元構成や年間配当，時間配当を工夫していくことが考えられる。

このような年間計画における弾力的な扱いによって，一人一人の児童がじっくりと学習に取り組むことができるばかりでなく，指導内容の確実な定着を図ることが可能となる。また，このような年間計画の弾力化による学習指導の効果は，

これからの小学校体育科の目指す方向である生涯にわたって運動やスポーツを豊かに実践していくことの基礎を培うことを促すものとなる。

---

(3) 第2の第3学年及び第4学年の内容の「G保健」に配当する授業時数は，2学年間で8単位時間程度，また，第2の第5学年及び第6学年の内容の「G保健」に配当する授業時数は，2学年間で16単位時間程度とすること。

---

(3) は，保健領域に配当する授業時数について，第3学年及び第4学年では8単位時間，第5学年及び第6学年では16単位時間に若干の幅をもたせて「程度」としたものである。

これは，体育科の目標を踏まえ，心と体を一体として捉え，例えば，体ほぐしの運動と心の健康，けがの防止や病気の予防と運動の実践などの指導に当たって，運動領域と保健領域との密接な関連をもたせて指導するように配慮する必要があるためである。

---

(4) 第2の第3学年及び第4学年の内容の「G保健」並びに第5学年及び第6学年の内容の「G保健」（以下「保健」という。）については，効果的な学習が行われるよう適切な時期に，ある程度まとまった時間を配当すること。

---

(4) は，保健領域の指導について児童の興味・関心や意欲などを高めながら，内容のまとまりを見通して効果的に学習を進めるためには，学習時間を継続的又は集中的に設定することが望ましいことを示している。

---

(5) 低学年においては，第1章総則の第2の4の(1)を踏まえ，他教科等との関連を積極的に図り，指導の効果を高めるようにするとともに，幼稚園教育要領等に示す幼児期の終わりまでに育ってほしい姿との関連を考慮すること。特に，小学校入学当初においては，生活科を中心とした合科的・関連的な指導や，弾力的な時間割の設定を行うなどの工夫をすること。

---

(5) は，低学年の児童の学習上の特性や傾向を考慮し，他教科等との関連を積極的に図るようにすること及び幼稚園教育との関連を図ることについて示した上で，特に小学校入学当初における教育課程編成上の工夫について示したものであ

る。

第1章総則第2の4(1)においては，学校段階等間の接続における幼児期の教育と小学校教育の接続について次のように示している。

「幼児期の終わりまでに育ってほしい姿を踏まえた指導を工夫することにより，幼稚園教育要領等に基づく幼児期の教育を通して育まれた資質・能力を踏まえて教育活動を実施し，児童が主体的に自己を発揮しながら学びに向かうことが可能となるようにすること。

また，低学年における教育全体において，例えば生活科において育成する自立し生活を豊かにしていくための資質・能力が，他教科等の学習においても生かされるようにするなど，教科等間の関連を積極的に図り，幼児期の教育及び中学年以降の教育との円滑な接続が図られるよう工夫すること。特に，小学校入学当初においては，幼児期において自発的な活動としての遊びを通して育まれてきたことが，各教科等における学習に円滑に接続されるよう，生活科を中心に，合科的・関連的な指導や弾力的な時間割の設定など，指導の工夫や指導計画の作成を行うこと。」としている。

幼児期は自発的な活動としての遊びを通して，周りの人や物，自然などの環境に体ごと関わり全身で感じるなど，活動と場，体験と感情が密接に結び付いている。小学校低学年の児童は同じような発達の特性をもっており，具体的な体験を通して感じたことや考えたことなどを，常に自分なりに組み換えながら学んでいる。こうした特性を生かし，他教科等における学習により育まれた資質・能力を学習に生かすことで，より効果的に資質・能力を育むことにつながるとともに，各教科の特質に応じた学習へと分化していく学習に円滑に適応していくことができるようになることから，教科等間の関連を図った指導の工夫を行うことが重要である。特に小学校入学当初においては，生活科を中心に合科的・関連的な指導を行ったり，児童の生活の流れを大切にして弾力的に時間割を工夫した指導を行ったりして，幼児期の終わりまでに育った姿が発揮できるよう教育課程編成上の工夫（スタートカリキュラム）が重要である。

こうしたことを踏まえ，体育科においては，育成を目指す資質・能力を明らかにした上で，例えば，生活科の「学校，家庭及び地域の生活に関する内容」と関連付け，施設や用具の安全に気を付けて運動遊びができるようにしたり，水遊びの心得を守るなど危険を回避することができるようにしたりすることなどが考えられる。

また，幼稚園等において幼稚園教育要領等に示す幼児期の終わりまでに育ってほしい姿を考慮した指導が行われていることを踏まえ，例えば，「健康な心と体」，「道徳性・規範意識の芽生え」，「思考力の芽生え」，「豊かな感性と表現」な

ど幼児期の終わりまでに育ってほしい姿との関連を考慮し，体を使った遊びの要素を取り入れて楽しく運動遊びに取り組み，健康な心と体の育成を図ることなどが考えられる。

> (6) 障害のある児童などについては，学習活動を行う場合に生じる困難さに応じた指導内容や指導方法の工夫を計画的，組織的に行うこと。

　障害者の権利に関する条約に掲げられたインクルーシブ教育システムの構築を目指し，児童の自立と社会参加を一層推進していくためには，通常の学級，通級による指導，特別支援学級，特別支援学校において，児童の十分な学びを確保し，一人一人の児童の障害の状態や発達の段階に応じた指導や支援を一層充実させていく必要がある。

　通常の学級においても，発達障害を含む障害のある児童が在籍している可能性があることを前提に，全ての教科等において，一人一人の教育的ニーズに応じたきめ細かな指導や支援ができるよう，障害種別の指導の工夫のみならず，各教科等の学びの過程において考えられる困難さに対する指導の工夫の意図，手立てを明確にすることが重要である。

　これを踏まえ，今回の改訂では，障害のある児童などの指導に当たっては，個々の児童によって，見えにくさ，聞こえにくさ，道具の操作の困難さ，移動上の制約，健康面や安全面での制約，発音のしにくさ，心理的な不安定，人間関係形成の困難さ，読み書きや計算等の困難さ，注意の集中を持続することが苦手であることなど，学習活動を行う場合に生じる困難さが異なることに留意し，個々の児童の困難さに応じた指導内容や指導方法を工夫することを，各教科等において示している。

　運動領域の指導に当たっては，当該児童の運動（遊び）の行い方を工夫するとともに，活動の場や用具，補助の仕方に配慮するなど，困難さに応じた手立てを講じることが大切である。また，保健領域においても，新たに示された不安や悩みへの対処やけがの手当などの技能の実技指導については運動領域の指導と同様の配慮をすることが大切である。

　その際，体育科の目標や内容の趣旨，学習活動のねらいを踏まえ，学習内容の変更や学習活動の代替を安易に行うことがないよう留意するとともに，児童の学習負担や心理面にも配慮する必要がある。

　例えば，体育科における配慮として，次のようなものが考えられる。
・　複雑な動きをしたり，バランスを取ったりすることに困難がある場合には，極度の不器用さや動きを組み立てることへの苦手さがあることが考えられるこ

1
**指導計画の
作成**

とから，動きを細分化して指導したり，適切に補助をしながら行ったりするなどの配慮をする。

・　勝ち負けに過度にこだわったり，負けた際に感情を抑えられなかったりする場合には，活動の見通しがもてなかったり，考えたことや思ったことをすぐに行動に移してしまったりすることがあることから，活動の見通しを立ててから活動させたり，勝ったときや負けたときの表現の仕方を事前に確認したりするなどの配慮をする。

なお，学校においては，こうした点を踏まえ，個別の指導計画を作成し，必要な配慮を記載し，翌年度の担任等に引き継ぐことなどが必要である。

---

(7)　第1章総則の第1の2の(2)に示す道徳教育の目標に基づき，道徳科などとの関連を考慮しながら，第3章特別の教科道徳の第2に示す内容について，体育科の特質に応じて適切な指導をすること。

体育科の指導においては，その特質に応じて，道徳について適切に指導する必要があることを示すものである。

第1章総則第1の2(2)においては，「学校における道徳教育は，特別の教科である道徳（以下「道徳科」という。）を要として学校の教育活動全体を通じて行うものであり，道徳科はもとより，各教科，外国語活動，総合的な学習の時間及び特別活動のそれぞれの特質に応じて，児童の発達の段階を考慮して，適切な指導を行うこと」と規定されている。

体育科における道徳教育の指導においては，学習活動や学習態度への配慮，教師の態度や行動による感化とともに，以下に示すような体育科と道徳教育との関連を明確に意識しながら，適切な指導を行う必要がある。

・　自己の課題の解決に向けて運動をしたり，集団で楽しくゲームを行ったりすることを通して，最後まで粘り強く取り組む，気持ちのよい挨拶をする，仲間と協力する，勝敗を受け入れる，フェアなプレイを大切にする，仲間の考えや取組を理解するなどの態度が養われる。

・　健康・安全についての理解は，生活習慣の大切さを知り，自己の生活を見直すことにつながるものである。

次に，道徳教育の要としての道徳科の指導との関連を考慮する必要がある。体育科で扱った内容や教材の中で適切なものを，道徳科に活用することが効果的な場合もある。また，道徳科で取り上げたことに関係のある内容や教材を体育科で扱う場合には，道徳科における指導の成果を生かすように工夫することも考えられる。そのためにも，体育科の年間指導計画の作成などに際して，道徳教育の全

体計画との関連，指導の内容及び時期等に配慮し，両者が相互に効果を高め合うようにすることが大切である。

● 2　内容の取扱い

内容の取扱いについては，次の事項に配慮をするものとする。

(1) 学校や地域の実態を考慮するとともに，個々の児童の運動経験や技能の程度などに応じた指導や児童自らが運動の課題の解決を目指す活動を行えるよう工夫すること。特に，運動を苦手と感じている児童や，運動に意欲的に取り組まない児童への指導を工夫するとともに，障害のある児童などへの指導の際には，周りの児童が様々な特性を尊重するよう指導すること。

(2) 筋道を立てて練習や作戦について話し合うことや，身近な健康の保持増進について話し合うことなど，コミュニケーション能力や論理的な思考力の育成を促すための言語活動を積極的に行うことに留意すること。

(3) 第2の内容の指導に当たっては，コンピュータや情報通信ネットワークなどの情報手段を積極的に活用し，各領域の特質に応じた学習活動を行うことができるように工夫すること。その際，情報機器の基本的な操作についても，内容に応じて取り扱うこと。

(4) 運動領域におけるスポーツとの多様な関わり方や保健領域の指導については，具体的な体験を伴う学習を取り入れるよう工夫すること。

(5) 第2の内容の「A体つくりの運動遊び」及び「A体つくり運動」の(1)のアについては，各学年の各領域においてもその趣旨を生かした指導ができること。

(6) 第2の内容の「D水遊び」及び「D水泳運動」の指導については，適切な水泳場の確保が困難な場合にはこれらを取り扱わないことができるが，これらの心得については，必ず取り上げること。

(7) オリンピック・パラリンピックに関する指導として，フェアなプレイを大切にするなど，児童の発達の段階に応じて，各種の運動を通してスポーツの意義や価値等に触れることができるようにすること。

(8) 集合，整頓，列の増減などの行動の仕方を身に付け，能率的で安全な集団としての行動ができるようにするための指導については，第2の内容の「A体つくりの運動遊び」及び「A体つくり運動」をはじめ

2
内容の取扱い

として，各学年の各領域（保健を除く。）において適切に行うこと。

(9) 自然との関わりの深い雪遊び，氷上遊び，スキー，スケート，水辺
活動などの指導については，学校や地域の実態に応じて積極的に行う
ことに留意すること。

(10) 保健の内容のうち運動，食事，休養及び睡眠については，食育の観
点も踏まえつつ，健康的な生活習慣の形成に結び付くよう配慮すると
ともに，保健を除く第3学年以上の各領域及び学校給食に関する指導
においても関連した指導を行うようにすること。

(11) 保健の指導に当たっては，健康に関心をもてるようにし，健康に関
する課題を解決する学習活動を取り入れるなどの指導方法の工夫を行
うこと。

　(1) は，各領域の内容を指導する際，学校や地域の実態を考慮するとともに，
個々の児童の運動経験や技能の程度などに応じた指導に留意すること及び，児童
自らが運動の課題の解決を目指す活動を行えるよう指導方法を工夫することを示
したものである。特に，運動を苦手と感じている児童や，運動に意欲的でない児
童への指導については，個に応じた指導の工夫を図るとともに，障害のある児童
などへの指導の際には，当該児童への個に応じた指導はもとより，周りの児童へ
の指導として，様々な特性を尊重することができるよう留意することを示したも
のである。

　(2) は，各領域の内容を指導する際，筋道を立てて練習や作戦について話し合
うことや，身近な健康の保持増進について話し合うことなど，コミュニケーショ
ン能力や論理的な思考力の育成を促すための言語活動を積極的に行うことに留意
することを示したものである。運動領域の指導に当たっては，資質・能力の三つ
の柱についての指導を効果的に行うために，必要に応じてグループでの話合い等
を促すなど，体を動かす機会を適切に確保したうえで言語活動の充実を図ること
に留意することを示したものである。

　(3) は，各領域の内容を指導する際，コンピュータや情報通信ネットワークな
どの情報手段を積極的に活用することを示したものある。また，情報機器の基本
的な操作についても，内容に応じて取り扱うことを示したものである。

　(4) は，運動領域の指導においては，各領域の内容との関連を図り，運動を通
して「する，みる，支える，知る」のスポーツとの多様な関わり方について，具
体的な体験を伴う学習を取り入れるよう工夫することを示したものである。指導
に当たっては，パラリンピック競技などの障害者スポーツの体験やスポーツ大会
の企画・運営など，スポーツとの多様な関わり方を楽しむことができるよう配慮

することを示したものである。また，保健領域の指導においては，知識についての指導に偏ることなく，資質・能力の三つの柱をバランスよく育むことができるよう，不安や悩みへの対処やけがの手当の実習を取り入れるなどの学習過程を工夫することに留意することを示したものである。

(5)は，「A体つくり運動」の内容に示された「体ほぐしの運動」の趣旨を生かした指導が「A体つくり運動」以外の領域においてもできることを示したものである。

(6)の「D水遊び」及び「D水泳運動」を扱わないことのできる条件としては，学校及びその近くに公営のプール等の適切な水泳場がない場合が挙げられる。しかし，その場合であっても，事故防止等の観点からこれらの心得については必ず取り上げることを示している。

(7)は，オリンピック・パラリンピックに関する指導として，各運動領域の内容との関連を図り，ルールやマナーを遵守することやフェアなプレイを大切にすることなど，児童の発達の段階に応じて，運動を通してスポーツの意義や価値等に触れることができるようにすることを示したものである。

(8)は，集団としての行動の仕方の指導について，「A体つくり運動」をはじめとして，各学年の各領域でその領域にふさわしい適切な指導を行うことを示したものである。

(9)は，諸条件の整っている学校に対して，自然との関わりの深い運動の指導を奨励していることを示したものである。

(10)は，食育の観点も踏まえつつ望ましい生活習慣の形成に関する学習の効果を高めるため，保健領域の内容と運動領域の内容及び学校給食に関する指導との密接な関連を図った指導に配慮することを示したものである。

(11)は，保健の内容に関心をもてるようにするとともに，健康に関する課題を解決する学習活動を積極的に行うことにより，資質・能力の三つの柱をバランスよく育成していくことを示したものである。指導に当たっては，身近な日常生活の体験や事例などを題材にした話合い，思考が深まる発問の工夫や思考を促す資料の提示，課題の解決的な活動や発表，ブレインストーミング，けがの手当などの実習，実験などを取り入れること，また，必要に応じて地域の人材の活用や養護教諭，栄養教諭，学校栄養職員などとの連携・協力を推進することなど，多様な指導方法の工夫を行うよう配慮することを示したものである。

●3 体育・健康に関する指導

年間計画を作成するに当たっては，小学校学習指導要領の総則第1の2の(3)

「学校における体育・健康に関する指導」との関連を十分に考慮することが重要である。

> (3) 学校における体育・健康に関する指導を，児童の発達の段階を考慮して，学校の教育活動全体を通じて適切に行うことにより，健康で安全な生活と豊かなスポーツライフの実現を目指した教育の充実に努めること。特に，学校における食育の推進並びに体力の向上に関する指導，安全に関する指導及び心身の健康の保持増進に関する指導については，体育科，家庭科及び特別活動の時間はもとより，各教科，道徳科，外国語活動及び総合的な学習の時間などにおいてもそれぞれの特質に応じて適切に行うよう努めること。また，それらの指導を通して，家庭や地域社会との連携を図りながら，日常生活において適切な体育・健康に関する活動の実践を促し，生涯を通じて健康・安全で活力ある生活を送るための基礎が培われるよう配慮すること。

　教育基本法第2条第1号は，教育の目的として「健やかな身体を養う」ことを規定しており，本項では，体育・健康に関する指導を，児童の発達の段階を考慮して，学校教育活動全体として取り組むことにより，健康で安全な生活と豊かなスポーツライフの実現を目指した教育の充実に努めることを示している。健やかな体の育成は，心身の調和的な発達の中で図られ，心身の健康と安全や，スポーツを通じた生涯にわたる幸福で豊かな生活の実現と密接に関わるものであることから，体育・健康に関する指導のねらいとして，心身ともに健康で安全な生活と豊かなスポーツライフの実現を一体的に示しているところである（健康・安全・食に関する力と各教科等の学習との関係の整理については，第1章総則第2の2(2)の解説を参照）。

　これからの社会を生きる児童に，健やかな心身の育成を図ることは極めて重要である。体力は，人間の活動の源であり，健康の維持のほか意欲や気力といった精神面の充実に大きく関わっており，「生きる力」を支える重要な要素である。児童の心身の調和的発達を図るためには，運動を通して体力を養うとともに，食育の推進を通して望ましい食習慣を身に付けるなど，健康的な生活習慣を形成することが必要である。また，東日本大震災をはじめとする様々な自然災害の発生や，情報化等の進展に伴う児童を取り巻く環境の変化などを踏まえ，児童の安全・安心に対する懸念が広がっていることから，安全に関する指導の充実が必要である。さらに，児童が心身の成長発達について正しく理解することが必要である。

こうした現代的課題を踏まえ，体育・健康に関する指導は，健康・安全で活力ある生活を営むために必要な資質・能力を育て，心身の調和的な発達を図り，健康で安全な生活と豊かなスポーツライフの実現を目指すものである。こうした教育は，第1章総則第3の1に示すとおり，単元や題材など内容や時間のまとまりを見通した，主体的・対話的で深い学びの実現に向けた授業改善を通して実現が図られるものであり，そうした学習の過程の在り方については，総則第3節において解説している。

　本項で示す体育に関する指導については，積極的に運動をする児童とそうでない児童の二極化傾向が指摘されていることなどから，生涯にわたって運動やスポーツを豊かに実践していくことと体力の向上を重視し，児童が自ら進んで運動に親しむ資質・能力を身に付け，心身を鍛えることができるようにすることが大切である。

　このため，教科としての体育科において，基礎的な身体能力の育成を図るとともに，運動系のクラブ活動，運動会，遠足や集会などの特別活動や教育課程外の学校教育活動などを相互に関連させながら，学校教育活動全体として効果的に取り組むことが求められている。

　健康に関する指導については，児童が身近な生活における健康に関する知識を身に付けることや，必要な情報を自ら収集し，適切な意思決定や行動選択を行い，積極的に健康な生活を実践することのできる資質・能力を育成することが大切である。

　特に，学校における食育の推進においては，栄養摂取の偏りや朝食欠食といった食習慣の乱れ等に起因する肥満や生活習慣病，食物アレルギー等の健康課題が見られるほか，食品の安全性の確保等の食に関わる課題が顕在化している。こうした課題に適切に対応するため，児童が食に関する正しい知識と望ましい食習慣を身に付けることにより，生涯にわたって健やかな心身と豊かな人間性を育んでいくための基礎が培われるよう，栄養のバランスや規則正しい食生活，食品の安全性などの指導が一層重視されなければならない。また，これら心身の健康に関する内容に加えて，自然の恩恵・勤労などへの感謝や食文化などについても教科等の内容と関連させた指導を行うことが効果的である。食に関する指導に当たっては，体育科における望ましい生活習慣の育成や，家庭科における食生活に関する指導，特別活動における給食の時間を中心とした指導などを相互に関連させながら，学校教育活動全体として効果的に取り組むことが重要であり，栄養教諭等の専門性を生かすなど教師間の連携に努めるとともに，地域の産物を学校給食に使用するなどの創意工夫を行いつつ，学校給食の教育的効果を引き出すよう取り組むことが重要である。

3
体育・健康
に関する指
導

171

また，安全に関する指導においては，様々な自然災害の発生や，情報化やグローバル化等の社会の変化に伴い児童を取り巻く安全に関する環境も変化していることから，身の回りの生活の安全，交通安全，防災に関する指導や，情報技術の進展に伴う新たな事件・事故防止，国民保護等の非常時の対応等の新たな安全上の課題に関する指導を一層重視し，安全に関する情報を正しく判断し，安全のための行動に結び付けるようにすることが重要である。

　さらに，心身の健康の保持増進に関する指導においては，情報化社会の進展により，様々な健康情報や性・薬物等に関する情報の入手が容易になっていることなどから，児童が適切に行動できるようにする指導が一層重視されなければならない。なお，児童が心身の成長発達に関して適切に理解し，行動することができるようにする指導に当たっては，第1章総則第4の1の(1)に示す主に集団の場面で必要な指導や援助を行うガイダンスと一人一人が抱える課題に個別に対応した指導を行うカウンセリングの双方の観点から，学校の教育活動全体で共通理解を図り，家庭の理解を得ることに配慮するとともに，関連する教科等において，発達の段階を考慮して，指導することが重要である。

　体育・健康に関する指導は，こうした指導を相互に関連させて行うことにより，生涯にわたり楽しく明るい生活を営むための基礎づくりを目指すものである。

　したがって，その指導においては，体つくり運動や各種のスポーツ活動はもとより，保健や安全に関する指導，給食を含む食に関する指導などが重視されなければならない。このような体育・健康に関する指導は，体育科の時間だけではなく家庭科や特別活動のほか，関連の教科や道徳科，総合的な学習の時間なども含めた学校の教育活動全体を通じて行うことによって，その一層の充実を図ることができる。

　各学校において，体育・健康に関する指導を効果的に進めるためには，全国体力・運動能力，運動習慣等調査などを用いて児童の体力や健康状態等を的確に把握し，学校や地域の実態を踏まえて，それにふさわしい学校の全体計画を作成し，地域の関係機関・団体の協力を得つつ，計画的，継続的に指導することが重要である。

　また，体育・健康に関する指導を通して，学校生活はもちろんのこと，家庭や地域社会における日常生活においても，自ら進んで運動を適切に実践する習慣を形成し，生涯を通じて運動に親しむための基礎を培うとともに，児童が積極的に心身の健康の保持増進を図っていく資質・能力を身に付け，生涯を通じて健康・安全で活力ある生活を送るための基礎が培われるよう配慮することが大切である。

＜クラブ活動，運動部の活動＞

　クラブ活動，運動部の活動は，スポーツ等に共通の興味や関心をもつ同好の児童によって行われる活動であり，体育の授業で学習した内容を発展させたり，異なる学級や学年の児童との交流を深めたりするなどの成果が期待される。

　このうちクラブ活動は，学校において適切な授業時数を充てるものとしており，学校や地域の実態等を考慮しつつ，児童の興味・関心を踏まえて計画的に実施することが大切である。

　また，運動部の活動は，主として放課後を活用し，特に希望する児童によって行われるものであるが，児童の能力や適性などを考慮し，教師などの適切な指導の下に，自発的，自主的な活動が適正に展開されるよう配慮することが大切である。

参考　小学校及び中学校の領域別系統表　(1)　「知識及び技能」

A　体つくり運動系

	低学年		中学年	高学年	中学校
体ほぐしの運動遊び	○次の運動を通して，心と体の変化に気付いたり，みんなで関わり合ったりすること ・伸び伸びとした動作で新聞紙やテープ，ボール，なわ，体操棒，フープなど，操作しやすい用具などを用いた運動遊びを行うこと ・リズムに乗って，心が弾むような動作で運動遊びを行うこと ・動作や人数などの条件を変えて，歩いたり走ったりする運動遊びを行うこと ・伝承遊びや集団による運動遊びを行うこと	体ほぐしの運動	○次の運動を通して，心と体の変化に気付いたり，みんなで関わり合ったりすること ・伸び伸びとした動作でボール，なわ，体操棒，フープなどの用具を用いた運動を行うこと ・リズムに乗って，心が弾むような動作での運動を行うこと ・動作や人数などの条件を変えて，歩いたり走ったりする運動を行うこと ・伝承遊びや集団による運動を行うこと	○次の運動を通して，心と体の関係に気付いたり，仲間と関わり合ったりすること ・伸び伸びとした動作で全身を動かしたり，ボール，なわ，体操棒，フープなどの用具を用いた運動を行ったりする ・リズムに乗って，心が弾むような動作での運動を行うこと ・ペアになって背中合わせに座り，体を前後左右に揺らし，リラックスできる運動を行うこと ・動作や人数などの条件を変えて，歩いたり走ったりする運動を行うこと ・グループや学級の仲間と力を合わせて挑戦する運動を行うこと ・伝承遊びや集団による運動を行うこと	○次の運動を通して，心と体との関係に気付いたり，仲間と関わり合ったりすること ・伸び伸びとした動作で用具などを用いた運動を行うこと ・リズムに乗って心が弾むような運動を行うこと ・緊張したり緊張を解いて脱力したりする運動を行うこと ・いろいろな条件で，歩いたり走ったり跳びはねたりする運動を行うこと ・仲間と動きを合わせたり，対応したりする運動を行うこと ・仲間と協力して課題を達成するなど，集団で挑戦するような運動を行うこと
多様な動きをつくる運動遊び	[体のバランスをとる運動遊び] ○回るなどの動き ○寝転ぶ，起きるなどの動き ○座る，立つなどの動き ○体のバランスを保つ動き [体を移動する運動遊び] ○這う，歩く，走るなどの動き ○跳ぶ，はねるなどの動き ○一定の速さでのかけ足（2〜3分） [用具を操作する運動遊び] ○用具をつかむ，持つ，降ろす，回す，転がすなどの動き ○用具をくぐるなどの動き ○用具を運ぶなどの動き ○用具を投げる，捕るなどの動き ○用具を跳ぶなどの動き ○用具に乗るなどの動き [力試しの運動遊び] ○人を押す，引く動きや力比べをするなどの動き ○人を運ぶ，支えるなどの動き	多様な動きをつくる運動	[体のバランスをとる運動] ○回るなどの動き ○寝転ぶ，起きるなどの動き ○座る，立つなどの動き ○渡るなどの動き ○体のバランスを保つ動き [体を移動する運動] ○這う，歩く，走るなどの動き ○跳ぶ，はねるなどの動き ○登る，下りるなどの動き ○一定の速さでのかけ足（3〜4分） [用具を操作する運動] ○用具をつかむ，持つ，降ろす，回す，転がすなどの動き ○用具をくぐる，運ぶなどの動き ○用具を投げる，捕る，振るなどの動き ○用具を跳ぶなどの動き ○用具に乗るなどの動き [力試しの運動] ○人を押す，引く動きや力比べをするなどの動き ○人を運ぶ，支えるなどの動き [基本的な動きを組み合わせる運動] ○バランスをとりながら移動するなどの動き ○用具を操作しながら移動するなどの動き	[体の柔らかさを高めるための運動] ○徒手での運動 ・体の各部位を大きく広げたり曲げたりする姿勢を維持する ・全身や各部位を振ったり，回したり，ねじったりする ○用具などを用いた運動 ・ゴムひもを張りめぐらせて作った空間や，棒の下や輪の中をくぐり抜ける [巧みな動きを高めるための運動] ○人や物の動き，場の状況に対応した運動 ・長座の姿勢で座り，足を開いたり閉じたりする相手の動きに応じ，開脚や閉脚を繰り返しながら跳ぶ ・マーカーをタッチしながら，素早く往復走をする ○用具などを用いた運動 ・短なわや長なわを用いていろいろな跳び方をしたり，なわ跳びをしながらボールを操作したりする ・フープを転がし，回転しているフープの中をくぐり抜けたり，跳び越したりする [力強い動きを高めるための運動] ○人や物の重さなどを用いた運動 ・二人組，三人組で互いに持ち上げる，運ぶなどの運動をする [動きを持続する能力を高めるための運動] ○時間やコースを決めて行う全身運動 ・短なわ，長なわを用いての跳躍やエアロビクスなどの全身運動を続ける ・無理のない速さで5〜6分程度の持久走をする	[体の柔らかさを高めるための運動] ・大きくリズミカルに全身や体の各部位を振ったり，回したり，ねじったり，曲げ伸ばしたりする ・体の各部位をゆっくりと伸展し，そのままの状態で約10秒間維持する [巧みな動きを高めるための運動] ・様々なフォームでいろいろな用具を用いて，タイミングよく跳んだり，転がしたりする ・大きな動作で，ボールなどの用具を，力を調整して投げたり受けたりする ・人と組んだり，用具を利用したりしてバランスを保持する ・床やグラウンドに設定したいろいろな空間をリズミカルに歩いたり，走ったり，跳んだり，素早く移動したりする [力強い動きを高めるための運動] ・自己の体重を利用して腕や脚を屈伸したり，腕や脚を上げたり下ろしたりしたり，同じ姿勢を維持したりする ・二人組で上体を起こしたり脚を上げたり，背負って移動したりする ・重い物を押したり，引いたり，投げたり，受けたり，振ったり，回したりする [動きを持続する能力を高めるための運動] ・走やなわ跳びなどを，一定の時間や回数，又は，自己で決めた時間や回数を持続して行う ・ステップやジャンプなど複数の異なる運動を組み合わせて，時間や回数を決めてエアロビクスなど（有酸素運動）を持続して行う [運動の組合せ方] ・体の動きを高める運動の中から，一つのねらいを取り上げ，それを高めるための運動を効率よく組み合わせる ・体の動きを高める運動の中から，ねらいが異なる運動をバランスよく組み合わせて行う

第3章
指導計画の作成と内容の取扱い

174

B 器械運動系

種目	系	技群	グループ	低学年 運動遊び	中学年 基本的な技 （発展技）	高学年 発展技 （更なる発展技）	中学校 基本的な技 （発展技）
マット運動	回転系	接転技	前転	ゆりかご　前転がり　後ろ転がり 背支持倒立（首倒立） だるま転がり　丸太転がり かえるの逆立ち かえるの足打ち うさぎ跳び　壁登り逆立ち	前転 易しい場での開脚前転（開脚前転）	補助倒立前転（倒立前転）（跳び前転） 開脚前転（易しい場での伸膝前転）	補助倒立前転（倒立前転）（跳び前転） 開脚前転（伸膝前転）
			後転		後転 開脚後転（伸膝後転）	伸膝後転（後転倒立）	開脚後転（伸膝後転後転倒立）
		ほん転技	倒立回転	背支持倒立（首倒立） 壁登り逆立ち　ブリッジ かえるの逆立ち かえるの足打ち うさぎ跳び　支持での川跳び 腕立て横跳び越し肋木	補助倒立ブリッジ（倒立ブリッジ） 側方倒立回転（ロンダート）	倒立ブリッジ（前方倒立回転　前方倒立回転跳び） ロンダート	倒立ブリッジ（前方倒立回転　前方倒立回転跳び） 側方倒立回転（ロンダート）
			起はきね		首はね起き（頭はね起き）	頭はね起き	頭はね起き
	巧技系	平均立ち技	倒立		壁倒立（補助倒立） 頭倒立	補助倒立（倒立）	補助倒立（倒立） 頭倒立
鉄棒運動	支持系	前方支持回転技	前転	ふとん干し　ツバメ　足抜き回り ぶたの丸焼き　さる　こうもり ぶら下がり　跳び上がり・跳び下り 前に回って下りる ○固定施設を使った運動遊び ・ジャングルジム ・雲梯 ・登り棒 ・肋木	前回り下り（前方支持回転） かかえ込み前回り（前方支持回転） 転向前下り（片足踏み越し下り）	前方支持回転（前方伸膝支持回転） 片足踏み越し下り（横とび越し下り）	前方支持回転（前方伸膝支持回転） 転向前下り　踏み越し下り（支持跳び越し下り）
			前方足掛け回転		膝掛け振り上がり（腰掛け上がり） 前方片膝掛け回転（前方もも掛け回転）	膝掛け上がり（もも掛け上がり） 前方もも掛け回転	膝掛け上がり（もも掛け上がり　け上がり） 前方膝掛け回転（前方もも掛け回転）
		後方支持回転技	後転		補助逆上がり（逆上がり） かかえ込み後ろ回り（後方支持回転）	逆上がり 後方支持回転（後方伸膝支持回転）	後方支持回転（後方伸膝支持回転）
			後方足掛け回転		後方片膝掛け回転（後方もも掛け回転） 両膝掛け倒立下り（両膝掛け振動下り）	後方もも掛け回転 両膝掛け振動下り	後方膝掛け回転（後方もも掛け回転）
跳び箱運動	切り返し系	切り返し跳び		馬跳び　タイヤ跳び　うさぎ跳び　ゆりかご　前転がり 背支持倒立（首倒立） かえるの逆立ち かえるの足打ち 壁登り下り倒立 支持でまたぎ乗り・またぎ下り 支持で跳び乗り・跳び下り 踏み越し跳び	開脚跳び（かかえ込み跳び）	かかえ込み跳び（屈身跳び）	開脚跳び（開脚伸身跳び） かかえ込み跳び（屈伸跳び）
	回転系	回転跳び			台上前転（伸膝台上前転）	伸膝台上前転	
					首はね跳び（頭はね跳び）	頭はね跳び（前方屈腕倒立回転跳び）	頭はね跳び（前方屈腕倒立回転跳び　前方倒立回転跳び）

3 体育・健康に関する指導

C 陸上運動系

	低学年		中学年		高学年		中学校	
	走・跳の運動遊び		走・跳の運動		陸上運動		陸上競技	
走の運動遊び	○30〜40m 程度のかけっこ ・いろいろな形状の線上等を真っ直ぐに走ったり，蛇行して走ったりする ○折り返しリレー遊び，低い障害物を用いてのリレー遊び ・相手の手の平にタッチをしたり，バトンの受渡しをしたりして走る ・いろいろな間隔に並べられた低い障害物を走り越える	かけっこ・リレー	○30〜50m 程度のかけっこ ・いろいろな走り出しの姿勢から，素早く走り始める ・真っ直ぐ前を見て，腕を前後に大きく振って走る ○周回リレー ・走りながら，タイミングよくバトンの受渡しをする ・コーナーの内側に体を軽く傾けて走る	短距離走・リレー	○40〜60m 程度の短距離走 ・スタンディングスタートから，素早く走り始める ・体を軽く前傾させて全力で走る ○いろいろな距離でのリレー（一人が走る距離40〜60m 程度） ・テークオーバーゾーン内で，減速の少ないバトンの受渡しをする	短距離走・リレー	○50〜100m 程度の短距離走 ・クラウチングスタートから徐々に上体を起こしていき加速する ・自己に合ったピッチとストライドで速く走る ○リレー（一人50〜100m 程度） ・バトンを受け渡すタイミングや次走者がスタートするタイミングを合わせる	短距離走・リレー
							○1,000 〜 3,000m 程度の長距離走 ・腕に余分な力を入れないで，リラックスして走る ・自己に合ったピッチとストライドで，上下動の少ない動きで走る ・ペースを一定にして走る	長距離走
			○いろいろなリズムでの小型ハードル走 ・インターバルの距離や小型ハードルの高さに応じたいろいろなリズムで小型ハードルを走り越える ○30〜40m 程度の小型ハードル走 ・一定の間隔に並べられた小型ハードルを一定のリズムで走り越える	小型ハードル走	○40〜50m程度のハードル走 ・第1ハードルを決めた足で踏み切って走り越える ・スタートから最後まで，体のバランスをとりながら真っ直ぐ走る ・インターバルを3歩または5歩で走る	ハードル走	○50〜80m 程度のハードル走 ・ハードルを5〜8台程度置く ・インターバルを3または5歩でリズミカルに走る ・遠くから踏み切り，勢いよくハードルを走り越す ・抜き脚の膝を折りたたんで前に運ぶなどの動作でハードルを越える	ハードル走
跳の運動遊び	○幅跳び遊び ・助走を付けて片足でしっかり地面を蹴って前方に跳ぶ ○ケンパー跳び遊び ・片足や両足で，いろいろな間隔に並べられた輪等を連続して前方に跳ぶ ○ゴム跳び遊び ・助走を付けて片足でしっかり地面を蹴って上方に跳ぶ ・片足や両足で連続して上方に跳ぶ	幅跳び	○短い助走からの幅跳び ・5〜7歩程度の助走から踏切り足を決めて前方に強く踏み切り，遠くへ跳ぶ ・膝を柔らかく曲げて，両足で着地する	走り幅跳び	○リズミカルな助走からの走り幅跳び ・7〜9歩程度のリズミカルな助走をする ・幅30〜40㎝程度の踏切りゾーンで力強く踏み切る ・かがみ跳びから両足で着地する	走り幅跳び	○走り幅跳び ・自己に適した距離，または歩数の助走をする ・踏切り線に足を合わせて踏み切る ・かがみ跳びなどの空中動作からの流れの中で着地する	走り幅跳び
		高跳び	○短い助走からの高跳び ・3〜5歩程度の短い助走から踏切り足を決めて上方に強く踏み切り，高く跳ぶ ・膝を柔らかく曲げて，足から着地する		○リズミカルな助走からの走り高跳び ・5〜7歩程度のリズミカルな助走をする ・上体を起こして力強く踏み切る ・はさみ跳びで，足から着地する	走り高跳び	○走り高跳び ・リズミカルな助走から力強い踏切りに移る ・跳躍の頂点とバーの位置が合うように，自己に合った踏切り位置で踏み切る ・脚と腕のタイミングを合わせて踏み切り，大きなはさみ動作で跳ぶ	走り高跳び

D　水泳運動系

◎低学年から中学年の技能の系統表

	低　学　年		中　学　年
水の中を移動する運動遊び	○水につかっての水かけっこ，まねっこ遊び ・水を手ですくって友達と水をかけ合う ・水につかっているいろいろな動物の真似をしながら歩く ○水につかっての電車ごっこ，リレー遊び，鬼遊び ・自由に歩いたり走ったり，方向を変えたりする ・手で水をかきながら速く走る	浮いて進む運動	○け伸び ・プールの壁を力強く蹴りだした勢いで，体を一直線に伸ばした姿勢で進む ○初歩的な泳ぎ ・呼吸をしながら手や足を動かして進む ・ばた足泳ぎやかえる足泳ぎ
もぐる・浮く運動遊び	○水中でのじゃんけん，にらめっこ，石拾い ・水に顔をつけたり，もぐって目を開けたりする ・手や足を使っていろいろな姿勢でもぐる ○くらげ浮き，伏し浮き，大の字浮き ・壁や補助具につかまって浮く ・息を吸って止め，全身の力を抜いて浮く ○バブリングやボビング ・水中で息を止めたり吐いたりする ・跳び上がって息を吐いた後, すぐに吸ってまたもぐる	もぐる・浮く運動	○プールの底にタッチ，股くぐり，変身もぐり ・体の一部をプールの底につける ・友達の股の下をくぐり抜ける ・水の中でもぐった姿勢を変える ○背浮き，だるま浮き，変身浮き ・全身の力を抜いていろいろな浮き方をする ・ゆっくりと浮いた姿勢を変える ○簡単な浮き沈み ・だるま浮きの状態で，浮上する動きをする ・ボビングを連続して行う

◎高学年から中学校への技能（泳法）の系統表

		高　学　年		中　学　校
姿勢を維持しながらの運動	クロール	○25〜50m程度を目安にしたクロール ・手を交互に前方に伸ばして水に入れ，かく ・リズミカルなばた足をする ・顔を横に上げて呼吸をする ○ゆったりとしたクロール ・両手を揃えた姿勢で片手ずつ大きく水をかく ・ゆっくりと動かすばた足をする	クロール	○バランスをとり速く泳ぐ ・腕全体で水をとらえ，水をかく ・一定のリズムで強いキックを打つ ・プルとキック，ローリングの動作に合わせて呼吸をする
	安全確保につながる運動	○10〜20秒程度を目安にした背浮き ・顔以外の部位が水中に入った姿勢を維持する ・姿勢を崩さず手や足をゆっくりと動かす	背泳ぎ	○バランスをとり泳ぐ ・両手を頭上で組んで，背中を伸ばし，水平に浮いてキックをする ・肘が60〜90度程度曲がるようにしてかく ・手・肘を高く伸ばした直線的なリカバリー ・プルとキックの動作に合わせた呼吸
浮き沈みをしながらの運動	平泳ぎ	○3〜5回程度を目安にした浮き沈み ・浮いてくる動きに合わせて両手を動かし，顔をあげて呼吸をした後，再び息を止めて浮いてくるまで姿勢を保つ	バタフライ	○バランスをとり泳ぐ ・ドルフィンキックをする ・鍵穴の形を描くように水をかく ・手の入水時とかき終わりの時にキックする ・顔を水面上に出して呼吸をする
		○25〜50m程度を目安にした平泳ぎ ・両手を円を描くように左右に開き水をかく ・足の裏や脚の内側で水を挟み出すかえる足をする ・水をかきながら，顔を前に上げて呼吸をする ○ゆったりとした平泳ぎ ・キックの後に顎を引いた伏し浮きの姿勢を保つ	平泳ぎ	○バランスをとり長く泳ぐ ・両手で逆ハート型を描くように水をかく ・蹴り終わりで長く伸びるキックをする ・顔を水面上に出して息を吸い，キックの蹴り終わりに合わせて伸び（グライド）をとり進む

177

E　ボール運動系（◇：ボール操作　◆：ボールを持たないときの動き）

		低学年			中学年		高学年		中学校
ボールゲーム	ボール操作	◇ねらったところに緩やかにボールを転がす，投げる，蹴る，的に当てる，得点する ◇相手コートに緩やかにボールを投げ入れたり，捕ったりする ◇ボールを捕ったり止めたりする	ゴール型ゲーム	ボール操作	◇味方へのボールの手渡し，パス，シュート，ゴールへのボールの持ち込み	ゴール型	◇近くにいるフリーの味方へのパス ◇相手に取られない位置でのドリブル ◇パスを受けてのシュート		◇ゴール方向に守備者がいない位置でのシュート ◇マークされていない味方へのパス ◇得点しやすい空間にいる味方へのパス ◇パスやドリブルなどでのボールキープ
				ボールを持たないときの動き	◆ボール保持時に体をゴールに向ける ◆ボール保持者と自分の間に守備者がいないように移動		◆ボール保持者と自分の間に守備者が入らない位置への移動 ◆得点しやすい場所への移動 ◆ボール保持者とゴールの間に体を入れた守備		◆ボールとゴールが同時に見える場所での位置取り ◆パスを受けるために，ゴール前の空いている場所への移動 ◆ボールを持っている相手のマーク
	ボールを持たないときの動き	◆ボールが飛んだり，転がったりしてくるコースへの移動 ◆ボールを操作できる位置への移動	ネット型ゲーム	ボール操作	◇いろいろな高さのボールを片手，両手もしくは用具などではじいたり，打ちつけたりする ◇相手コートから返球されたボールの片手，両手，用具での返球	ネット型	◇自陣のコート（中央付近）から相手コートへのサービス ◇味方が受けやすいようにボールをつなぐ ◇片手，両手，用具を使っての相手コートへの返球		◇ボールやラケットの中心付近でのサービスのヒット ◇ボールを返す方向にラケット面を向けてのヒット ◇相手側のコートの空いた場所へのボールの返球 ◇味方が操作しやすい位置へのボールのつなぎ ◇テイクバックをとった肩より高い位置でのボールの打ち込み
				ボールを持たないときの動き	◆ボールの方向に体を向けること，もしくは，ボールの落下点や操作しやすい位置への移動		◆ボールの方向に体を向けることとボール方向への素早い移動		◆相手の打球に備えた準備姿勢 ◆プレイ開始時の定位置でのポジション取り ◆ボールを打ったり受けたりした後のボールや相手への正対
鬼遊び		◆空いている場所を見付けて，速く走ったり，急に曲がったり，身をかわしたりする ◆相手（鬼）のいない場所への移動，駆け込み ◆少人数で連携して相手（鬼）をかわしたり，走り抜けたりする ◆逃げる相手を追いかけてタッチしたり，マーク（タグやフラッグ）を取ったりする	ベースボール型ゲーム	ボール操作	◇ボールをフェアグラウンド内に蹴ったり打ったりする ◇投げる手と反対の足を一歩前に踏み出してボールを投げる	ベースボール型	◇止まったボール，易しいボールをフェアグラウンド内に打つ ◇打球の捕球 ◇捕球する相手に向かっての投球		＜バット操作＞ ◇投球の方向と平行立ちでの肩越しのバットの構え ◇地面と水平状態でのバットの振り抜き ◇タイミングを合わせたボールのヒット ＜ボール操作＞ ◇ボールの正面に回り込んだゆるい打球の捕球 ◇投げる腕を後方に引きながら足を踏み出した大きな動作でのねらった方向への投球 ◇守備位置から塁上へ移動した味方からの送球の捕球
				ボールを持たないときの動き	◆向かってくるボールの正面への移動 ◆ベースに向かって全力で走り，駆け抜けること		◆打球方向への移動 ◆簡易化されたゲームにおける塁間の全力での走塁 ◆守備の隊形をとって得点を与えないようにする		＜走塁＞ ◆全力疾走で，タイミングを合わせた塁の駆け抜け ◆打球や守備の状況による減速，反転した塁上での停止 ＜連携した守備＞ ◆捕球しやすい守備位置に繰り返し立った準備姿勢の確保 ◆ポジションの役割に応じたベースカバーやバックアップの基本的な動き

F　表現運動系

		低学年	中学年	高学年	中学校
表現系	題材の例	・特徴が捉えやすく多様な感じを多く含む題材 ・特徴が捉えやすく速さに変化のある動きを多く含む題材	・身近な生活からの題材 ・空想の世界からの題材	・激しい感じの題材 ・群（集団）が生きる題材 ・多様な題材	・身近な生活や日常動作 ・対極の動きの連続 ・多様な感じ ・群（集団）の動き ・もの（小道具）を使う
	ひと流れの動きで即興的に表現	・いろいろな題材の特徴や様子を捉え，高低の差や速さの変化のある全身の動きで即興的に踊る ・どこかに「大変だ！○○だ！」などの急変する場面を入れて簡単な話にして続けて踊る	・題材の主な特徴を捉え，動きに差を付けて誇張したり，表したい感じを２人組で対応する動きや対立する動きで変化を付けたりして，メリハリ（緩急・強弱）のあるひと流れの動きで即興的に踊る	・題材の特徴を捉えて，表したい感じやイメージを，動きに変化を付けたり繰り返したりして，メリハリ（緩急・強弱）のあるひと流れの動きにして即興的に踊る	・多様なテーマからイメージを捉える ・イメージを即興的に表現する ・変化を付けたひと流れの動きで表現する ・動きを誇張したり繰り返したりして表現する
	簡単なひとまとまりの動きで表現			・表したい感じやイメージを「はじめーなかーおわり」の構成や群の動きを工夫して簡単なひとまとまりの動きで表現する	・変化と起伏のある「はじめーなかーおわり」のひとまとまりの動きで表現する
	発表の様子	・続けて踊る	・感じを込めて踊る	・感じを込めて通して踊る	・動きを見せ合って発表する
リズム系	リズムの例	・弾んで踊れるようなロックやサンバなどの軽快なリズム	・軽快なテンポやビートの強いロックのリズム ・陽気で小刻みなビートのサンバのリズム		・シンプルなビートのロックのリズム ・一拍ごとにアクセントのあるヒップホップのリズム
	リズムに乗って全身で即興的に踊る	・へそ（体幹部）を中心に軽快なリズムの音楽に乗って即興的に踊る。 ・友達と関わって踊る	・ロックやサンバなどのリズムの特徴を捉えて踊る ・へそ（体幹部）を中心にリズムに乗って全身で即興的に踊る ・動きに変化を付けて踊る ・友達と関わり合って踊る	（加えて指導可）	・ロックやヒップホップなどのリズムの特徴を捉えて踊る ・リズムに乗って全身で自由に弾んで踊る ・簡単な繰り返しのリズムで踊る
	発表や交流	・友達と一緒に踊る	・踊りで交流する		・動きを見せ合って交流する
フォークダンス	踊りと特徴	（含めて指導可） ・軽快なリズムと易しいステップの繰り返しで構成される簡単なフォークダンス	（加えて指導可）	・日本の民踊：軽快なリズムの踊り，力強い踊り ・外国のフォークダンス：シングルサークルで踊る力強い踊り，パートナーチェンジのある軽快な踊り，特徴的な隊形と構成の踊り	・日本の民踊：小道具を操作する踊り，童歌の踊り，躍動的な動作が多い踊り ・外国のフォークダンス：パートナーチェンジのある踊り，隊形が変化する踊り，隊形を組む踊り
	発表や交流	・友達と一緒に踊る		・踊りで交流する	・仲間と楽しく踊って交流する

3
体育・健康
に関する指
導

G　保健

	小学校 第3学年	小学校 第4学年	小学校 第5学年	小学校 第6学年
保健領域	ア　健康な生活について理解すること。 (ア)　健康の状態は，主体の要因や周囲の環境の要因が関わっていること (イ)　運動，食事，休養及び睡眠の調和のとれた生活と体の清潔 (ウ)　明るさの調節，換気などの生活環境	ア　体の発育・発達について理解すること。 (ア)　年齢に伴う体の変化と個人差 (イ)　思春期の体の変化 ・体つきの変化 ・初経，精通など ・異性への関心の芽生え (ウ)　体をよりよく発育・発達させるための生活	ア　心の発達及び不安や悩みへの対処について理解するとともに，簡単な対処をすること。 (ア)　心の発達 (イ)　心と体との密接な関係 (ウ)　不安や悩みへの対処の知識及び技能	ア　病気の予防について理解すること。 (ア)　病気の起こり方 (イ)　病原体が主な要因となって起こる病気の予防 ・病原体が体に入るのを防ぐこと ・病原体に対する体の抵抗力を高めること (ウ)　生活習慣病など生活行動が主な要因となって起こる病気の予防 ・適切な運動，栄養の偏りのない食事をとること ・口腔(くう)の衛生を保つこと (エ)　喫煙，飲酒，薬物乱用と健康 ・健康を損なう原因 (オ)　地域の保健に関わる様々な活動
			ア　けがの防止に関する次の事項を理解するとともに，けがなどの簡単な手当をすること。 (ア)　交通事故や身の回りの生活の危険が原因となって起こるけがの防止 ・周囲の危険に気付くこと ・的確な判断の下に安全に行動すること ・環境を安全に整えること (イ)　けがなどの簡単な手当の知識及び技能	

	中学校 第1学年	中学校 第2学年	中学校 第3学年
	ア　健康な生活と疾病の予防について理解を深めること。 　(ア)　健康は，主体と環境の相互作用の下に成り立っていること。また，疾病は，主体の要因と環境の要因が関わり合って発生すること 　(イ)　年齢，生活環境等に応じた運動，食事，休養及び睡眠の調和のとれた生活	ア　健康な生活と疾病の予防について理解を深めること。 　(ウ)　生活習慣病などの予防 　　・運動不足，食事の量や質の偏り，休養や睡眠の不足などの生活習慣の乱れが主な要因 　　・適切な運動，食事，休養及び睡眠の調和のとれた生活の実践 　(エ)　喫煙，飲酒，薬物乱用と健康 　　・心身に様々な影響 　　・健康を損なう原因 　　・個人の心理状態や人間関係，社会環境が影響	ア　健康な生活と疾病の予防について理解を深めること。 　(オ)　感染症の予防 　　・病原体が主な要因 　　・発生源をなくすこと 　　・感染経路を遮断すること 　　・主体の抵抗力を高めること 　(カ)　健康の保持増進や疾病の予防のための個人や社会の取組 　　・保健・医療機関の有効利用 　　・医薬品の正しい使用
保健分野	ア　心身の機能の発達と心の健康について理解を深めるとともに，ストレスへの対処をすること。 　(ア)　身体機能の発達と個人差 　(イ)　生殖に関わる機能の成熟と適切な行動 　(ウ)　精神機能の発達と自己形成 　(エ)　欲求やストレスの心身への影響と欲求やストレスへの対処の知識及び技能	ア　傷害の防止について理解を深めるとともに，応急手当をすること。 　(ア)　交通事故や自然災害などによる傷害は，人的要因や環境要因などが関わって発生すること 　(イ)　交通事故などによる傷害の防止 　　・安全な行動 　　・環境の改善 　(ウ)　自然災害による傷害の防止 　　・災害発生時と二次災害 　　・災害に備えておくこと 　　・安全に避難すること 　(エ)　応急手当 　　・傷害の悪化の防止 　　・心肺蘇生法などの応急手当の知識及び技能	ア　健康と環境について理解を深めること。 　(ア)　身体の適応能力とそれを超えた環境による健康影響，快適で能率のよい生活を送る環境の範囲 　(イ)　飲料水や空気と健康との関わり，飲料水や空気の衛生的管理 　(ウ)　生活によって生じた廃棄物の衛生的な処理

(2) 「思考力，判断力，表現力等」

領域	小学校 第1学年及び第2学年	小学校 第3学年及び第4学年	小学校 第5学年及び第6学年
体つくり運動系	体をほぐしたり多様な動きをつくったりする遊び方を工夫するとともに，考えたことを友達に伝える	自己の課題を見付け，その解決のための活動を工夫するとともに，考えたことを友達に伝える	自己の体の状態や体力に応じて，運動の行い方を工夫するとともに，自己や仲間の考えたことを他者に伝える
器械運動系	器械・器具を用いた簡単な遊び方を工夫するとともに，考えたことを友達に伝える	自己の能力に適した課題を見付け，技ができるようになるための活動を工夫するとともに，考えたことを友達に伝える	自己の能力に適した課題の解決の仕方や技の組み合わせ方を工夫するとともに，自己や仲間の考えたことを他者に伝える
陸上運動系	走ったり跳んだりする簡単な遊び方を工夫するとともに，考えたことを友達に伝える	自己の能力に適した課題を見付け，動きを身に付けるための活動や競走（争）の仕方を工夫するとともに，考えたことを友達に伝える	自己の能力に適した課題の解決の仕方，競争や記録への挑戦の仕方を工夫するとともに，自己や仲間の考えたことを他者に伝える
水泳運動系	水の中を移動したり，もぐったり浮いたりする簡単な遊び方を工夫するとともに，考えたことを友達に伝える	自己の能力に適した課題を見付け，水の中での動きを身に付けるための活動を工夫するとともに，考えたことを友達に伝える	自己の能力に適した課題の解決の仕方や記録への挑戦の仕方を工夫するとともに，自己や仲間の考えたことを他者に伝える
ボール運動系	簡単な規則を工夫したり，攻め方を選んだりするとともに，考えたことを友達に伝える	規則を工夫したり，ゲームの型に応じた簡単な作戦を選んだりするとともに，考えたことを友達に伝える	ルールを工夫したり，自己やチームの特徴に応じた作戦を選んだりするとともに，自己や仲間の考えたことを他者に伝える
表現運動系	身近な題材の特徴を捉えて踊ったり，軽快なリズムに乗って踊ったりする簡単な踊り方を工夫するとともに，考えたことを友達に伝える	自己の能力に適した課題を見付け，題材やリズムの特徴を捉えた踊り方や交流の仕方を工夫するとともに，考えたことを友達に伝える	自己やグループの課題の解決に向けて，表したい内容や踊りの特徴を捉えた練習や発表・交流の仕方を工夫するとともに，自己や仲間の考えたことを他者に伝える

領域	中学校 第1学年及び第2学年	中学校 第3学年
体つくり運動	自己の課題を発見し，合理的な解決に向けて運動の取り組み方を工夫するとともに，自己や仲間の考えたことを他者に伝える	自己や仲間の課題を発見し，合理的な解決に向けて運動の取り組み方を工夫するとともに，自己や仲間の考えたことを他者に伝える
器械運動	技などの自己の課題を発見し，合理的な解決に向けて運動の取り組み方を工夫するとともに，自己の考えたことを他者に伝える	技などの自己や仲間の課題を発見し，合理的な解決に向けて運動の取り組み方を工夫するとともに，自己の考えたことを他者に伝える
陸上競技	動きなどの自己の課題を発見し，合理的な解決に向けて運動の取り組み方を工夫するとともに，自己の考えたことを他者に伝える	動きなどの自己や仲間の課題を発見し，合理的な解決に向けて運動の取り組み方を工夫するとともに，自己の考えたことを他者に伝える
水泳	泳法などの自己の課題を発見し，合理的な解決に向けて運動の取り組み方を工夫するとともに，自己の考えたことを他者に伝える	泳法などの自己や仲間の課題を発見し，合理的な解決に向けて運動の取り組み方を工夫するとともに，自己の考えたことを他者に伝える
球技	攻防などの自己の課題を発見し，合理的な解決に向けて運動の取り組み方を工夫するとともに，自己や仲間の考えたことを他者に伝える	攻防などの自己やチームの課題を発見し，合理的な解決に向けて運動の取り組み方を工夫するとともに，自己や仲間の考えたことを他者に伝える
ダンス	表現などの自己の課題を発見し，合理的な解決に向けて運動の取り組み方を工夫するとともに，自己や仲間の考えたことを他者に伝える	表現などの自己や仲間の課題を発見し，合理的な解決に向けて運動の取り組み方を工夫するとともに，自己や仲間の考えたことを他者に伝える

3
体育・健康
に関する指
導

(3) 「学びに向かう力，人間性等」

領域	小学校 第1学年及び第2学年	小学校 第3学年及び第4学年	小学校 第5学年及び第6学年
体つくり運動系	・運動遊びに進んで取り組む ・きまりを守り誰とでも仲よく運動をする ・場の安全に気を付ける	・運動に進んで取り組む ・きまりを守り誰とでも仲よく運動をする ・友達の考えを認める ・場や用具の安全に気を付ける	・運動に積極的に取り組む ・約束を守り助け合って運動をする ・仲間の考えや取組を認める ・場や用具の安全に気を配る
器械運動系	・運動遊びに進んで取り組む ・順番やきまりを守り誰とでも仲よく運動をする ・場や器械・器具の安全に気を付ける	・運動に進んで取り組む ・きまりを守り誰とでも仲よく運動をする ・友達の考えを認める ・場や器械・器具の安全に気を付ける	・運動に積極的に取り組む ・約束を守り助け合って運動をする ・仲間の考えや取組を認める ・場や器械・器具の安全に気を配る
陸上運動系	・運動遊びに進んで取り組む ・順番やきまりを守り誰とでも仲よく運動をする ・勝敗を受け入れる ・場の安全に気を付ける	・運動に進んで取り組む ・きまりを守り誰とでも仲よく運動をする ・勝敗を受け入れる ・友達の考えを認める ・場や用具の安全に気を付ける	・運動に積極的に取り組む ・約束を守り助け合って運動をする ・勝敗を受け入れる ・仲間の考えや取組を認める ・場や用具の安全に気を配る
水泳運動系	・運動遊びに進んで取り組む ・順番やきまりを守り誰とでも仲よく運動をする ・水遊びの心得を守って安全に気を付ける	・運動に進んで取り組む ・きまりを守り誰とでも仲よく運動をする ・友達の考えを認める ・水泳運動の心得を守って安全に気を付ける	・運動に積極的に取り組む ・約束を守り助け合って運動をする ・仲間の考えや取組を認める ・水泳運動の心得を守って安全に気を配る
ボール運動系	・運動遊びに進んで取り組む ・規則を守り誰とでも仲よく運動をする ・勝敗を受け入れる ・場や用具の安全に気を付ける	・運動に進んで取り組む ・規則を守り誰とでも仲よく運動をする ・勝敗を受け入れる ・友達の考えを認める ・場や用具の安全に気を付ける	・運動に積極的に取り組む ・ルールを守り助け合って運動をする ・勝敗を受け入れる ・仲間の考えや取組を認める ・場や用具の安全に気を配る
表現運動系	・運動遊びに進んで取り組む ・誰とでも仲よく踊る ・場の安全に気を付ける	・運動に進んで取り組む ・誰とでも仲よく踊る ・友達の動きや考えを認める ・場の安全に気を付ける	・運動に積極的に取り組む ・互いのよさを認め合い助け合って踊る ・場の安全に気を配る

第3章
指導計画の
作成と内容
の取扱い

領域	中学校 第1学年及び第2学年	中学校 第3学年
体つくり運動	・体つくり運動に積極的に取り組む ・仲間の学習を援助しようとする ・一人一人の違いに応じた動きなどを認めようとする ・話合いに参加しようとする ・健康・安全に気を配る	・体つくり運動に自主的に取り組む ・互いに助け合い教え合おうとする ・一人一人の違いに応じた動きなどを大切にしようとする ・話合いに貢献しようとする ・健康・安全を確保する
器械運動	・器械運動に積極的に取り組む ・よい演技を認めようとする ・仲間の学習を援助しようとする ・一人一人の違いに応じた課題や挑戦を認めようとする ・健康・安全に気を配る	・器械運動に自主的に取り組む ・よい演技を讃えようとする ・互いに助け合い教え合おうとする ・一人一人の違いに応じた課題や挑戦を大切にしようとする ・健康・安全を確保する
陸上競技	・陸上競技に積極的に取り組む ・勝敗などを認め，ルールやマナーを守ろうとする ・分担した役割を果たそうとする ・一人一人の違いに応じた課題や挑戦を認めようとする ・健康・安全に気を配る	・陸上競技に自主的に取り組む ・勝敗などを冷静に受け止め，ルールやマナーを大切にしようとする ・自己の責任を果たそうとする ・一人一人の違いに応じた課題や挑戦を大切にしようとする ・健康・安全を確保する
水泳	・水泳に積極的に取り組む ・勝敗などを認め，ルールやマナーを守ろうとする ・分担した役割を果たそうとする ・一人一人の違いに応じた課題や挑戦を認めようとする ・水泳の事故防止に関する心得を遵守するなど健康・安全に気を配る	・水泳に自主的に取り組む ・勝敗などを冷静に受け止め，ルールやマナーを大切にしようとする ・自己の責任を果たそうとする ・一人一人の違いに応じた課題や挑戦を大切にしようとする ・水泳の事故防止に関する心得を遵守するなど健康・安全を確保する
球技	・球技に積極的に取り組む ・フェアなプレイを守ろうとする ・作戦などについての話合いに参加しようとする ・一人一人の違いに応じたプレイなどを認めようとする ・仲間の学習を援助しようとする ・健康・安全に気を配る	・球技に自主的に取り組む ・フェアなプレイを大切にしようとする ・作戦などについての話合いに貢献しようとする ・一人一人の違いに応じたプレイなどを大切にしようとする ・互いに助け合い教え合おうとする ・健康・安全を確保する
ダンス	・ダンスに積極的に取り組む ・仲間の学習を援助しようとする ・交流などの話合いに参加しようとする ・一人一人の違いに応じた表現や役割を認めようとする ・健康・安全に気を配る	・ダンスに自主的に取り組む ・互いに助け合い教え合おうとする ・作品や発表などの話合いに貢献しようとする ・一人一人の違いに応じた表現や役割を大切にしようとする ・健康・安全を確保する

3
体育・健康に関する指導

保健領域，保健分野 (2) 「思考力，判断力，表現力等」

	小学校 第3学年	小学校 第4学年	小学校 第5学年	小学校 第6学年
保健領域	イ　健康な生活について課題を見付け，その解決に向けて考え，それを表現する。	イ　体がよりよく発育・発達するために，課題を見付け，その解決に向けて考え，それを表現する。	イ　心の健康について，課題を見付け，その解決に向けて思考し判断するとともに，それらを表現する。	イ　病気を予防するために，課題を見付け，その解決に向けて思考し判断するとともに，それらを表現する。
			イ　けがを防止するために，危険の予測や回避の方法を考え，それらを表現する。	

第3章
指導計画の
作成と内容
の取扱い

	中学校 第1学年	中学校 第2学年	中学校 第3学年
保健分野	イ　健康な生活と疾病の予防について，課題を発見し，その解決に向けて思考し判断するとともに，それらを表現する。	イ　健康な生活と疾病の予防について，課題を発見し，その解決に向けて思考し判断するとともに，それらを表現する。	イ　健康な生活と疾病の予防について，課題を発見し，その解決に向けて思考し判断するとともに，それらを表現する。
	イ　心身の機能の発達と心の健康について，課題を発見し，その解決に向けて思考し判断するとともに，それらを表現する。	イ　傷害の防止について，危険の予測やその回避の方法を考え，それらを表現する。	イ　健康と環境に関する情報から課題を発見し，その解決に向けて思考し判断するとともに，それらを表現する。

3
体育・健康
に関する指
導

付録

目次

- 付録1：学校教育法施行規則（抄）
- 付録2：小学校学習指導要領　第1章　総則
- 付録3：小学校学習指導要領　第2章　第9節　体育
- 付録4：中学校学習指導要領　第2章　第7節　保健体育
- 付録5：小学校学習指導要領　第3章　特別の教科　道徳
- 付録6：「道徳の内容」の学年段階・学校段階の一覧表
- 付録7：幼稚園教育要領

学校教育法施行規則（抄）

昭和二十二年五月二十三日文部省令第十一号
一部改正：平成二十九年三月三十一日文部科学省令第二十号
平成三十年八月二十七日文部科学省令第二十七号

第四章　小学校

第二節　教育課程

第五十条　小学校の教育課程は，国語，社会，算数，理科，生活，音楽，図画工作，家庭，体育及び外国語の各教科（以下この節において「各教科」という。），特別の教科である道徳，外国語活動，総合的な学習の時間並びに特別活動によつて編成するものとする。

2　私立の小学校の教育課程を編成する場合は，前項の規定にかかわらず，宗教を加えることができる。この場合においては，宗教をもつて前項の特別の教科である道徳に代えることができる。

第五十一条　小学校（第五十二条の二第二項に規定する中学校連携型小学校及び第七十九条の九第二項に規定する中学校併設型小学校を除く。）の各学年における各教科，特別の教科である道徳，外国語活動，総合的な学習の時間及び特別活動のそれぞれの授業時数並びに各学年におけるこれらの総授業時数は，別表第一に定める授業時数を標準とする。

第五十二条　小学校の教育課程については，この節に定めるもののほか，教育課程の基準として文部科学大臣が別に公示する小学校学習指導要領によるものとする。

第五十三条　小学校においては，必要がある場合には，一部の各教科について，これらを合わせて授業を行うことができる。

第五十四条　児童が心身の状況によつて履修することが困難な各教科は，その児童の心身の状況に適合するように課さなければならない。

第五十五条　小学校の教育課程に関し，その改善に資する研究を行うため特に必要があり，かつ，児童の教育上適切な配慮がなされていると文部科学大臣が認める場合においては，文部科学大臣が別に定めるところにより，第五十条第一項，第五十一条（中学校連携型小学校にあつては第五十二条の三，第七十九条の九第二項に規定する中学校併設型小学校にあつては第七十九条の十二において準用する第七十九条の五第一項）又は第五十二条の規定によらないことができる。

第五十五条の二　文部科学大臣が，小学校において，当該小学校又は当該小学校が設置されている地域の実態に照らし，より効果的な教育を実施するため，当該小学校又は当該地域の特色を生かした特別の教育課程を編成して教育を実施する必要があり，かつ，当該特別の教育課程について，教育基本法（平成十八年法律第百二十号）及び学校教育法第三十条第一項の規定等に照らして適切であり，児童の教育上適切な配慮がなされているものとして文部科学大臣が定める基準を満たしていると認める場合においては，文部科学大臣が別に定めるところにより，第五十条第一項，第五十一条（中学校連携型小学

校にあつては第五十二条の三，第七十九条の九第二項に規定する中学校併設型小学校に
あつては第七十九条の十二において準用する第七十九条の五第一項）又は第五十二条の
規定の全部又は一部によらないことができる。

第五十六条　小学校において，学校生活への適応が困難であるため相当の期間小学校を欠
席し引き続き欠席すると認められる児童を対象として，その実態に配慮した特別の教育
課程を編成して教育を実施する必要があると文部科学大臣が認める場合においては，文
部科学大臣が別に定めるところにより，第五十条第一項，第五十一条（中学校連携型小
学校にあつては第五十二条の三，第七十九条の九第二項に規定する中学校併設型小学校
にあつては第七十九条の十二において準用する第七十九条の五第一項）又は第五十二条
の規定によらないことができる。

第五十六条の二　小学校において，日本語に通じない児童のうち，当該児童の日本語を理
解し，使用する能力に応じた特別の指導を行う必要があるものを教育する場合には，文
部科学大臣が別に定めるところにより，第五十条第一項，第五十一条（中学校連携型小
学校にあつては第五十二条の三，第七十九条の九第二項に規定する中学校併設型小学校
にあつては第七十九条の十二において準用する第七十九条の五第一項）及び第五十二条
の規定にかかわらず，特別の教育課程によることができる。

第五十六条の三　前条の規定により特別の教育課程による場合においては，校長は，児童
が設置者の定めるところにより他の小学校，義務教育学校の前期課程又は特別支援学校
の小学部において受けた授業を，当該児童の在学する小学校において受けた当該特別の
教育課程に係る授業とみなすことができる。

第五十六条の四　小学校において，学齢を経過した者のうち，その者の年齢，経験又は勤
労の状況その他の実情に応じた特別の指導を行う必要があるものを夜間その他特別の時
間において教育する場合には，文部科学大臣が別に定めるところにより，第五十条第一
項，第五十一条（中学校連携型小学校にあつては第五十二条の三，第七十九条の九第二
項に規定する中学校併設型小学校にあつては第七十九条の十二において準用する第
七十九条の五第一項）及び第五十二条の規定にかかわらず，特別の教育課程によること
ができる。

第三節　学年及び授業日

第六十一条　公立小学校における休業日は，次のとおりとする。ただし，第三号に掲げる
日を除き，当該学校を設置する地方公共団体の教育委員会（公立大学法人の設置する小
学校にあつては，当該公立大学法人の理事長。第三号において同じ。）が必要と認める
場合は，この限りでない。
一　国民の祝日に関する法律（昭和二十三年法律第百七十八号）に規定する日
二　日曜日及び土曜日
三　学校教育法施行令第二十九条第一項の規定により教育委員会が定める日
第六十二条　私立小学校における学期及び休業日は，当該学校の学則で定める。

付録1

第八章　特別支援教育

第百三十四条の二　校長は，特別支援学校に在学する児童等について個別の教育支援計画（学校と医療，保健，福祉，労働等に関する業務を行う関係機関及び民間団体（次項において「関係機関等」という。）との連携の下に行う当該児童等に対する長期的な支援に関する計画をいう。）を作成しなければならない。

2　校長は，前項の規定により個別の教育支援計画を作成するに当たつては，当該児童等又はその保護者の意向を踏まえつつ，あらかじめ，関係機関等と当該児童等の支援に関する必要な情報の共有を図らなければならない。

第百三十八条　小学校，中学校若しくは義務教育学校又は中等教育学校の前期課程における特別支援学級に係る教育課程については，特に必要がある場合は，第五十条第一項（第七十九条の六第一項において準用する場合を含む。），第五十一条，第五十二条（第七十九条の六第一項において準用する場合を含む。），第五十二条の三，第七十二条（第七十九条の六第二項及び第百八条第一項において準用する場合を含む。），第七十三条，第七十四条（第七十九条の六第二項及び第百八条第一項において準用する場合を含む。），第七十四条の三，第七十六条，第七十九条の五（第七十九条の十二において準用する場合を含む。）及び第百七条（第百十七条において準用する場合を含む。）の規定にかかわらず，特別の教育課程によることができる。

第百三十九条の二　第百三十四条の二の規定は，小学校，中学校若しくは義務教育学校又は中等教育学校の前期課程における特別支援学級の児童又は生徒について準用する。

第百四十条　小学校，中学校，義務教育学校，高等学校又は中等教育学校において，次の各号のいずれかに該当する児童又は生徒（特別支援学級の児童及び生徒を除く。）のうち当該障害に応じた特別の指導を行う必要があるものを教育する場合には，文部科学大臣が別に定めるところにより，第五十条第一項（第七十九条の六第一項において準用する場合を含む。），第五十一条，第五十二条（第七十九条の六第一項において準用する場合を含む。），第五十二条の三，第七十二条（第七十九条の六第二項及び第百八条第一項において準用する場合を含む。），第七十三条，第七十四条（第七十九条の六第二項及び第百八条第一項において準用する場合を含む。），第七十四条の三，第七十六条，第七十九条の五（第七十九条の十二において準用する場合を含む。），第八十三条及び第八十四条（第百八条第二項において準用する場合を含む。）並びに第百七条（第百十七条において準用する場合を含む。）の規定にかかわらず，特別の教育課程によることができる。

一　言語障害者

二　自閉症者

三　情緒障害者

四　弱視者

五　難聴者

六　学習障害者

七　注意欠陥多動性障害者

八　その他障害のある者で，この条の規定により特別の教育課程による教育を行うことが適当なもの

第百四十一条　前条の規定により特別の教育課程による場合においては，校長は，児童又は生徒が，当該小学校，中学校，義務教育学校，高等学校又は中等教育学校の設置者の定めるところにより他の小学校，中学校，義務教育学校，高等学校，中等教育学校又は特別支援学校の小学部，中学部若しくは高等部において受けた授業を，当該小学校，中学校，義務教育学校，高等学校又は中等教育学校において受けた当該特別の教育課程に係る授業とみなすことができる。

第百四十一条の二　第百三十四条の二の規定は，第百四十条の規定により特別の指導が行われている児童又は生徒について準用する。

附　則（平成二十九年三月三十一日文部科学省令第二十号）

この省令は，平成三十二年四月一日から施行する。

別表第一（第五十一条関係）

区　　　分		第1学年	第2学年	第3学年	第4学年	第5学年	第6学年
各教科の授業時数	国　　語	306	315	245	245	175	175
	社　　会			70	90	100	105
	算　　数	136	175	175	175	175	175
	理　　科			90	105	105	105
	生　　活	102	105				
	音　　楽	68	70	60	60	50	50
	図画工作	68	70	60	60	50	50
	家　　庭					60	55
	体　　育	102	105	105	105	90	90
	外　国　語					70	70
特別の教科である道徳の授業時数		34	35	35	35	35	35
外国語活動の授業時数				35	35		
総合的な学習の時間の授業時数				70	70	70	70
特別活動の授業時数		34	35	35	35	35	35
総授業時数		850	910	980	1015	1015	1015

備考
　一　この表の授業時数の一単位時間は，四十五分とする。
　二　特別活動の授業時数は，小学校学習指導要領で定める学級活動（学校給食に係るものを除く。）に充てるものとする。
　三　第五十条第二項の場合において，特別の教科である道徳のほかに宗教を加えるときは，宗教の授業時数をもつてこの表の特別の教科である道徳の授業時数の一部に代えることができる。（別表第二及び別表第四の場合においても同様とする。）

小学校学習指導要領　第1章　総則

● 第1　小学校教育の基本と教育課程の役割

1　各学校においては，教育基本法及び学校教育法その他の法令並びにこの章以下に示すところに従い，児童の人間として調和のとれた育成を目指し，児童の心身の発達の段階や特性及び学校や地域の実態を十分考慮して，適切な教育課程を編成するものとし，これらに掲げる目標を達成するよう教育を行うものとする。

2　学校の教育活動を進めるに当たっては，各学校において，第3の1に示す主体的・対話的で深い学びの実現に向けた授業改善を通して，創意工夫を生かした特色ある教育活動を展開する中で，次の(1)から(3)までに掲げる事項の実現を図り，児童に生きる力を育むことを目指すものとする。

(1)　基礎的・基本的な知識及び技能を確実に習得させ，これらを活用して課題を解決するために必要な思考力，判断力，表現力等を育むとともに，主体的に学習に取り組む態度を養い，個性を生かし多様な人々との協働を促す教育の充実に努めること。その際，児童の発達の段階を考慮して，児童の言語活動など，学習の基盤をつくる活動を充実するとともに，家庭との連携を図りながら，児童の学習習慣が確立するよう配慮すること。

(2)　道徳教育や体験活動，多様な表現や鑑賞の活動等を通して，豊かな心や創造性の涵養を目指した教育の充実に努めること。

　　　学校における道徳教育は，特別の教科である道徳（以下「道徳科」という。）を要として学校の教育活動全体を通じて行うものであり，道徳科はもとより，各教科，外国語活動，総合的な学習の時間及び特別活動のそれぞれの特質に応じて，児童の発達の段階を考慮して，適切な指導を行うこと。

　　　道徳教育は，教育基本法及び学校教育法に定められた教育の根本精神に基づき，自己の生き方を考え，主体的な判断の下に行動し，自立した人間として他者と共によりよく生きるための基盤となる道徳性を養うことを目標とすること。

　　　道徳教育を進めるに当たっては，人間尊重の精神と生命に対する畏敬の念を家庭，学校，その他社会における具体的な生活の中に生かし，豊かな心をもち，伝統と文化を尊重し，それらを育んできた我が国と郷土を愛し，個性豊かな文化の創造を図るとともに，平和で民主的な国家及び社会の形成者として，公共の精神を尊び，社会及び国家の発展に努め，他国を尊重し，国際社会の平和と発展や環境の保全に貢献し未来を拓く主体性のある日本人の育成に資することとなるよう特に留意すること。

(3)　学校における体育・健康に関する指導を，児童の発達の段階を考慮して，学校の教育活動全体を通じて適切に行うことにより，健康で安全な生活と豊かなスポーツライフの実現を目指した教育の充実に努めること。特に，学校における食育の推進並びに体力の向上に関する指導，安全に関する指導及び心身の健康の保持増進に関する指導については，体育科，家庭科及び特別活動の時間はもとより，各教科，道徳科，外国語活動及び総合的な学習の時間などにおいてもそれぞれの特質に応じて適切に行うよう努めること。また，それらの指導を通して，家庭や地域社会との連携を図りながら，日常生活において適切な体育・健康に関する活動の実践を促し，生涯を通じて健康・安全で活力ある生活を送るための基礎が培われるよう配慮すること。

3　2の(1)から(3)までに掲げる事項の実現を図り，豊かな創造性を備え持続可能な社会の創り手となることが期待される児童に，生きる力を育むことを目指すに当たっては，学校教育全体並びに各教科，道徳科，外国語活動，総合的な学習の時間及び特別活動（以下「各教科等」とい

付録2

194

う。ただし，第2の3の(2)のア及びウにおいて，特別活動については学級活動（学校給食に係るものを除く。）に限る。）の指導を通してどのような資質・能力の育成を目指すのかを明確にしながら，教育活動の充実を図るものとする。その際，児童の発達の段階や特性等を踏まえつつ，次に掲げることが偏りなく実現できるようにするものとする。

(1) 知識及び技能が習得されるようにすること。

(2) 思考力，判断力，表現力等を育成すること。

(3) 学びに向かう力，人間性等を涵養すること。

4　各学校においては，児童や学校，地域の実態を適切に把握し，教育の目的や目標の実現に必要な教育の内容等を教科等横断的な視点で組み立てていくこと，教育課程の実施状況を評価してその改善を図っていくこと，教育課程の実施に必要な人的又は物的な体制を確保するとともにその改善を図っていくことなどを通して，教育課程に基づき組織的かつ計画的に各学校の教育活動の質の向上を図っていくこと（以下「カリキュラム・マネジメント」という。）に努めるものとする。

● 第2　教育課程の編成

1　各学校の教育目標と教育課程の編成

　　教育課程の編成に当たっては，学校教育全体や各教科等における指導を通して育成を目指す資質・能力を踏まえつつ，各学校の教育目標を明確にするとともに，教育課程の編成についての基本的な方針が家庭や地域とも共有されるよう努めるものとする。その際，第5章総合的な学習の時間の第2の1に基づき定められる目標との関連を図るものとする。

2　教科等横断的な視点に立った資質・能力の育成

(1) 各学校においては，児童の発達の段階を考慮し，言語能力，情報活用能力（情報モラルを含む。），問題発見・解決能力等の学習の基盤となる資質・能力を育成していくことができるよう，各教科等の特質を生かし，教科等横断的な視点から教育課程の編成を図るものとする。

(2) 各学校においては，児童や学校，地域の実態及び児童の発達の段階を考慮し，豊かな人生の実現や災害等を乗り越えて次代の社会を形成することに向けた現代的な諸課題に対応して求められる資質・能力を，教科等横断的な視点で育成していくことができるよう，各学校の特色を生かした教育課程の編成を図るものとする。

3　教育課程の編成における共通的事項

(1) 内容等の取扱い

　ア　第2章以下に示す各教科，道徳科，外国語活動及び特別活動の内容に関する事項は，特に示す場合を除き，いずれの学校においても取り扱わなければならない。

　イ　学校において特に必要がある場合には，第2章以下に示していない内容を加えて指導することができる。また，第2章以下に示す内容の取扱いのうち内容の範囲や程度等を示す事項は，全ての児童に対して指導するものとする内容の範囲や程度等を示したものであり，学校において特に必要がある場合には，この事項にかかわらず加えて指導することができる。ただし，これらの場合には，第2章以下に示す各教科，道徳科，外国語活動及び特別活動の目標や内容の趣旨を逸脱したり，児童の負担過重となったりすることのないようにしなければならない。

　ウ　第2章以下に示す各教科，道徳科，外国語活動及び特別活動の内容に掲げる事項の順序は，特に示す場合を除き，指導の順序を示すものではないので，学校においては，その取扱いについて適切な工夫を加えるものとする。

付録2

エ　学年の内容を2学年まとめて示した教科及び外国語活動の内容は，2学年間かけて指導する事項を示したものである。各学校においては，これらの事項を児童や学校，地域の実態に応じ，2学年間を見通して計画的に指導することとし，特に示す場合を除き，いずれかの学年に分けて，又はいずれの学年においても指導するものとする。

オ　学校において2以上の学年の児童で編制する学級について特に必要がある場合には，各教科及び道徳科の目標の達成に支障のない範囲内で，各教科及び道徳科の目標及び内容について学年別の順序によらないことができる。

カ　道徳科を要として学校の教育活動全体を通じて行う道徳教育の内容は，第3章特別の教科道徳の第2に示す内容とし，その実施に当たっては，第6に示す道徳教育に関する配慮事項を踏まえるものとする。

(2) 授業時数等の取扱い

ア　各教科等の授業は，年間35週（第1学年については34週）以上にわたって行うよう計画し，週当たりの授業時数が児童の負担過重にならないようにするものとする。ただし，各教科等や学習活動の特質に応じ効果的な場合には，夏季，冬季，学年末等の休業日の期間に授業日を設定する場合を含め，これらの授業を特定の期間に行うことができる。

イ　特別活動の授業のうち，児童会活動，クラブ活動及び学校行事については，それらの内容に応じ，年間，学期ごと，月ごとなどに適切な授業時数を充てるものとする。

ウ　各学校の時間割については，次の事項を踏まえ適切に編成するものとする。

(ア) 各教科等のそれぞれの授業の1単位時間は，各学校において，各教科等の年間授業時数を確保しつつ，児童の発達の段階及び各教科等や学習活動の特質を考慮して適切に定めること。

(イ) 各教科等の特質に応じ，10分から15分程度の短い時間を活用して特定の教科等の指導を行う場合において，教師が，単元や題材など内容や時間のまとまりを見通した中で，その指導内容の決定や指導の成果の把握と活用等を責任をもって行う体制が整備されているときは，その時間を当該教科等の年間授業時数に含めることができること。

(ウ) 給食，休憩などの時間については，各学校において工夫を加え，適切に定めること。

(エ) 各学校において，児童や学校，地域の実態，各教科等や学習活動の特質等に応じて，創意工夫を生かした時間割を弾力的に編成できること。

エ　総合的な学習の時間における学習活動により，特別活動の学校行事に掲げる各行事の実施と同様の成果が期待できる場合においては，総合的な学習の時間における学習活動をもって相当する特別活動の学校行事に掲げる各行事の実施に替えることができる。

(3) 指導計画の作成等に当たっての配慮事項

各学校においては，次の事項に配慮しながら，学校の創意工夫を生かし，全体として，調和のとれた具体的な指導計画を作成するものとする。

ア　各教科等の指導内容については，(1)のアを踏まえつつ，単元や題材など内容や時間のまとまりを見通しながら，そのまとめ方や重点の置き方に適切な工夫を加え，第3の1に示す主体的・対話的で深い学びの実現に向けた授業改善を通して資質・能力を育む効果的な指導ができるようにすること。

イ　各教科等及び各学年相互間の関連を図り，系統的，発展的な指導ができるようにすること。

ウ　学年の内容を2学年まとめて示した教科及び外国語活動については，当該学年間を見通して，児童や学校，地域の実態に応じ，児童の発達の段階を考慮しつつ，効果的，段階的に指導するようにすること。

付録2

エ　児童の実態等を考慮し，指導の効果を高めるため，児童の発達の段階や指導内容の関連性等を踏まえつつ，合科的・関連的な指導を進めること。

4　学校段階等間の接続

教育課程の編成に当たっては，次の事項に配慮しながら，学校段階等間の接続を図るものとする。

(1)　幼児期の終わりまでに育ってほしい姿を踏まえた指導を工夫することにより，幼稚園教育要領等に基づく幼児期の教育を通して育まれた資質・能力を踏まえて教育活動を実施し，児童が主体的に自己を発揮しながら学びに向かうことが可能となるようにすること。

また，低学年における教育全体において，例えば生活科において育成する自立し生活を豊かにしていくための資質・能力が，他教科等の学習においても生かされるようにするなど，教科等間の関連を積極的に図り，幼児期の教育及び中学年以降の教育との円滑な接続が図られるよう工夫すること。特に，小学校入学当初においては，幼児期において自発的な活動としての遊びを通して育まれてきたことが，各教科等における学習に円滑に接続されるよう，生活科を中心に，合科的・関連的な指導や弾力的な時間割の設定など，指導の工夫や指導計画の作成を行うこと。

(2)　中学校学習指導要領及び高等学校学習指導要領を踏まえ，中学校教育及びその後の教育との円滑な接続が図られるよう工夫すること。特に，義務教育学校，中学校連携型小学校及び中学校併設型小学校においては，義務教育9年間を見通した計画的かつ継続的な教育課程を編成すること。

●第3　教育課程の実施と学習評価

1　主体的・対話的で深い学びの実現に向けた授業改善

各教科等の指導に当たっては，次の事項に配慮するものとする。

(1)　第1の3の(1)から(3)までに示すことが偏りなく実現されるよう，単元や題材など内容や時間のまとまりを見通しながら，児童の主体的・対話的で深い学びの実現に向けた授業改善を行うこと。

特に，各教科等において身に付けた知識及び技能を活用したり，思考力，判断力，表現力等や学びに向かう力，人間性等を発揮させたりして，学習の対象となる物事を捉え思考することにより，各教科等の特質に応じた物事を捉える視点や考え方（以下「見方・考え方」という。）が鍛えられていくことに留意し，児童が各教科等の特質に応じた見方・考え方を働かせながら，知識を相互に関連付けてより深く理解したり，情報を精査して考えを形成したり，問題を見いだして解決策を考えたり，思いや考えを基に創造したりすることに向かう過程を重視した学習の充実を図ること。

(2)　第2の2の(1)に示す言語能力の育成を図るため，各学校において必要な言語環境を整えるとともに，国語科を要としつつ各教科等の特質に応じて，児童の言語活動を充実すること。あわせて，(7)に示すとおり読書活動を充実すること。

(3)　第2の2の(1)に示す情報活用能力の育成を図るため，各学校において，コンピュータや情報通信ネットワークなどの情報手段を活用するために必要な環境を整え，これらを適切に活用した学習活動の充実を図ること。また，各種の統計資料や新聞，視聴覚教材や教育機器などの教材・教具の適切な活用を図ること。

あわせて，各教科等の特質に応じて，次の学習活動を計画的に実施すること。

ア　児童がコンピュータで文字を入力するなどの学習の基盤として必要となる情報手段の基本

付録2

的な操作を習得するための学習活動

イ　児童がプログラミングを体験しながら，コンピュータに意図した処理を行わせるために必要な論理的思考力を身に付けるための学習活動

(4)　児童が学習の見通しを立てたり学習したことを振り返ったりする活動を，計画的に取り入れるように工夫すること。

(5)　児童が生命の有限性や自然の大切さ，主体的に挑戦してみることや多様な他者と協働することの重要性などを実感しながら理解することができるよう，各教科等の特質に応じた体験活動を重視し，家庭や地域社会と連携しつつ体系的・継続的に実施できるよう工夫すること。

(6)　児童が自ら学習課題や学習活動を選択する機会を設けるなど，児童の興味・関心を生かした自主的，自発的な学習が促されるよう工夫すること。

(7)　学校図書館を計画的に利用しその機能の活用を図り，児童の主体的・対話的で深い学びの実現に向けた授業改善に生かすとともに，児童の自主的，自発的な学習活動や読書活動を充実すること。また，地域の図書館や博物館，美術館，劇場，音楽堂等の施設の活用を積極的に図り，資料を活用した情報の収集や鑑賞等の学習活動を充実すること。

2　学習評価の充実

学習評価の実施に当たっては，次の事項に配慮するものとする。

(1)　児童のよい点や進歩の状況などを積極的に評価し，学習したことの意義や価値を実感できるようにすること。また，各教科等の目標の実現に向けた学習状況を把握する観点から，単元や題材など内容や時間のまとまりを見通しながら評価の場面や方法を工夫して，学習の過程や成果を評価し，指導の改善や学習意欲の向上を図り，資質・能力の育成に生かすようにすること。

(2)　創意工夫の中で学習評価の妥当性や信頼性が高められるよう，組織的かつ計画的な取組を推進するとともに，学年や学校段階を越えて児童の学習の成果が円滑に接続されるように工夫すること。

● 第4　児童の発達の支援

1　児童の発達を支える指導の充実

教育課程の編成及び実施に当たっては，次の事項に配慮するものとする。

(1)　学習や生活の基盤として，教師と児童との信頼関係及び児童相互のよりよい人間関係を育てるため，日頃から学級経営の充実を図ること。また，主に集団の場面で必要な指導や援助を行うガイダンスと，個々の児童の多様な実態を踏まえ，一人一人が抱える課題に個別に対応した指導を行うカウンセリングの双方により，児童の発達を支援すること。

あわせて，小学校の低学年，中学年，高学年の学年の時期の特長を生かした指導の工夫を行うこと。

(2)　児童が，自己の存在感を実感しながら，よりよい人間関係を形成し，有意義で充実した学校生活を送る中で，現在及び将来における自己実現を図っていくことができるよう，児童理解を深め，学習指導と関連付けながら，生徒指導の充実を図ること。

(3)　児童が，学ぶことと自己の将来とのつながりを見通しながら，社会的・職業的自立に向けて必要な基盤となる資質・能力を身に付けていくことができるよう，特別活動を要としつつ各教科等の特質に応じて，キャリア教育の充実を図ること。

(4)　児童が，基礎的・基本的な知識及び技能の習得も含め，学習内容を確実に身に付けることができるよう，児童や学校の実態に応じ，個別学習やグループ別学習，繰り返し学習，学習内容

付録2

の習熟の程度に応じた学習，児童の興味・関心等に応じた課題学習，補充的な学習や発展的な学習などの学習活動を取り入れることや，教師間の協力による指導体制を確保することなど，指導方法や指導体制の工夫改善により，個に応じた指導の充実を図ること。その際，第3の1の(3)に示す情報手段や教材・教具の活用を図ること。

2　特別な配慮を必要とする児童への指導

(1)　障害のある児童などへの指導

ア　障害のある児童などについては，特別支援学校等の助言又は援助を活用しつつ，個々の児童の障害の状態等に応じた指導内容や指導方法の工夫を組織的かつ計画的に行うものとする。

イ　特別支援学級において実施する特別の教育課程については，次のとおり編成するものとする。

(ｱ)　障害による学習上又は生活上の困難を克服し自立を図るため，特別支援学校小学部・中学部学習指導要領第7章に示す自立活動を取り入れること。

(ｲ)　児童の障害の程度や学級の実態等を考慮の上，各教科の目標や内容を下学年の教科の目標や内容に替えたり，各教科を，知的障害者である児童に対する教育を行う特別支援学校の各教科に替えたりするなどして，実態に応じた教育課程を編成すること。

ウ　障害のある児童に対して，通級による指導を行い，特別の教育課程を編成する場合には，特別支援学校小学部・中学部学習指導要領第7章に示す自立活動の内容を参考とし，具体的な目標や内容を定め，指導を行うものとする。その際，効果的な指導が行われるよう，各教科等と通級による指導との関連を図るなど，教師間の連携に努めるものとする。

エ　障害のある児童などについては，家庭，地域及び医療や福祉，保健，労働等の業務を行う関係機関との連携を図り，長期的な視点で児童への教育的支援を行うために，個別の教育支援計画を作成し活用することに努めるとともに，各教科等の指導に当たって，個々の児童の実態を的確に把握し，個別の指導計画を作成し活用することに努めるものとする。特に，特別支援学級に在籍する児童や通級による指導を受ける児童については，個々の児童の実態を的確に把握し，個別の教育支援計画や個別の指導計画を作成し，効果的に活用するものとする。

(2)　海外から帰国した児童などの学校生活への適応や，日本語の習得に困難のある児童に対する日本語指導

ア　海外から帰国した児童などについては，学校生活への適応を図るとともに，外国における生活経験を生かすなどの適切な指導を行うものとする。

イ　日本語の習得に困難のある児童については，個々の児童の実態に応じた指導内容や指導方法の工夫を組織的かつ計画的に行うものとする。特に，通級による日本語指導については，教師間の連携に努め，指導についての計画を個別に作成することなどにより，効果的な指導に努めるものとする。

(3)　不登校児童への配慮

ア　不登校児童については，保護者や関係機関と連携を図り，心理や福祉の専門家の助言又は援助を得ながら，社会的自立を目指す観点から，個々の児童の実態に応じた情報の提供その他の必要な支援を行うものとする。

イ　相当の期間小学校を欠席し引き続き欠席すると認められる児童を対象として，文部科学大臣が認める特別の教育課程を編成する場合には，児童の実態に配慮した教育課程を編成するとともに，個別学習やグループ別学習など指導方法や指導体制の工夫改善に努めるものとする。

● 第5　学校運営上の留意事項

1　教育課程の改善と学校評価等
ア　各学校においては，校長の方針の下に，校務分掌に基づき教職員が適切に役割を分担しつ
つ，相互に連携しながら，各学校の特色を生かしたカリキュラム・マネジメントを行うよう努
めるものとする。また，各学校が行う学校評価については，教育課程の編成，実施，改善が教
育活動や学校運営の中核となることを踏まえ，カリキュラム・マネジメントと関連付けながら
実施するよう留意するものとする。
イ　教育課程の編成及び実施に当たっては，学校保健計画，学校安全計画，食に関する指導の全
体計画，いじめの防止等のための対策に関する基本的な方針など，各分野における学校の全体
計画等と関連付けながら，効果的な指導が行われるように留意するものとする。

2　家庭や地域社会との連携及び協働と学校間の連携
教育課程の編成及び実施に当たっては，次の事項に配慮するものとする。
ア　学校がその目的を達成するため，学校や地域の実態等に応じ，教育活動の実施に必要な人的
又は物的な体制を家庭や地域の人々の協力を得ながら整えるなど，家庭や地域社会との連携及
び協働を深めること。また，高齢者や異年齢の子供など，地域における世代を越えた交流の機
会を設けること。
イ　他の小学校や，幼稚園，認定こども園，保育所，中学校，高等学校，特別支援学校などとの
間の連携や交流を図るとともに，障害のある幼児児童生徒との交流及び共同学習の機会を設
け，共に尊重し合いながら協働して生活していく態度を育むようにすること。

● 第6　道徳教育に関する配慮事項

道徳教育を進めるに当たっては，道徳教育の特質を踏まえ，前項までに示す事項に加え，次の
事項に配慮するものとする。
1　各学校においては，第1の2の(2)に示す道徳教育の目標を踏まえ，道徳教育の全体計画を作
成し，校長の方針の下に，道徳教育の推進を主に担当する教師（以下「道徳教育推進教師」とい
う。）を中心に，全教師が協力して道徳教育を展開すること。なお，道徳教育の全体計画の作成
に当たっては，児童や学校，地域の実態を考慮して，学校の道徳教育の重点目標を設定するとと
もに，道徳科の指導方針，第3章特別の教科道徳の第2に示す内容との関連を踏まえた各教科，
外国語活動，総合的な学習の時間及び特別活動における指導の内容及び時期並びに家庭や地域社
会との連携の方法を示すこと。
2　各学校においては，児童の発達の段階や特性等を踏まえ，指導内容の重点化を図ること。その
際，各学年を通じて，自立心や自律性，生命を尊重する心や他者を思いやる心を育てることに留
意すること。また，各学年段階においては，次の事項に留意すること。
(1)　第1学年及び第2学年においては，挨拶などの基本的な生活習慣を身に付けること，善悪を
判断し，してはならないことをしないこと，社会生活上のきまりを守ること。
(2)　第3学年及び第4学年においては，善悪を判断し，正しいと判断したことを行うこと，身近
な人々と協力し助け合うこと，集団や社会のきまりを守ること。
(3)　第5学年及び第6学年においては，相手の考え方や立場を理解して支え合うこと，法やきま
りの意義を理解して進んで守ること，集団生活の充実に努めること，伝統と文化を尊重し，そ
れらを育んできた我が国と郷土を愛するとともに，他国を尊重すること。
3　学校や学級内の人間関係や環境を整えるとともに，集団宿泊活動やボランティア活動，自然体

付録2

験活動，地域の行事への参加などの豊かな体験を充実すること。また，道徳教育の指導内容が，児童の日常生活に生かされるようにすること。その際，いじめの防止や安全の確保等にも資することとなるよう留意すること。

4　学校の道徳教育の全体計画や道徳教育に関する諸活動などの情報を積極的に公表したり，道徳教育の充実のために家庭や地域の人々の積極的な参加や協力を得たりするなど，家庭や地域社会との共通理解を深め，相互の連携を図ること。

付録2

小学校学習指導要領　第2章　第9節　体育

● 第1　目　標

　体育や保健の見方・考え方を働かせ，課題を見付け，その解決に向けた学習過程を通して，心と体を一体として捉え，生涯にわたって心身の健康を保持増進し豊かなスポーツライフを実現するための資質・能力を次のとおり育成することを目指す。

(1)　その特性に応じた各種の運動の行い方及び身近な生活における健康・安全について理解するとともに，基本的な動きや技能を身に付けるようにする。

(2)　運動や健康についての自己の課題を見付け，その解決に向けて思考し判断するとともに，他者に伝える力を養う。

(3)　運動に親しむとともに健康の保持増進と体力の向上を目指し，楽しく明るい生活を営む態度を養う。

● 第2　各学年の目標及び内容

〔第1学年及び第2学年〕

1　目　標

(1)　各種の運動遊びの楽しさに触れ，その行い方を知るとともに，基本的な動きを身に付けるようにする。

(2)　各種の運動遊びの行い方を工夫するとともに，考えたことを他者に伝える力を養う。

(3)　各種の運動遊びに進んで取り組み，きまりを守り誰とでも仲よく運動をしたり，健康・安全に留意したりし，意欲的に運動をする態度を養う。

2　内　容

A　体つくりの運動遊び

　体つくりの運動遊びについて，次の事項を身に付けることができるよう指導する。

(1)　次の運動遊びの楽しさに触れ，その行い方を知るとともに，体を動かす心地よさを味わったり，基本的な動きを身に付けたりすること。

　ア　体ほぐしの運動遊びでは，手軽な運動遊びを行い，心と体の変化に気付いたり，みんなで関わり合ったりすること。

　イ　多様な動きをつくる運動遊びでは，体のバランスをとる動き，体を移動する動き，用具を操作する動き，力試しの動きをすること。

(2)　体をほぐしたり多様な動きをつくったりする遊び方を工夫するとともに，考えたことを友達に伝えること。

(3)　運動遊びに進んで取り組み，きまりを守り誰とでも仲よく運動をしたり，場の安全に気を付けたりすること。

B　器械・器具を使っての運動遊び

　器械・器具を使っての運動遊びについて，次の事項を身に付けることができるよう指導する。

(1)　次の運動遊びの楽しさに触れ，その行い方を知るとともに，その動きを身に付けること。

　ア　固定施設を使った運動遊びでは，登り下りや懸垂移行，渡り歩きや跳び下りをすること。

　イ　マットを使った運動遊びでは，いろいろな方向への転がり，手で支えての体の保持や回転をすること。

　ウ　鉄棒を使った運動遊びでは，支持しての揺れや上がり下り，ぶら下がりや易しい回転をす

付録3

ること。

エ 跳び箱を使った運動遊びでは，跳び乗りや跳び下り，手を着いてのまたぎ乗りやまたぎ下りをすること。

(2) 器械・器具を用いた簡単な遊び方を工夫するとともに，考えたことを友達に伝えること。

(3) 運動遊びに進んで取り組み，順番やきまりを守り誰とでも仲よく運動をしたり，場や器械・器具の安全に気を付けたりすること。

C 走・跳の運動遊び

走・跳の運動遊びについて，次の事項を身に付けることができるよう指導する。

(1) 次の運動遊びの楽しさに触れ，その行い方を知るとともに，その動きを身に付けること。

ア 走の運動遊びでは，いろいろな方向に走ったり，低い障害物を走り越えたりすること。

イ 跳の運動遊びでは，前方や上方に跳んだり，連続して跳んだりすること。

(2) 走ったり跳んだりする簡単な遊び方を工夫するとともに，考えたことを友達に伝えること。

(3) 運動遊びに進んで取り組み，順番やきまりを守り誰とでも仲よく運動をしたり，勝敗を受け入れたり，場の安全に気を付けたりすること。

D 水遊び

水遊びについて，次の事項を身に付けることができるよう指導する。

(1) 次の運動遊びの楽しさに触れ，その行い方を知るとともに，その動きを身に付けること。

ア 水の中を移動する運動遊びでは，水につかって歩いたり走ったりすること。

イ もぐる・浮く運動遊びでは，息を止めたり吐いたりしながら，水にもぐったり浮いたりすること。

(2) 水の中を移動したり，もぐったり浮いたりする簡単な遊び方を工夫するとともに，考えたことを友達に伝えること。

(3) 運動遊びに進んで取り組み，順番やきまりを守り誰とでも仲よく運動をしたり，水遊びの心得を守って安全に気を付けたりすること。

E ゲーム

ゲームについて，次の事項を身に付けることができるよう指導する。

(1) 次の運動遊びの楽しさに触れ，その行い方を知るとともに，易しいゲームをすること。

ア ボールゲームでは，簡単なボール操作と攻めや守りの動きによって，易しいゲームをすること。

イ 鬼遊びでは，一定の区域で，逃げる，追いかける，陣地を取り合うなどをすること。

(2) 簡単な規則を工夫したり，攻め方を選んだりするとともに，考えたことを友達に伝えること。

(3) 運動遊びに進んで取り組み，規則を守り誰とでも仲よく運動をしたり，勝敗を受け入れたり，場や用具の安全に気を付けたりすること。

F 表現リズム遊び

表現リズム遊びについて，次の事項を身に付けることができるよう指導する。

(1) 次の運動遊びの楽しさに触れ，その行い方を知るとともに，題材になりきったりリズムに乗ったりして踊ること。

ア 表現遊びでは，身近な題材の特徴を捉え，全身で踊ること。

イ リズム遊びでは，軽快なリズムに乗って踊ること。

(2) 身近な題材の特徴を捉えて踊ったり，軽快なリズムに乗って踊ったりする簡単な踊り方を工夫するとともに，考えたことを友達に伝えること。

(3) 運動遊びに進んで取り組み，誰とでも仲よく踊ったり，場の安全に気を付けたりすること。

付録3

3　内容の取扱い

(1)　内容の「A体つくりの運動遊び」については，2学年間にわたって指導するものとする。

(2)　内容の「C走・跳の運動遊び」については，児童の実態に応じて投の運動遊びを加えて指導することができる。

(3)　内容の「F表現リズム遊び」の(1)のイについては，簡単なフォークダンスを含めて指導することができる。

(4)　学校や地域の実態に応じて歌や運動を伴う伝承遊び及び自然の中での運動遊びを加えて指導することができる。

(5)　各領域の各内容については，運動と健康が関わっていることについての具体的な考えがもてるよう指導すること。

〔第3学年及び第4学年〕

1　目　標

(1)　各種の運動の楽しさや喜びに触れ，その行い方及び健康で安全な生活や体の発育・発達について理解するとともに，基本的な動きや技能を身に付けるようにする。

(2)　自己の運動や身近な生活における健康の課題を見付け，その解決のための方法や活動を工夫するとともに，考えたことを他者に伝える力を養う。

(3)　各種の運動に進んで取り組み，きまりを守り誰とでも仲よく運動をしたり，友達の考えを認めたり，場や用具の安全に留意したりし，最後まで努力して運動をする態度を養う。また，健康の大切さに気付き，自己の健康の保持増進に進んで取り組む態度を養う。

2　内　容

A　体つくり運動

　　体つくり運動について，次の事項を身に付けることができるよう指導する。

(1)　次の運動の楽しさや喜びに触れ，その行い方を知るとともに，体を動かす心地よさを味わったり，基本的な動きを身に付けたりすること。

　　ア　体ほぐしの運動では，手軽な運動を行い，心と体の変化に気付いたり，みんなで関わり合ったりすること。

　　イ　多様な動きをつくる運動では，体のバランスをとる動き，体を移動する動き，用具を操作する動き，力試しの動きをし，それらを組み合わせること。

(2)　自己の課題を見付け，その解決のための活動を工夫するとともに，考えたことを友達に伝えること。

(3)　運動に進んで取り組み，きまりを守り誰とでも仲よく運動をしたり，友達の考えを認めたり，場や用具の安全に気を付けたりすること。

B　器械運動

　　器械運動について，次の事項を身に付けることができるよう指導する。

(1)　次の運動の楽しさや喜びに触れ，その行い方を知るとともに，その技を身に付けること。

　　ア　マット運動では，回転系や巧技系の基本的な技をすること。

　　イ　鉄棒運動では，支持系の基本的な技をすること。

　　ウ　跳び箱運動では，切り返し系や回転系の基本的な技をすること。

(2)　自己の能力に適した課題を見付け，技ができるようになるための活動を工夫するとともに，考えたことを友達に伝えること。

(3)　運動に進んで取り組み，きまりを守り誰とでも仲よく運動をしたり，友達の考えを認めたり，場や器械・器具の安全に気を付けたりすること。

C　走・跳の運動

　走・跳の運動について，次の事項を身に付けることができるよう指導する。

(1) 次の運動の楽しさや喜びに触れ，その行い方を知るとともに，その動きを身に付けること。

　ア　かけっこ・リレーでは，調子よく走ったりバトンの受渡しをしたりすること。

　イ　小型ハードル走では，小型ハードルを調子よく走り越えること。

　ウ　幅跳びでは，短い助走から踏み切って跳ぶこと

　エ　高跳びでは，短い助走から踏み切って跳ぶこと。

(2) 自己の能力に適した課題を見付け，動きを身に付けるための活動や競争の仕方を工夫するとともに，考えたことを友達に伝えること。

(3) 運動に進んで取り組み，きまりを守り誰とでも仲よく運動をしたり，勝敗を受け入れたり，友達の考えを認めたり，場や用具の安全に気を付けたりすること。

D　水泳運動

　水泳運動について，次の事項を身に付けることができるよう指導する。

(1) 次の運動の楽しさや喜びに触れ，その行い方を知るとともに，その動きを身に付けること。

　ア　浮いて進む運動では，け伸びや初歩的な泳ぎをすること。

　イ　もぐる・浮く運動では，息を止めたり吐いたりしながら，いろいろなもぐり方や浮き方をすること。

(2) 自己の能力に適した課題を見付け，水の中での動きを身に付けるための活動を工夫するとともに，考えたことを友達に伝えること。

(3) 運動に進んで取り組み，きまりを守り誰とでも仲よく運動をしたり，友達の考えを認めたり，水泳運動の心得を守って安全に気を付けたりすること。

E　ゲーム

　ゲームについて，次の事項を身に付けることができるよう指導する。

(1) 次の運動の楽しさや喜びに触れ，その行い方を知るとともに，易しいゲームをすること。

　ア　ゴール型ゲームでは，基本的なボール操作とボールを持たないときの動きによって，易しいゲームをすること。

　イ　ネット型ゲームでは，基本的なボール操作とボールを操作できる位置に体を移動する動きによって，易しいゲームをすること。

　ウ　ベースボール型ゲームでは，蹴る，打つ，捕る，投げるなどのボール操作と得点をとったり防いだりする動きによって，易しいゲームをすること。

(2) 規則を工夫したり，ゲームの型に応じた簡単な作戦を選んだりするとともに，考えたことを友達に伝えること。

(3) 運動に進んで取り組み，規則を守り誰とでも仲よく運動をしたり，勝敗を受け入れたり，友達の考えを認めたり，場や用具の安全に気を付けたりすること。

F　表現運動

　表現運動について，次の事項を身に付けることができるよう指導する。

(1) 次の運動の楽しさや喜びに触れ，その行い方を知るとともに，表したい感じを表現したりリズムに乗ったりして踊ること。

　ア　表現では，身近な生活などの題材からその主な特徴を捉え，表したい感じをひと流れの動きで踊ること。

　イ　リズムダンスでは，軽快なリズムに乗って全身で踊ること。

(2) 自己の能力に適した課題を見付け，題材やリズムの特徴を捉えた踊り方や交流の仕方を工夫するとともに，考えたことを友達に伝えること。

付録3

(3) 運動に進んで取り組み，誰とでも仲よく踊ったり，友達の動きや考えを認めたり，場の安全に気を付けたりすること。

G　保　健

(1) 健康な生活について，課題を見付け，その解決を目指した活動を通して，次の事項を身に付けることができるよう指導する。

ア　健康な生活について理解すること。

(ア) 心や体の調子がよいなどの健康の状態は，主体の要因や周囲の環境の要因が関わっていること。

(イ) 毎日を健康に過ごすには，運動，食事，休養及び睡眠の調和のとれた生活を続けること，また，体の清潔を保つことなどが必要であること。

(ウ) 毎日を健康に過ごすには，明るさの調節，換気などの生活環境を整えることなどが必要であること。

イ　健康な生活について課題を見付け，その解決に向けて考え，それを表現すること。

(2) 体の発育・発達について，課題を見付け，その解決を目指した活動を通して，次の事項を身に付けることができるよう指導する。

ア　体の発育・発達について理解すること。

(ア) 体は，年齢に伴って変化すること。また，体の発育・発達には，個人差があること。

(イ) 体は，思春期になると次第に大人の体に近づき，体つきが変わったり，初経，精通などが起こったりすること。また，異性への関心が芽生えること。

(ウ) 体をよりよく発育・発達させるには，適切な運動，食事，休養及び睡眠が必要であること。

イ　体がよりよく発育・発達するために，課題を見付け，その解決に向けて考え，それを表現すること。

3　内容の取扱い

(1) 内容の「A体つくり運動」については，2学年間にわたって指導するものとする。

(2) 内容の「C走・跳の運動」については，児童の実態に応じて投の運動を加えて指導することができる。

(3) 内容の「Eゲーム」の(1)のアについては，味方チームと相手チームが入り交じって得点を取り合うゲーム及び陣地を取り合うゲームを取り扱うものとする。

(4) 内容の「F表現運動」の(1)については，学校や地域の実態に応じてフォークダンスを加えて指導することができる。

(5) 内容の「G保健」については，(1)を第3学年，(2)を第4学年で指導するものとする。

(6) 内容の「G保健」の(1)については，学校でも，健康診断や学校給食など様々な活動が行われていることについて触れるものとする。

(7) 内容の「G保健」の(2)については，自分と他の人では発育・発達などに違いがあることに気付き，それらを肯定的に受け止めることが大切であることについて触れるものとする。

(8) 各領域の各内容については，運動と健康が密接に関連していることについての具体的な考えがもてるよう指導すること。

〔第5学年及び第6学年〕

1　目　標

(1) 各種の運動の楽しさや喜びを味わい，その行い方及び心の健康やけがの防止，病気の予防について理解するとともに，各種の運動の特性に応じた基本的な技能及び健康で安全な生活を営むための技能を身に付けるようにする。

(2) 自己やグループの運動の課題や身近な健康に関わる課題を見付け，その解決のための方法や活動を工夫するとともに，自己や仲間の考えたことを他者に伝える力を養う。

(3) 各種の運動に積極的に取り組み，約束を守り助け合って運動をしたり，仲間の考えや取組を認めたり，場や用具の安全に留意したりし，自己の最善を尽くして運動をする態度を養う。また，健康・安全の大切さに気付き，自己の健康の保持増進や回復に進んで取り組む態度を養う。

2 内 容

A 体つくり運動

　体つくり運動について，次の事項を身に付けることができるよう指導する。

(1) 次の運動の楽しさや喜びを味わい，その行い方を理解するとともに，体を動かす心地よさを味わったり，体の動きを高めたりすること。

　ア 体ほぐしの運動では，手軽な運動を行い，心と体との関係に気付いたり，仲間と関わり合ったりすること。

　イ 体の動きを高める運動では，ねらいに応じて，体の柔らかさ，巧みな動き，力強い動き，動きを持続する能力を高めるための運動をすること。

(2) 自己の体の状態や体力に応じて，運動の行い方を工夫するとともに，自己や仲間の考えたことを他者に伝えること。

(3) 運動に積極的に取り組み，約束を守り助け合って運動をしたり，仲間の考えや取組を認めたり，場や用具の安全に気を配ったりすること。

B 器械運動

　器械運動について，次の事項を身に付けることができるよう指導する。

(1) 次の運動の楽しさや喜びを味わい，その行い方を理解するとともに，その技を身に付けること。

　ア マット運動では，回転系や巧技系の基本的な技を安定して行ったり，その発展技を行ったり，それらを繰り返したり組み合わせたりすること。

　イ 鉄棒運動では，支持系の基本的な技を安定して行ったり，その発展技を行ったり，それらを繰り返したり組み合わせたりすること。

　ウ 跳び箱運動では，切り返し系や回転系の基本的な技を安定して行ったり，その発展技を行ったりすること。

(2) 自己の能力に適した課題の解決の仕方や技の組み合わせ方を工夫するとともに，自己や仲間の考えたことを他者に伝えること。

(3) 運動に積極的に取り組み，約束を守り助け合って運動をしたり，仲間の考えや取組を認めたり，場や器械・器具の安全に気を配ったりすること。

C 陸上運動

　陸上運動について，次の事項を身に付けることができるよう指導する。

(1) 次の運動の楽しさや喜びを味わい，その行い方を理解するとともに，その技能を身に付けること。

　ア 短距離走・リレーでは，一定の距離を全力で走ったり，滑らかなバトンの受渡しをしたりすること。

　イ ハードル走では，ハードルをリズミカルに走り越えること。

　ウ 走り幅跳びでは，リズミカルな助走から踏み切って跳ぶこと。

　エ 走り高跳びでは，リズミカルな助走から踏み切って跳ぶこと。

(2) 自己の能力に適した課題の解決の仕方，競争や記録への挑戦の仕方を工夫するとともに，自

付録3

己や仲間の考えたことを他者に伝えること。

(3) 運動に積極的に取り組み，約束を守り助け合って運動をしたり，勝敗を受け入れたり，仲間の考えや取組を認めたり，場や用具の安全に気を配ったりすること。

D　水泳運動

水泳運動について，次の事項を身に付けることができるよう指導する。

(1) 次の運動の楽しさや喜びを味わい，その行い方を理解するとともに，その技能を身に付けること。

　ア　クロールでは，手や足の動きに呼吸を合わせて続けて長く泳ぐこと。

　イ　平泳ぎでは，手や足の動きに呼吸を合わせて続けて長く泳ぐこと。

　ウ　安全確保につながる運動では，背浮きや浮き沈みをしながら続けて長く浮くこと。

(2) 自己の能力に適した課題の解決の仕方や記録への挑戦の仕方を工夫するとともに，自己や仲間の考えたことを他者に伝えること。

(3) 運動に積極的に取り組み，約束を守り助け合って運動をしたり，仲間の考えや取組を認めたり，水泳運動の心得を守って安全に気を配ったりすること。

E　ボール運動

ボール運動について，次の事項を身に付けることができるよう指導する。

(1) 次の運動の楽しさや喜びを味わい，その行い方を理解するとともに，その技能を身に付け，簡易化されたゲームをすること。

　ア　ゴール型では，ボール操作とボールを持たないときの動きによって，簡易化されたゲームをすること。

　イ　ネット型では，個人やチームによる攻撃と守備によって，簡易化されたゲームをすること。

　ウ　ベースボール型では，ボールを打つ攻撃と隊形をとった守備によって，簡易化されたゲームをすること。

(2) ルールを工夫したり，自己やチームの特徴に応じた作戦を選んだりするとともに，自己や仲間の考えたことを他者に伝えること。

(3) 運動に積極的に取り組み，ルールを守り助け合って運動をしたり，勝敗を受け入れたり，仲間の考えや取組を認めたり，場や用具の安全に気を配ったりすること。

F　表現運動

表現運動について，次の事項を身に付けることができるよう指導する。

(1) 次の運動の楽しさや喜びを味わい，その行い方を理解するとともに，表したい感じを表現したり踊りで交流したりすること。

　ア　表現では，いろいろな題材からそれらの主な特徴を捉え，表したい感じをひと流れの動きで即興的に踊ったり，簡単なひとまとまりの動きにして踊ったりすること。

　イ　フォークダンスでは，日本の民踊や外国の踊りから，それらの踊り方の特徴を捉え，音楽に合わせて簡単なステップや動きで踊ること。

(2) 自己やグループの課題の解決に向けて，表したい内容や踊りの特徴を捉えた練習や発表・交流の仕方を工夫するとともに，自己や仲間の考えたことを他者に伝えること。

(3) 運動に積極的に取り組み，互いのよさを認め合い助け合って踊ったり，場の安全に気を配ったりすること。

G　保　健

(1) 心の健康について，課題を見付け，その解決を目指した活動を通して，次の事項を身に付けることができるよう指導する。

ア　心の発達及び不安や悩みへの対処について理解するとともに，簡単な対処をすること。

(ｱ)　心は，いろいろな生活経験を通して，年齢に伴って発達すること。

(ｲ)　心と体には，密接な関係があること。

(ｳ)　不安や悩みへの対処には，大人や友達に相談する，仲間と遊ぶ，運動をするなどいろいろな方法があること。

イ　心の健康について，課題を見付け，その解決に向けて思考し判断するとともに，それらを表現すること。

(2)　けがの防止について，課題を見付け，その解決を目指した活動を通して，次の事項を身に付けることができるよう指導する。

ア　けがの防止に関する次の事項を理解するとともに，けがなどの簡単な手当をすること。

(ｱ)　交通事故や身の回りの生活の危険が原因となって起こるけがの防止には，周囲の危険に気付くこと，的確な判断の下に安全に行動すること，環境を安全に整えることが必要であること。

(ｲ)　けがなどの簡単な手当は，速やかに行う必要があること。

イ　けがを防止するために，危険の予測や回避の方法を考え，それらを表現すること。

(3)　病気の予防について，課題を見付け，その解決を目指した活動を通して，次の事項を身に付けることができるよう指導する。

ア　病気の予防について理解すること。

(ｱ)　病気は，病原体，体の抵抗力，生活行動，環境が関わりあって起こること。

(ｲ)　病原体が主な要因となって起こる病気の予防には，病原体が体に入るのを防ぐことや病原体に対する体の抵抗力を高めることが必要であること。

(ｳ)　生活習慣病など生活行動が主な要因となって起こる病気の予防には，適切な運動，栄養の偏りのない食事をとること，口腔の衛生を保つことなど，望ましい生活習慣を身に付ける必要があること。

(ｴ)　喫煙，飲酒，薬物乱用などの行為は，健康を損なう原因となること。

(ｵ)　地域では，保健に関わる様々な活動が行われていること。

イ　病気を予防するために，課題を見付け，その解決に向けて思考し判断するとともに，それらを表現すること。

3　内容の取扱い

(1)　内容の「A体つくり運動」については，2学年間にわたって指導するものとする。また，(1)のイについては，体の柔らかさ及び巧みな動きを高めることに重点を置いて指導するものとする。その際，音楽に合わせて運動をするなどの工夫を図ること。

(2)　内容の「A体つくり運動」の(1)のアと「G保健」の(1)のアの(ｳ)については，相互の関連を図って指導するものとする。

(3)　内容の「C陸上運動」については，児童の実態に応じて，投の運動を加えて指導することができる。

(4)　内容の「D水泳運動」の(1)のア及びイについては，水中からのスタートを指導するものとする。また，学校の実態に応じて背泳ぎを加えて指導することができる。

(5)　内容の「Eボール運動」の(1)については，アはバスケットボール及びサッカーを，イはソフトバレーボールを，ウはソフトボールを主として取り扱うものとするが，これらに替えてハンドボール，タグラグビー，フラッグフットボールなどア，イ及びウの型に応じたその他のボール運動を指導することもできるものとする。なお，学校の実態に応じてウは取り扱わないことができる。

付録3

209

(6) 内容の「F表現運動」の(1)については，学校や地域の実態に応じてリズムダンスを加えて指導することができる。

(7) 内容の「G保健」については，(1)及び(2)を第5学年，(3)を第6学年で指導するものとする。また，けがや病気からの回復についても触れるものとする。

(8) 内容の「G保健」の(3)のアの(エ)の薬物については，有機溶剤の心身への影響を中心に取り扱うものとする。また，覚醒剤等についても触れるものとする。

(9) 各領域の各内容については，運動領域と保健領域との関連を図る指導に留意すること。

● 第3 指導計画の作成と内容の取扱い

1 指導計画の作成に当たっては，次の事項に配慮するものとする。

(1) 単元など内容や時間のまとまりを見通して，その中で育む資質・能力の育成に向けて，児童の主体的・対話的で深い学びの実現を図るようにすること。その際，体育や保健の見方・考え方を働かせ，運動や健康についての自己の課題を見付け，その解決のための活動を選んだり工夫したりする活動の充実を図ること。また，運動の楽しさや喜びを味わったり，健康の大切さを実感したりすることができるよう留意すること。

(2) 一部の領域の指導に偏ることのないよう授業時数を配当すること。

(3) 第2の第3学年及び第4学年の内容の「G保健」に配当する授業時数は，2学年間で8単位時間程度，また，第2の第5学年及び第6学年の内容の「G保健」に配当する授業時数は，2学年間で16単位時間程度とすること。

(4) 第2の第3学年及び第4学年の内容の「G保健」並びに第5学年及び第6学年の内容の「G保健」（以下「保健」という。）については，効果的な学習が行われるよう適切な時期に，ある程度まとまった時間を配当すること。

(5) 低学年においては，第1章総則の第2の4の(1)を踏まえ，他教科等との関連を積極的に図り，指導の効果を高めるようにするとともに，幼稚園教育要領等に示す幼児期の終わりまでに育ってほしい姿との関連を考慮すること。特に，小学校入学当初においては，生活科を中心とした合科的・関連的な指導や，弾力的な時間割の設定を行うなどの工夫をすること。

(6) 障害のある児童などについては，学習活動を行う場合に生じる困難さに応じた指導内容や指導方法の工夫を計画的，組織的に行うこと。

(7) 第1章総則の第1の2の(2)に示す道徳教育の目標に基づき，道徳科などとの関連を考慮しながら，第3章特別の教科道徳の第2に示す内容について，体育科の特質に応じて適切な指導をすること。

2 第2の内容の取扱いについては，次の事項に配慮するものとする。

(1) 学校や地域の実態を考慮するとともに，個々の児童の運動経験や技能の程度などに応じた指導や児童自らが運動の課題の解決を目指す活動を行えるよう工夫すること。特に，運動を苦手と感じている児童や，運動に意欲的に取り組まない児童への指導を工夫するとともに，障害のある児童などへの指導の際には，周りの児童が様々な特性を尊重するよう指導すること。

(2) 筋道を立てて練習や作戦について話し合うことや，身近な健康の保持増進について話し合うことなど，コミュニケーション能力や論理的な思考力の育成を促すための言語活動を積極的に行うことに留意すること。

(3) 第2の内容の指導に当たっては，コンピュータや情報通信ネットワークなどの情報手段を積極的に活用し，各領域の特質に応じた学習活動を行うことができるように工夫すること。その際，情報機器の基本的な操作についても，内容に応じて取り扱うこと。

付録3

(4) 運動領域におけるスポーツとの多様な関わり方や保健領域の指導については，具体的な体験を伴う学習を取り入れるよう工夫すること。

(5) 第2の内容の「A体つくりの運動遊び」及び「A体つくり運動」の(1)のアについては，各学年の各領域においてもその趣旨を生かした指導ができること。

(6) 第2の内容の「D水遊び」及び「D水泳運動」の指導については，適切な水泳場の確保が困難な場合にはこれらを取り扱わないことができるが，これらの心得については，必ず取り上げること。

(7) オリンピック・パラリンピックに関する指導として，フェアなプレイを大切にするなど，児童の発達の段階に応じて，各種の運動を通してスポーツの意義や価値等に触れることができるようにすること。

(8) 集合，整頓，列の増減などの行動の仕方を身に付け，能率的で安全な集団としての行動ができるようにするための指導については，第2の内容の「A体つくりの運動遊び」及び「A体つくり運動」をはじめとして，各学年の各領域（保健を除く。）において適切に行うこと。

(9) 自然との関わりの深い雪遊び，氷上遊び，スキー，スケート，水辺活動などの指導については，学校や地域の実態に応じて積極的に行うことに留意すること。

(10) 保健の内容のうち運動，食事，休養及び睡眠については，食育の観点も踏まえつつ，健康的な生活習慣の形成に結び付くよう配慮するとともに，保健を除く第3学年以上の各領域及び学校給食に関する指導においても関連した指導を行うようにすること。

(11) 保健の指導に当たっては，健康に関心をもてるようにし，健康に関する課題を解決する学習活動を取り入れるなどの指導方法の工夫を行うこと。

付録3

中学校学習指導要領　第2章　第7節　保健体育

● 第1　目　標

　体育や保健の見方・考え方を働かせ，課題を発見し，合理的な解決に向けた学習過程を通して，心と体を一体として捉え，生涯にわたって心身の健康を保持増進し豊かなスポーツライフを実現するための資質・能力を次のとおり育成することを目指す。

(1) 各種の運動の特性に応じた技能等及び個人生活における健康・安全について理解するとともに，基本的な技能を身に付けるようにする。

(2) 運動や健康についての自他の課題を発見し，合理的な解決に向けて思考し判断するとともに，他者に伝える力を養う。

(3) 生涯にわたって運動に親しむとともに健康の保持増進と体力の向上を目指し，明るく豊かな生活を営む態度を養う。

● 第2　各学年の目標及び内容

〔体育分野　第1学年及び第2学年〕

1　目　標

(1) 運動の合理的な実践を通して，運動の楽しさや喜びを味わい，運動を豊かに実践することができるようにするため，運動，体力の必要性について理解するとともに，基本的な技能を身に付けるようにする。

(2) 運動についての自己の課題を発見し，合理的な解決に向けて思考し判断するとともに，自己や仲間の考えたことを他者に伝える力を養う。

(3) 運動における競争や協働の経験を通して，公正に取り組む，互いに協力する，自己の役割を果たす，一人一人の違いを認めようとするなどの意欲を育てるとともに，健康・安全に留意し，自己の最善を尽くして運動をする態度を養う。

2　内　容

A　体つくり運動

　体つくり運動について，次の事項を身に付けることができるよう指導する。

(1) 次の運動を通して，体を動かす楽しさや心地よさを味わい，体つくり運動の意義と行い方，体の動きを高める方法などを理解し，目的に適した運動を身に付け，組み合わせること。

　　ア　体ほぐしの運動では，手軽な運動を行い，心と体との関係や心身の状態に気付き，仲間と積極的に関わり合うこと。

　　イ　体の動きを高める運動では，ねらいに応じて，体の柔らかさ，巧みな動き，力強い動き，動きを持続する能力を高めるための運動を行うとともに，それらを組み合わせること。

(2) 自己の課題を発見し，合理的な解決に向けて運動の取り組み方を工夫するとともに，自己や仲間の考えたことを他者に伝えること。

(3) 体つくり運動に積極的に取り組むとともに，仲間の学習を援助しようとすること，一人一人の違いに応じた動きなどを認めようとすること，話合いに参加しようとすることなどや，健康・安全に気を配ること。

B　器械運動

　器械運動について，次の事項を身に付けることができるよう指導する。

(1) 次の運動について，技ができる楽しさや喜びを味わい，器械運動の特性や成り立ち，技の名

称や行い方，その運動に関連して高まる体力などを理解するとともに，技をよりよく行うこと。

ア　マット運動では，回転系や巧技系の基本的な技を滑らかに行うこと，条件を変えた技や発展技を行うこと及びそれらを組み合わせること。

イ　鉄棒運動では，支持系や懸垂系の基本的な技を滑らかに行うこと，条件を変えた技や発展技を行うこと及びそれらを組み合わせること。

ウ　平均台運動では，体操系やバランス系の基本的な技を滑らかに行うこと，条件を変えた技や発展技を行うこと及びそれらを組み合わせること。

エ　跳び箱運動では，切り返し系や回転系の基本的な技を滑らかに行うこと，条件を変えた技や発展技を行うこと。

(2)　技などの自己の課題を発見し，合理的な解決に向けて運動の取り組み方を工夫するとともに，自己の考えたことを他者に伝えること。

(3)　器械運動に積極的に取り組むとともに，よい演技を認めようとすること，仲間の学習を援助しようとすること，一人一人の違いに応じた課題や挑戦を認めようとすることなどや，健康・安全に気を配ること。

C　陸上競技

陸上競技について，次の事項を身に付けることができるよう指導する。

(1)　次の運動について，記録の向上や競争の楽しさや喜びを味わい，陸上競技の特性や成り立ち，技術の名称や行い方，その運動に関連して高まる体力などを理解するとともに，基本的な動きや効率のよい動きを身に付けること。

ア　短距離走・リレーでは，滑らかな動きで速く走ることやバトンの受渡しでタイミングを合わせること，長距離走では，ペースを守って走ること，ハードル走では，リズミカルな走りから滑らかにハードルを越すこと。

イ　走り幅跳びでは，スピードに乗った助走から素早く踏み切って跳ぶこと，走り高跳びでは，リズミカルな助走から力強く踏み切って大きな動作で跳ぶこと。

(2)　動きなどの自己の課題を発見し，合理的な解決に向けて運動の取り組み方を工夫するとともに，自己の考えたことを他者に伝えること。

(3)　陸上競技に積極的に取り組むとともに，勝敗などを認め，ルールやマナーを守ろうとすること，分担した役割を果たそうとすること，一人一人の違いに応じた課題や挑戦を認めようとすることなどや，健康・安全に気を配ること。

D　水　泳

水泳について，次の事項を身に付けることができるよう指導する。

(1)　次の運動について，記録の向上や競争の楽しさや喜びを味わい，水泳の特性や成り立ち，技術の名称や行い方，その運動に関連して高まる体力などを理解するとともに，泳法を身に付けること。

ア　クロールでは，手と足の動き，呼吸のバランスをとり速く泳ぐこと。

イ　平泳ぎでは，手と足の動き，呼吸のバランスをとり長く泳ぐこと。

ウ　背泳ぎでは，手と足の動き，呼吸のバランスをとり泳ぐこと。

エ　バタフライでは，手と足の動き，呼吸のバランスをとり泳ぐこと。

(2)　泳法などの自己の課題を発見し，合理的な解決に向けて運動の取り組み方を工夫するとともに，自己の考えたことを他者に伝えること。

(3)　水泳に積極的に取り組むとともに，勝敗などを認め，ルールやマナーを守ろうとすること，分担した役割を果たそうとすること，一人一人の違いに応じた課題や挑戦を認めようとするこ

付録4

となどや，水泳の事故防止に関する心得を遵守するなど健康・安全に気を配ること。

　E　球　技

　　　球技について，次の事項を身に付けることができるよう指導する。

　⑴　次の運動について，勝敗を競う楽しさや喜びを味わい，球技の特性や成り立ち，技術の名称
　　や行い方，その運動に関連して高まる体力などを理解するとともに，基本的な技能や仲間と連
　　携した動きでゲームを展開すること。

　　ア　ゴール型では，ボール操作と空間に走り込むなどの動きによってゴール前での攻防をする
　　　こと。

　　イ　ネット型では，ボールや用具の操作と定位置に戻るなどの動きによって空いた場所をめぐ
　　　る攻防をすること。

　　ウ　ベースボール型では，基本的なバット操作と走塁での攻撃，ボール操作と定位置での守備
　　　などによって攻防をすること。

　⑵　攻防などの自己の課題を発見し，合理的な解決に向けて運動の取り組み方を工夫するととも
　　に，自己や仲間の考えたことを他者に伝えること。

　⑶　球技に積極的に取り組むとともに，フェアなプレイを守ろうとすること，作戦などについて
　　の話合いに参加しようとすること，一人一人の違いに応じたプレイなどを認めようとするこ
　　と，仲間の学習を援助しようとすることなどや，健康・安全に気を配ること。

　F　武　道

　　　武道について，次の事項を身に付けることができるよう指導する。

　⑴　次の運動について，技ができる楽しさや喜びを味わい，武道の特性や成り立ち，伝統的な考
　　え方，技の名称や行い方，その運動に関連して高まる体力などを理解するとともに，基本動作
　　や基本となる技を用いて簡易な攻防を展開すること。

　　ア　柔道では，相手の動きに応じた基本動作や基本となる技を用いて，投げたり抑えたりする
　　　などの簡易な攻防をすること。

　　イ　剣道では，相手の動きに応じた基本動作や基本となる技を用いて，打ったり受けたりする
　　　などの簡易な攻防をすること。

　　ウ　相撲では，相手の動きに応じた基本動作や基本となる技を用いて，押したり寄ったりする
　　　などの簡易な攻防をすること。

　⑵　攻防などの自己の課題を発見し，合理的な解決に向けて運動の取り組み方を工夫するととも
　　に，自己の考えたことを他者に伝えること。

　⑶　武道に積極的に取り組むとともに，相手を尊重し，伝統的な行動の仕方を守ろうとするこ
　　と，分担した役割を果たそうとすること，一人一人の違いに応じた課題や挑戦を認めようとす
　　ることなどや，禁じ技を用いないなど健康・安全に気を配ること。

　G　ダンス

　　　ダンスについて，次の事項を身に付けることができるよう指導する。

　⑴　次の運動について，感じを込めて踊ったりみんなで踊ったりする楽しさや喜びを味わい，ダ
　　ンスの特性や由来，表現の仕方，その運動に関連して高まる体力などを理解するとともに，イ
　　メージを捉えた表現や踊りを通した交流をすること。

　　ア　創作ダンスでは，多様なテーマから表したいイメージを捉え，動きに変化を付けて即興的
　　　に表現したり，変化のあるひとまとまりの表現にしたりして踊ること。

　　イ　フォークダンスでは，日本の民踊や外国の踊りから，それらの踊り方の特徴を捉え，音楽
　　　に合わせて特徴的なステップや動きで踊ること。

　　ウ　現代的なリズムのダンスでは，リズムの特徴を捉え，変化のある動きを組み合わせて，リ

付録4

214

ズムに乗って全身で踊ること。

(2) 表現などの自己の課題を発見し，合理的な解決に向けて運動の取り組み方を工夫するとともに，自己や仲間の考えたことを他者に伝えること。

(3) ダンスに積極的に取り組むとともに，仲間の学習を援助しようとすること，交流などの話合いに参加しようとすること，一人一人の違いに応じた表現や役割を認めようとすることなどや，健康・安全に気を配ること。

H　体育理論

(1) 運動やスポーツが多様であることについて，課題を発見し，その解決を目指した活動を通して，次の事項を身に付けることができるよう指導する。

　ア　運動やスポーツが多様であることについて理解すること。

　　(ｱ) 運動やスポーツは，体を動かしたり健康を維持したりするなどの必要性及び競い合うことや課題を達成することなどの楽しさから生みだされ発展してきたこと。

　　(ｲ) 運動やスポーツには，行うこと，見ること，支えること及び知ることなどの多様な関わり方があること。

　　(ｳ) 世代や機会に応じて，生涯にわたって運動やスポーツを楽しむためには，自己に適した多様な楽しみ方を見付けたり，工夫したりすることが大切であること。

　イ　運動やスポーツが多様であることについて，自己の課題を発見し，よりよい解決に向けて思考し判断するとともに，他者に伝えること。

　ウ　運動やスポーツが多様であることについての学習に積極的に取り組むこと。

(2) 運動やスポーツの意義や効果と学び方や安全な行い方について，課題を発見し，その解決を目指した活動を通して，次の事項を身に付けることができるよう指導する。

　ア　運動やスポーツの意義や効果と学び方や安全な行い方について理解すること。

　　(ｱ) 運動やスポーツは，身体の発達やその機能の維持，体力の向上などの効果や自信の獲得，ストレスの解消などの心理的効果及びルールやマナーについて合意したり，適切な人間関係を築いたりするなどの社会性を高める効果が期待できること。

　　(ｲ) 運動やスポーツには，特有の技術があり，その学び方には，運動の課題を合理的に解決するための一定の方法があること。

　　(ｳ) 運動やスポーツを行う際は，その特性や目的，発達の段階や体調などを踏まえて運動を選ぶなど，健康・安全に留意する必要があること。

　イ　運動やスポーツの意義や効果と学び方や安全な行い方について，自己の課題を発見し，よりよい解決に向けて思考し判断するとともに，他者に伝えること。

　ウ　運動やスポーツの意義や効果と学び方や安全な行い方についての学習に積極的に取り組むこと。

〔体育分野　第3学年〕

1　目　標

(1) 運動の合理的な実践を通して，運動の楽しさや喜びを味わい，生涯にわたって運動を豊かに実践することができるようにするため，運動，体力の必要性について理解するとともに，基本的な技能を身に付けるようにする。

(2) 運動についての自己や仲間の課題を発見し，合理的な解決に向けて思考し判断するとともに，自己や仲間の考えたことを他者に伝える力を養う。

(3) 運動における競争や協働の経験を通して，公正に取り組む，互いに協力する，自己の責任を果たす，参画する，一人一人の違いを大切にしようとするなどの意欲を育てるとともに，健康・安全を確保して，生涯にわたって運動に親しむ態度を養う。

付録4

2　内　容

A　体つくり運動

体つくり運動について，次の事項を身に付けることができるよう指導する。

(1) 次の運動を通して，体を動かす楽しさや心地よさを味わい，運動を継続する意義，体の構造，運動の原則などを理解するとともに，健康の保持増進や体力の向上を目指し，目的に適した運動の計画を立て取り組むこと。

　ア　体ほぐしの運動では，手軽な運動を行い，心と体は互いに影響し変化することや心身の状態に気付き，仲間と自主的に関わり合うこと。

　イ　実生活に生かす運動の計画では，ねらいに応じて，健康の保持増進や調和のとれた体力の向上を図るための運動の計画を立て取り組むこと。

(2) 自己や仲間の課題を発見し，合理的な解決に向けて運動の取り組み方を工夫するとともに，自己や仲間の考えたことを他者に伝えること。

(3) 体つくり運動に自主的に取り組むとともに，互いに助け合い教え合おうとすること，一人一人の違いに応じた動きなどを大切にしようとすること，話合いに貢献しようとすることなどや，健康・安全を確保すること。

B　器械運動

器械運動について，次の事項を身に付けることができるよう指導する。

(1) 次の運動について，技ができる楽しさや喜びを味わい，技の名称や行い方，運動観察の方法，体力の高め方などを理解するとともに，自己に適した技で演技すること。

　ア　マット運動では，回転系や巧技系の基本的な技を滑らかに安定して行うこと，条件を変えた技や発展技を行うこと及びそれらを構成し演技すること。

　イ　鉄棒運動では，支持系や懸垂系の基本的な技を滑らかに安定して行うこと，条件を変えた技や発展技を行うこと及びそれらを構成し演技すること。

　ウ　平均台運動では，体操系やバランス系の基本的な技を滑らかに安定して行うこと，条件を変えた技や発展技を行うこと及びそれらを構成し演技すること。

　エ　跳び箱運動では，切り返し系や回転系の基本的な技を滑らかに安定して行うこと，条件を変えた技や発展技を行うこと。

(2) 技などの自己や仲間の課題を発見し，合理的な解決に向けて運動の取り組み方を工夫するとともに，自己の考えたことを他者に伝えること。

(3) 器械運動に自主的に取り組むとともに，よい演技を讃えようとすること，互いに助け合い教え合おうとすること，一人一人の違いに応じた課題や挑戦を大切にしようとすることなどや，健康・安全を確保すること。

C　陸上競技

陸上競技について，次の事項を身に付けることができるよう指導する。

(1) 次の運動について，記録の向上や競争の楽しさや喜びを味わい，技術の名称や行い方，体力の高め方，運動観察の方法などを理解するとともに，各種目特有の技能を身に付けること。

　ア　短距離走・リレーでは，中間走へのつなぎを滑らかにして速く走ることやバトンの受渡しで次走者のスピードを十分高めること，長距離走では，自己に適したペースを維持して走ること，ハードル走では，スピードを維持した走りからハードルを低く越すこと。

　イ　走り幅跳びでは，スピードに乗った助走から力強く踏み切って跳ぶこと，走り高跳びでは，リズミカルな助走から力強く踏み切り滑らかな空間動作で跳ぶこと。

(2) 動きなどの自己や仲間の課題を発見し，合理的な解決に向けて運動の取り組み方を工夫するとともに，自己の考えたことを他者に伝えること。

付録4

(3) 陸上競技に自主的に取り組むとともに，勝敗などを冷静に受け止め，ルールやマナーを大切にしようとすること，自己の責任を果たそうとすること，一人一人の違いに応じた課題や挑戦を大切にしようとすることなどや，健康・安全を確保すること。

D　水　泳

水泳について，次の事項を身に付けることができるよう指導する。

(1) 次の運動について，記録の向上や競争の楽しさや喜びを味わい，技術の名称や行い方，体力の高め方，運動観察の方法などを理解するとともに，効率的に泳ぐこと。

　ア　クロールでは，手と足の動き，呼吸のバランスを保ち，安定したペースで長く泳いだり速く泳いだりすること。

　イ　平泳ぎでは，手と足の動き，呼吸のバランスを保ち，安定したペースで長く泳いだり速く泳いだりすること。

　ウ　背泳ぎでは，手と足の動き，呼吸のバランスを保ち，安定したペースで泳ぐこと。

　エ　バタフライでは，手と足の動き，呼吸のバランスを保ち，安定したペースで泳ぐこと。

　オ　複数の泳法で泳ぐこと，又はリレーをすること。

(2) 泳法などの自己や仲間の課題を発見し，合理的な解決に向けて運動の取り組み方を工夫するとともに，自己の考えたことを他者に伝えること。

(3) 水泳に自主的に取り組むとともに，勝敗などを冷静に受け止め，ルールやマナーを大切にしようとすること，自己の責任を果たそうとすること，一人一人の違いに応じた課題や挑戦を大切にしようとすることなどや，水泳の事故防止に関する心得を遵守するなど健康・安全を確保すること。

E　球　技

球技について，次の事項を身に付けることができるよう指導する。

(1) 次の運動について，勝敗を競う楽しさや喜びを味わい，技術の名称や行い方，体力の高め方，運動観察の方法などを理解するとともに，作戦に応じた技能で仲間と連携しゲームを展開すること。

　ア　ゴール型では，安定したボール操作と空間を作りだすなどの動きによってゴール前への侵入などから攻防をすること。

　イ　ネット型では，役割に応じたボール操作や安定した用具の操作と連携した動きによって空いた場所をめぐる攻防をすること。

　ウ　ベースボール型では，安定したバット操作と走塁での攻撃，ボール操作と連携した守備などによって攻防をすること。

(2) 攻防などの自己やチームの課題を発見し，合理的な解決に向けて運動の取り組み方を工夫するとともに，自己や仲間の考えたことを他者に伝えること。

(3) 球技に自主的に取り組むとともに，フェアなプレイを大切にしようとすること，作戦などについての話合いに貢献しようとすること，一人一人の違いに応じたプレイなどを大切にしようとすること，互いに助け合い教え合おうとすることなどや，健康・安全を確保すること。

F　武　道

武道について，次の事項を身に付けることができるよう指導する。

(1) 次の運動について，技を高め勝敗を競う楽しさや喜びを味わい，伝統的な考え方，技の名称や見取り稽古の仕方，体力の高め方などを理解するとともに，基本動作や基本となる技を用いて攻防を展開すること。

　ア　柔道では，相手の動きの変化に応じた基本動作や基本となる技，連絡技を用いて，相手を崩して投げたり，抑えたりするなどの攻防をすること。

付録4

イ　剣道では，相手の動きの変化に応じた基本動作や基本となる技を用いて，相手の構えを崩し，しかけたり応じたりするなどの攻防をすること。

ウ　相撲では，相手の動きの変化に応じた基本動作や基本となる技を用いて，相手を崩し，投げたりいなしたりするなどの攻防をすること。

(2)　攻防などの自己や仲間の課題を発見し，合理的な解決に向けて運動の取り組み方を工夫するとともに，自己の考えたことを他者に伝えること。

(3)　武道に自主的に取り組むとともに，相手を尊重し，伝統的な行動の仕方を大切にしようとすること，自己の責任を果たそうとすること，一人一人の違いに応じた課題や挑戦を大切にしようとすることなどや，健康・安全を確保すること。

G　ダンス

ダンスについて，次の事項を身に付けることができるよう指導する。

(1)　次の運動について，感じを込めて踊ったり，みんなで自由に踊ったりする楽しさや喜びを味わい，ダンスの名称や用語，踊りの特徴と表現の仕方，交流や発表の仕方，運動観察の方法，体力の高め方などを理解するとともに，イメージを深めた表現や踊りを通した交流や発表をすること。

ア　創作ダンスでは，表したいテーマにふさわしいイメージを捉え，個や群で，緩急強弱のある動きや空間の使い方で変化を付けて即興的に表現したり，簡単な作品にまとめたりして踊ること。

イ　フォークダンスでは，日本の民踊や外国の踊りから，それらの踊り方の特徴を捉え，音楽に合わせて特徴的なステップや動きと組み方で踊ること。

ウ　現代的なリズムのダンスでは，リズムの特徴を捉え，変化とまとまりを付けて，リズムに乗って全身で踊ること。

(2)　表現などの自己や仲間の課題を発見し，合理的な解決に向けて運動の取り組み方を工夫するとともに，自己や仲間の考えたことを他者に伝えること。

(3)　ダンスに自主的に取り組むとともに，互いに助け合い教え合おうとすること，作品や発表などの話合いに貢献しようとすること，一人一人の違いに応じた表現や役割を大切にしようとすることなどや，健康・安全を確保すること。

H　体育理論

(1)　文化としてのスポーツの意義について，課題を発見し，その解決を目指した活動を通して，次の事項を身に付けることができるよう指導する。

ア　文化としてのスポーツの意義について理解すること。

(ｱ)　スポーツは，文化的な生活を営みよりよく生きていくために重要であること。

(ｲ)　オリンピックやパラリンピック及び国際的なスポーツ大会などは，国際親善や世界平和に大きな役割を果たしていること。

(ｳ)　スポーツは，民族や国，人種や性，障害の違いなどを超えて人々を結び付けていること。

イ　文化としてのスポーツの意義について，自己の課題を発見し，よりよい解決に向けて思考し判断するとともに，他者に伝えること。

ウ　文化としてのスポーツの意義についての学習に自主的に取り組むこと。

〔内容の取扱い〕

(1)　内容の各領域については，次のとおり取り扱うものとする。

ア　第1学年及び第2学年においては，「A体つくり運動」から「H体育理論」までについては，全ての生徒に履修させること。その際，「A体つくり運動」及び「H体育理論」につい

ては，２学年間にわたって履修させること。

イ　第３学年においては，「A体つくり運動」及び「H体育理論」については，全ての生徒に
履修させること。「B器械運動」，「C陸上競技」，「D水泳」及び「Gダンス」についてはい
ずれかから一以上を，「E球技」及び「F武道」についてはいずれか一以上をそれぞれ選択
して履修できるようにすること。

(2)　内容の「A体つくり運動」から「H体育理論」までに示す事項については，次のとおり取り
扱うものとする。

ア　「A体つくり運動」の(1)のアの運動については，「B器械運動」から「Gダンス」までに
おいても関連を図って指導することができるとともに，心の健康など保健分野との関連を
図って指導すること。また，「A体つくり運動」の(1)のイの運動については，第１学年及
び第２学年においては，動きを持続する能力を高めるための運動に重点を置いて指導するこ
とができるが，調和のとれた体力を高めることに留意すること。その際，音楽に合わせて運
動をするなどの工夫を図ること。第３学年においては，日常的に取り組める運動例を取り上
げるなど指導方法の工夫を図ること。

イ　「B器械運動」の(1)の運動については，第１学年及び第２学年においては，アからエま
での中からアを含む二を選択して履修できるようにすること。第３学年においては，アから
エまでの中から選択して履修できるようにすること。

ウ　「C陸上競技」の(1)の運動については，ア及びイに示すそれぞれの運動の中から選択し
て履修できるようにすること。

エ　「D水泳」の(1)の運動については，第１学年及び第２学年においては，アからエまでの
中からア又はイのいずれかを含む二を選択して履修できるようにすること。第３学年におい
ては，アからオまでの中から選択して履修できるようにすること。なお，学校や地域の実態
に応じて，安全を確保するための泳ぎを加えて履修させることができること。また，泳法と
の関連において水中からのスタート及びターンを取り上げること。なお，水泳の指導につい
ては，適切な水泳場の確保が困難な場合にはこれを扱わないことができるが，水泳の事故防
止に関する心得については，必ず取り上げること。また，保健分野の応急手当との関連を図
ること。

オ　「E球技」の(1)の運動については，第１学年及び第２学年においては，アからウまでを
全ての生徒に履修させること。第３学年においては，アからウまでの中から二を選択して履
修できるようにすること。また，アについては，バスケットボール，ハンドボール，サッ
カーの中から，イについては，バレーボール，卓球，テニス，バドミントンの中から，ウに
ついては，ソフトボールを適宜取り上げることとし，学校や地域の実態に応じて，その他の
運動についても履修させることができること。なお，ウの実施に当たり，十分な広さの運動
場の確保が難しい場合は指導方法を工夫して行うこと。

カ　「F武道」については，柔道，剣道，相撲，空手道，なぎなた，弓道，合気道，少林寺拳
法，銃剣道などを通して，我が国固有の伝統と文化により一層触れることができるようにす
ること。また，(1)の運動については，アからウまでの中から一を選択して履修できるよう
にすること。なお，学校や地域の実態に応じて，空手道，なぎなた，弓道，合気道，少林寺
拳法，銃剣道などについても履修させることができること。また，武道場などの確保が難し
い場合は指導方法を工夫して行うとともに，学習段階や個人差を踏まえ，段階的な指導を行
うなど安全を十分に確保すること。

キ　「Gダンス」の(1)の運動については，アからウまでの中から選択して履修できるように
すること。なお，学校や地域の実態に応じて，その他のダンスについても履修させることが

付録4

できること。

ク　第1学年及び第2学年の内容の「H体育理論」については，(1)は第1学年，(2)は第2学年で取り上げること。

(3) 内容の「A体つくり運動」から「Gダンス」までの領域及び運動の選択並びにその指導に当たっては，学校や地域の実態及び生徒の特性等を考慮するものとする。また，第3学年の領域の選択に当たっては，安全を十分に確保した上で，生徒が自由に選択して履修することができるよう配慮すること。その際，指導に当たっては，内容の「B器械運動」から「Gダンス」までの領域については，それぞれの運動の特性に触れるために必要な体力を生徒自ら高めるように留意するものとする。

(4) 自然との関わりの深いスキー，スケートや水辺活動などの指導については，学校や地域の実態に応じて積極的に行うことに留意するものとする。

(5) 集合，整頓，列の増減，方向変換などの行動の仕方を身に付け，能率的で安全な集団としての行動ができるようにするための指導については，内容の「A体つくり運動」から「Gダンス」までの領域において適切に行うものとする。

〔保健分野〕

1　目　標

(1) 個人生活における健康・安全について理解するとともに，基本的な技能を身に付けるようにする。

(2) 健康についての自他の課題を発見し，よりよい解決に向けて思考し判断するとともに，他者に伝える力を養う。

(3) 生涯を通じて心身の健康の保持増進を目指し，明るく豊かな生活を営む態度を養う。

2　内　容

(1) 健康な生活と疾病の予防について，課題を発見し，その解決を目指した活動を通して，次の事項を身に付けることができるよう指導する。

ア　健康な生活と疾病の予防について理解を深めること。

(ア) 健康は，主体と環境の相互作用の下に成り立っていること。また，疾病は，主体の要因と環境の要因が関わり合って発生すること。

(イ) 健康の保持増進には，年齢，生活環境等に応じた運動，食事，休養及び睡眠の調和のとれた生活を続ける必要があること。

(ウ) 生活習慣病などは，運動不足，食事の量や質の偏り，休養や睡眠の不足などの生活習慣の乱れが主な要因となって起こること。また，生活習慣病などの多くは，適切な運動，食事，休養及び睡眠の調和のとれた生活を実践することによって予防できること。

(エ) 喫煙，飲酒，薬物乱用などの行為は，心身に様々な影響を与え，健康を損なう原因となること。また，これらの行為には，個人の心理状態や人間関係，社会環境が影響することから，それぞれの要因に適切に対処する必要があること。

(オ) 感染症は，病原体が主な要因となって発生すること。また，感染症の多くは，発生源をなくすこと，感染経路を遮断すること，主体の抵抗力を高めることによって予防できること。

(カ) 健康の保持増進や疾病の予防のためには，個人や社会の取組が重要であり，保健・医療機関を有効に利用することが必要であること。また，医薬品は，正しく使用すること。

イ　健康な生活と疾病の予防について，課題を発見し，その解決に向けて思考し判断するとともに，それらを表現すること。

(2) 心身の機能の発達と心の健康について，課題を発見し，その解決を目指した活動を通して，

次の事項を身に付けることができるよう指導する。

ア　心身の機能の発達と心の健康について理解を深めるとともに，ストレスへの対処をすること。

(ｱ)　身体には，多くの器官が発育し，それに伴い，様々な機能が発達する時期があること。また，発育・発達の時期やその程度には，個人差があること。

(ｲ)　思春期には，内分泌の働きによって生殖に関わる機能が成熟すること。また，成熟に伴う変化に対応した適切な行動が必要となること。

(ｳ)　知的機能，情意機能，社会性などの精神機能は，生活経験などの影響を受けて発達すること。また，思春期においては，自己の認識が深まり，自己形成がなされること。

(ｴ)　精神と身体は，相互に影響を与え，関わっていること。欲求やストレスは，心身に影響を与えることがあること。また，心の健康を保つには，欲求やストレスに適切に対処する必要があること。

イ　心身の機能の発達と心の健康について，課題を発見し，その解決に向けて思考し判断するとともに，それらを表現すること。

(3)　傷害の防止について，課題を発見し，その解決を目指した活動を通して，次の事項を身に付けることができるよう指導する。

ア　傷害の防止について理解を深めるとともに，応急手当をすること。

(ｱ)　交通事故や自然災害などによる傷害は，人的要因や環境要因などが関わって発生すること。

(ｲ)　交通事故などによる傷害の多くは，安全な行動，環境の改善によって防止できること。

(ｳ)　自然災害による傷害は，災害発生時だけでなく，二次災害によっても生じること。また，自然災害による傷害の多くは，災害に備えておくこと，安全に避難することによって防止できること。

(ｴ)　応急手当を適切に行うことによって，傷害の悪化を防止することができること。また，心肺蘇生法などを行うこと。

イ　傷害の防止について，危険の予測やその回避の方法を考え，それらを表現すること。

(4)　健康と環境について，課題を発見し，その解決を目指した活動を通して，次の事項を身に付けることができるよう指導する。

ア　健康と環境について理解を深めること。

(ｱ)　身体には，環境に対してある程度まで適応能力があること。身体の適応能力を超えた環境は，健康に影響を及ぼすことがあること。また，快適で能率のよい生活を送るための温度，湿度や明るさには一定の範囲があること。

(ｲ)　飲料水や空気は，健康と密接な関わりがあること。また，飲料水や空気を衛生的に保つには，基準に適合するよう管理する必要があること。

(ｳ)　人間の生活によって生じた廃棄物は，環境の保全に十分配慮し，環境を汚染しないように衛生的に処理する必要があること。

イ　健康と環境に関する情報から課題を発見し，その解決に向けて思考し判断するとともに，それらを表現すること。

3　内容の取扱い

(1)　内容の (1) のアの (ｱ) 及び (ｲ) は第 1 学年，(1) のアの (ｳ) 及び (ｴ) は第 2 学年，(1) のアの (ｵ) 及び (ｶ) は第 3 学年で取り扱うものとし，(1) のイは全ての学年で取り扱うものとする。内容の (2) は第 1 学年，(3) は第 2 学年，(4) は第 3 学年で取り扱うものとする。

(2)　内容の (1) のアについては，健康の保持増進と疾病の予防に加えて，疾病の回復についても

付録4

221

取り扱うものとする。

(3) 内容の (1) のアの (イ) 及び (ウ) については，食育の観点も踏まえつつ健康的な生活習慣の形成に結び付くように配慮するとともに，必要に応じて，コンピュータなどの情報機器の使用と健康との関わりについて取り扱うことにも配慮するものとする。また，がんについても取り扱うものとする。

(4) 内容の (1) のアの (エ) については，心身への急性影響及び依存性について取り扱うこと。また，薬物は，覚醒剤や大麻等を取り扱うものとする。

(5) 内容の (1) のアの (オ) については，後天性免疫不全症候群（エイズ）及び性感染症についても取り扱うものとする。

(6) 内容の (2) のアの (ア) については，呼吸器，循環器を中心に取り扱うものとする。

(7) 内容の (2) のアの (イ) については，妊娠や出産が可能となるような成熟が始まるという観点から，受精・妊娠を取り扱うものとし，妊娠の経過は取り扱わないものとする。また，身体の機能の成熟とともに，性衝動が生じたり，異性への関心が高まったりすることなどから，異性の尊重，情報への適切な対処や行動の選択が必要となることについて取り扱うものとする。

(8) 内容の (2) のアの (エ) については，体育分野の内容の「A体つくり運動」の (1) のアの指導との関連を図って指導するものとする。

(9) 内容の (3) のアの (エ) については，包帯法，止血法など傷害時の応急手当も取り扱い，実習を行うものとする。また，効果的な指導を行うため，水泳など体育分野の内容との関連を図るものとする。

(10) 内容の (4) については，地域の実態に即して公害と健康との関係を取り扱うことにも配慮するものとする。また，生態系については，取り扱わないものとする。

(11) 保健分野の指導に際しては，自他の健康に関心をもてるようにし，健康に関する課題を解決する学習活動を取り入れるなどの指導方法の工夫を行うものとする。

● 第3　指導計画の作成と内容の取扱い

1　指導計画の作成に当たっては，次の事項に配慮するものとする。

(1) 単元など内容や時間のまとまりを見通して，その中で育む資質・能力の育成に向けて，生徒の主体的・対話的で深い学びの実現を図るようにすること。その際，体育や保健の見方・考え方を働かせながら，運動や健康についての自他の課題を発見し，その合理的な解決のための活動の充実を図ること。また，運動の楽しさや喜びを味わったり，健康の大切さを実感したりすることができるよう留意すること。

(2) 授業時数の配当については，次のとおり扱うこと。

　ア　保健分野の授業時数は，3学年間で48単位時間程度配当すること。

　イ　保健分野の授業時数は，3学年間を通じて適切に配当し，各学年において効果的な学習が行われるよう考慮して配当すること。

　ウ　体育分野の授業時数は，各学年にわたって適切に配当すること。その際，体育分野の内容の「A体つくり運動」については，各学年で7単位時間以上を，「H体育理論」については，各学年で3単位時間以上を配当すること。

　エ　体育分野の内容の「B器械運動」から「Gダンス」までの領域の授業時数は，それらの内容の習熟を図ることができるよう考慮して配当すること。

(3) 障害のある生徒などについては，学習活動を行う場合に生じる困難さに応じた指導内容や指導方法の工夫を計画的，組織的に行うこと。

(4) 第1章総則の第1の2の(2)に示す道徳教育の目標に基づき，道徳科などとの関連を考慮しながら，第3章特別の教科道徳の第2に示す内容について，保健体育科の特質に応じて適切な指導をすること。

2　第2の内容の取扱いについては，次の事項に配慮するものとする。

(1) 体力や技能の程度，性別や障害の有無等に関わらず，運動の多様な楽しみ方を共有することができるよう留意すること。

(2) 言語能力を育成する言語活動を重視し，筋道を立てて練習や作戦について話し合う活動や，個人生活における健康の保持増進や回復について話し合う活動などを通して，コミュニケーション能力や論理的な思考力の育成を促し，自主的な学習活動の充実を図ること。

(3) 第2の内容の指導に当たっては，コンピュータや情報通信ネットワークなどの情報手段を積極的に活用して，各分野の特質に応じた学習活動を行うよう工夫すること。

(4) 体育分野におけるスポーツとの多様な関わり方や保健分野の指導については，具体的な体験を伴う学習の工夫を行うよう留意すること。

(5) 生徒が学習内容を確実に身に付けることができるよう，学校や生徒の実態に応じ，学習内容の習熟の程度に応じた指導，個別指導との連携を踏まえた教師間の協力的な指導などを工夫改善し，個に応じた指導の充実が図られるよう留意すること。

(6) 第1章総則の第1の2の(3)に示す学校における体育・健康に関する指導の趣旨を生かし，特別活動，運動部の活動などとの関連を図り，日常生活における体育・健康に関する活動が適切かつ継続的に実践できるよう留意すること。なお，体力の測定については，計画的に実施し，運動の指導及び体力の向上に活用するようにすること。

(7) 体育分野と保健分野で示された内容については，相互の関連が図られるよう留意すること。

付録4

小学校学習指導要領　第3章　特別の教科　道徳

● 第1　目　標

　第1章総則の第1の2の(2)に示す道徳教育の目標に基づき，よりよく生きるための基盤となる道徳性を養うため，道徳的諸価値についての理解を基に，自己を見つめ，物事を多面的・多角的に考え，自己の生き方についての考えを深める学習を通して，道徳的な判断力，心情，実践意欲と態度を育てる。

● 第2　内　容

　学校の教育活動全体を通じて行う道徳教育の要である道徳科においては，以下に示す項目について扱う。

A　主として自分自身に関すること

［善悪の判断，自律，自由と責任］

〔第1学年及び第2学年〕

　　よいことと悪いこととの区別をし，よいと思うことを進んで行うこと。

〔第3学年及び第4学年〕

　　正しいと判断したことは，自信をもって行うこと。

〔第5学年及び第6学年〕

　　自由を大切にし，自律的に判断し，責任のある行動をすること。

［正直，誠実］

〔第1学年及び第2学年〕

　　うそをついたりごまかしをしたりしないで，素直に伸び伸びと生活すること。

〔第3学年及び第4学年〕

　　過ちは素直に改め，正直に明るい心で生活すること。

〔第5学年及び第6学年〕

　　誠実に，明るい心で生活すること。

［節度，節制］

〔第1学年及び第2学年〕

　　健康や安全に気を付け，物や金銭を大切にし，身の回りを整え，わがままをしないで，規則正しい生活をすること。

〔第3学年及び第4学年〕

　　自分でできることは自分でやり，安全に気を付け，よく考えて行動し，節度のある生活をすること。

〔第5学年及び第6学年〕

　　安全に気を付けることや，生活習慣の大切さについて理解し，自分の生活を見直し，節度を守り節制に心掛けること。

［個性の伸長］

〔第1学年及び第2学年〕

　　自分の特徴に気付くこと。

〔第3学年及び第4学年〕

　　自分の特徴に気付き，長所を伸ばすこと。

付録5

〔第5学年及び第6学年〕

自分の特徴を知って，短所を改め長所を伸ばすこと。

［希望と勇気，努力と強い意志］

〔第1学年及び第2学年〕

自分のやるべき勉強や仕事をしっかりと行うこと。

〔第3学年及び第4学年〕

自分でやろうと決めた目標に向かって，強い意志をもち，粘り強くやり抜くこと。

〔第5学年及び第6学年〕

より高い目標を立て，希望と勇気をもち，困難があってもくじけずに努力して物事をやり抜くこと。

［真理の探究］

〔第5学年及び第6学年〕

真理を大切にし，物事を探究しようとする心をもつこと。

B 主として人との関わりに関すること

［親切，思いやり］

〔第1学年及び第2学年〕

身近にいる人に温かい心で接し，親切にすること。

〔第3学年及び第4学年〕

相手のことを思いやり，進んで親切にすること。

〔第5学年及び第6学年〕

誰に対しても思いやりの心をもち，相手の立場に立って親切にすること。

［感謝］

〔第1学年及び第2学年〕

家族など日頃世話になっている人々に感謝すること。

〔第3学年及び第4学年〕

家族など生活を支えてくれている人々や現在の生活を築いてくれた高齢者に，尊敬と感謝の気持ちをもって接すること。

〔第5学年及び第6学年〕

日々の生活が家族や過去からの多くの人々の支え合いや助け合いで成り立っていることに感謝し，それに応えること。

［礼儀］

〔第1学年及び第2学年〕

気持ちのよい挨拶，言葉遣い，動作などに心掛けて，明るく接すること。

〔第3学年及び第4学年〕

礼儀の大切さを知り，誰に対しても真心をもって接すること。

〔第5学年及び第6学年〕

時と場をわきまえて，礼儀正しく真心をもって接すること。

［友情，信頼］

〔第1学年及び第2学年〕

友達と仲よくし，助け合うこと。

〔第3学年及び第4学年〕

友達と互いに理解し，信頼し，助け合うこと。

付録5

〔第5学年及び第6学年〕

友達と互いに信頼し，学び合って友情を深め，異性についても理解しながら，人間関係を築いていくこと。

[相互理解，寛容]

〔第3学年及び第4学年〕

自分の考えや意見を相手に伝えるとともに，相手のことを理解し，自分と異なる意見も大切にすること。

〔第5学年及び第6学年〕

自分の考えや意見を相手に伝えるとともに，謙虚な心をもち，広い心で自分と異なる意見や立場を尊重すること。

C　主として集団や社会との関わりに関すること

[規則の尊重]

〔第1学年及び第2学年〕

約束やきまりを守り，みんなが使う物を大切にすること。

〔第3学年及び第4学年〕

約束や社会のきまりの意義を理解し，それらを守ること。

〔第5学年及び第6学年〕

法やきまりの意義を理解した上で進んでそれらを守り，自他の権利を大切にし，義務を果たすこと。

[公正，公平，社会正義]

〔第1学年及び第2学年〕

自分の好き嫌いにとらわれないで接すること。

〔第3学年及び第4学年〕

誰に対しても分け隔てをせず，公正，公平な態度で接すること。

〔第5学年及び第6学年〕

誰に対しても差別をすることや偏見をもつことなく，公正，公平な態度で接し，正義の実現に努めること。

[勤労，公共の精神]

〔第1学年及び第2学年〕

働くことのよさを知り，みんなのために働くこと。

〔第3学年及び第4学年〕

働くことの大切さを知り，進んでみんなのために働くこと。

〔第5学年及び第6学年〕

働くことや社会に奉仕することの充実感を味わうとともに，その意義を理解し，公共のために役に立つことをすること。

[家族愛，家庭生活の充実]

〔第1学年及び第2学年〕

父母，祖父母を敬愛し，進んで家の手伝いなどをして，家族の役に立つこと。

〔第3学年及び第4学年〕

父母，祖父母を敬愛し，家族みんなで協力し合って楽しい家庭をつくること。

〔第5学年及び第6学年〕

父母，祖父母を敬愛し，家族の幸せを求めて，進んで役に立つことをすること。

付録5

［よりよい学校生活，集団生活の充実］

〔第1学年及び第2学年〕

　　先生を敬愛し，学校の人々に親しんで，学級や学校の生活を楽しくすること。

〔第3学年及び第4学年〕

　　先生や学校の人々を敬愛し，みんなで協力し合って楽しい学級や学校をつくること。

〔第5学年及び第6学年〕

　　先生や学校の人々を敬愛し，みんなで協力し合ってよりよい学級や学校をつくるとともに，
様々な集団の中での自分の役割を自覚して集団生活の充実に努めること。

［伝統と文化の尊重，国や郷土を愛する態度］

〔第1学年及び第2学年〕

　　我が国や郷土の文化と生活に親しみ，愛着をもつこと。

〔第3学年及び第4学年〕

　　我が国や郷土の伝統と文化を大切にし，国や郷土を愛する心をもつこと。

〔第5学年及び第6学年〕

　　我が国や郷土の伝統と文化を大切にし，先人の努力を知り，国や郷土を愛する心をもつこ
と。

［国際理解，国際親善］

〔第1学年及び第2学年〕

　　他国の人々や文化に親しむこと。

〔第3学年及び第4学年〕

　　他国の人々や文化に親しみ，関心をもつこと。

〔第5学年及び第6学年〕

　　他国の人々や文化について理解し，日本人としての自覚をもって国際親善に努めること。

D　主として生命や自然，崇高なものとの関わりに関すること

［生命の尊さ］

〔第1学年及び第2学年〕

　　生きることのすばらしさを知り，生命を大切にすること。

〔第3学年及び第4学年〕

　　生命の尊さを知り，生命あるものを大切にすること。

〔第5学年及び第6学年〕

　　生命が多くの生命のつながりの中にあるかけがえのないものであることを理解し，生命を尊
重すること。

［自然愛護］

〔第1学年及び第2学年〕

　　身近な自然に親しみ，動植物に優しい心で接すること。

〔第3学年及び第4学年〕

　　自然のすばらしさや不思議さを感じ取り，自然や動植物を大切にすること。

〔第5学年及び第6学年〕

　　自然の偉大さを知り，自然環境を大切にすること。

［感動，畏敬の念］

〔第1学年及び第2学年〕

　　美しいものに触れ，すがすがしい心をもつこと。

付録5

〔第3学年及び第4学年〕

　美しいものや気高いものに感動する心をもつこと。

〔第5学年及び第6学年〕

　美しいものや気高いものに感動する心や人間の力を超えたものに対する畏敬の念をもつこと。

［よりよく生きる喜び］

〔第5学年及び第6学年〕

　よりよく生きようとする人間の強さや気高さを理解し，人間として生きる喜びを感じること。

● 第3　指導計画の作成と内容の取扱い

1　各学校においては，道徳教育の全体計画に基づき，各教科，外国語活動，総合的な学習の時間及び特別活動との関連を考慮しながら，道徳科の年間指導計画を作成するものとする。なお，作成に当たっては，第2に示す各学年段階の内容項目について，相当する各学年において全て取り上げることとする。その際，児童や学校の実態に応じ，2学年間を見通した重点的な指導や内容項目間の関連を密にした指導，一つの内容項目を複数の時間で扱う指導を取り入れるなどの工夫を行うものとする。

2　第2の内容の指導に当たっては，次の事項に配慮するものとする。

(1)　校長や教頭などの参加，他の教師との協力的な指導などについて工夫し，道徳教育推進教師を中心とした指導体制を充実すること。

(2)　道徳科が学校の教育活動全体を通じて行う道徳教育の要としての役割を果たすことができるよう，計画的・発展的な指導を行うこと。特に，各教科，外国語活動，総合的な学習の時間及び特別活動における道徳教育としては取り扱う機会が十分でない内容項目に関わる指導を補うことや，児童や学校の実態等を踏まえて指導をより一層深めること，内容項目の相互の関連を捉え直したり発展させたりすることに留意すること。

(3)　児童が自ら道徳性を養う中で，自らを振り返って成長を実感したり，これからの課題や目標を見付けたりすることができるよう工夫すること。その際，道徳性を養うことの意義について，児童自らが考え，理解し，主体的に学習に取り組むことができるようにすること。

(4)　児童が多様な感じ方や考え方に接する中で，考えを深め，判断し，表現する力などを育むことができるよう，自分の考えを基に話し合ったり書いたりするなどの言語活動を充実すること。

(5)　児童の発達の段階や特性等を考慮し，指導のねらいに即して，問題解決的な学習，道徳的行為に関する体験的な学習等を適切に取り入れるなど，指導方法を工夫すること。その際，それらの活動を通じて学んだ内容の意義などについて考えることができるようにすること。また，特別活動等における多様な実践活動や体験活動も道徳科の授業に生かすようにすること。

(6)　児童の発達の段階や特性等を考慮し，第2に示す内容との関連を踏まえつつ，情報モラルに関する指導を充実すること。また，児童の発達の段階や特性等を考慮し，例えば，社会の持続可能な発展などの現代的な課題の取扱いにも留意し，身近な社会的課題を自分との関係において考え，それらの解決に寄与しようとする意欲や態度を育てるよう努めること。なお，多様な見方や考え方のできる事柄について，特定の見方や考え方に偏った指導を行うことのないようにすること。

(7)　道徳科の授業を公開したり，授業の実施や地域教材の開発や活用などに家庭や地域の人々，

各分野の専門家等の積極的な参加や協力を得たりするなど，家庭や地域社会との共通理解を深め，相互の連携を図ること。

3　教材については，次の事項に留意するものとする。

(1)　児童の発達の段階や特性，地域の実情等を考慮し，多様な教材の活用に努めること。特に，生命の尊厳，自然，伝統と文化，先人の伝記，スポーツ，情報化への対応等の現代的な課題などを題材とし，児童が問題意識をもって多面的・多角的に考えたり，感動を覚えたりするような充実した教材の開発や活用を行うこと。

(2)　教材については，教育基本法や学校教育法その他の法令に従い，次の観点に照らし適切と判断されるものであること。

　ア　児童の発達の段階に即し，ねらいを達成するのにふさわしいものであること。

　イ　人間尊重の精神にかなうものであって，悩みや葛藤等の心の揺れ，人間関係の理解等の課題も含め，児童が深く考えることができ，人間としてよりよく生きる喜びや勇気を与えられるものであること。

　ウ　多様な見方や考え方のできる事柄を取り扱う場合には，特定の見方や考え方に偏った取扱いがなされていないものであること。

4　児童の学習状況や道徳性に係る成長の様子を継続的に把握し，指導に生かすよう努める必要がある。ただし，数値などによる評価は行わないものとする。

付録5

「道徳の内容」の学年段階・学校段階の一覧表

	小学校第1学年及び第2学年（19）	小学校第3学年及び第4学年（20）
A　主として自分自身に関すること		
善悪の判断, 自律, 自由と責任	(1) よいことと悪いこととの区別をし, よいと思うことを進んで行うこと。	(1) 正しいと判断したことは, 自信をもって行うこと。
正直, 誠実	(2) うそをついたりごまかしをしたりしないで, 素直に伸び伸びと生活すること。	(2) 過ちは素直に改め, 正直に明るい心で生活すること。
節度, 節制	(3) 健康や安全に気を付け, 物や金銭を大切にし, 身の回りを整え, わがままをしないで, 規則正しい生活をすること。	(3) 自分でできることは自分でやり, 安全に気を付け, よく考えて行動し, 節度のある生活をすること。
個性の伸長	(4) 自分の特徴に気付くこと。	(4) 自分の特徴に気付き, 長所を伸ばすこと。
希望と勇気, 努力と強い意志	(5) 自分のやるべき勉強や仕事をしっかりと行うこと。	(5) 自分でやろうと決めた目標に向かって, 強い意志をもち, 粘り強くやり抜くこと。
真理の探究		
B　主として人との関わりに関すること		
親切, 思いやり	(6) 身近にいる人に温かい心で接し, 親切にすること。	(6) 相手のことを思いやり, 進んで親切にすること。
感謝	(7) 家族など日頃世話になっている人々に感謝すること。	(7) 家族など生活を支えてくれている人々や現在の生活を築いてくれた高齢者に, 尊敬と感謝の気持ちをもって接すること。
礼儀	(8) 気持ちのよい挨拶, 言葉遣い, 動作などに心掛けて, 明るく接すること。	(8) 礼儀の大切さを知り, 誰に対しても真心をもって接すること。
友情, 信頼	(9) 友達と仲よくし, 助け合うこと。	(9) 友達と互いに理解し, 信頼し, 助け合うこと。
相互理解, 寛容		(10) 自分の考えや意見を相手に伝えるとともに, 相手のことを理解し, 自分と異なる意見も大切にすること。
C　主として集団や社会との関わりに関すること		
規則の尊重	(10) 約束やきまりを守り, みんなが使う物を大切にすること。	(11) 約束や社会のきまりの意義を理解し, それらを守ること。
公正, 公平, 社会正義	(11) 自分の好き嫌いにとらわれないで接すること。	(12) 誰に対しても分け隔てをせず, 公正, 公平な態度で接すること。
勤労, 公共の精神	(12) 働くことのよさを知り, みんなのために働くこと。	(13) 働くことの大切さを知り, 進んでみんなのために働くこと。
家族愛, 家庭生活の充実	(13) 父母, 祖父母を敬愛し, 進んで家の手伝いなどをして, 家族の役に立つこと。	(14) 父母, 祖父母を敬愛し, 家族みんなで協力し合って楽しい家庭をつくること。
よりよい学校生活, 集団生活の充実	(14) 先生を敬愛し, 学校の人々に親しんで, 学級や学校の生活を楽しくすること。	(15) 先生や学校の人々を敬愛し, みんなで協力し合って楽しい学級や学校をつくること。
伝統と文化の尊重, 国や郷土を愛する態度	(15) 我が国や郷土の文化と生活に親しみ, 愛着をもつこと。	(16) 我が国や郷土の伝統と文化を大切にし, 国や郷土を愛する心をもつこと。
国際理解, 国際親善	(16) 他国の人々や文化に親しむこと。	(17) 他国の人々や文化に親しみ, 関心をもつこと。
D　主として生命や自然, 崇高なものとの関わりに関すること		
生命の尊さ	(17) 生きることのすばらしさを知り, 生命を大切にすること。	(18) 生命の尊さを知り, 生命あるものを大切にすること。
自然愛護	(18) 身近な自然に親しみ, 動植物に優しい心で接すること。	(19) 自然のすばらしさや不思議さを感じ取り, 自然や動植物を大切にすること。
感動, 畏敬の念	(19) 美しいものに触れ, すがすがしい心をもつこと。	(20) 美しいものや気高いものに感動する心をもつこと。
よりよく生きる喜び		

付録6

小学校第5学年及び第6学年（22）	中学校（22）	
(1) 自由を大切にし，自律的に判断し，責任のある行動をすること。 (2) 誠実に，明るい心で生活すること。	(1) 自律の精神を重んじ，自主的に考え，判断し，誠実に実行してその結果に責任をもつこと。	自主，自律， 自由と責任
(3) 安全に気を付けることや，生活習慣の大切さについて理解し，自分の生活を見直し，節度を守り節制に心掛けること。	(2) 望ましい生活習慣を身に付け，心身の健康の増進を図り，節度を守り節制に心掛け，安全で調和のある生活をすること。	節度，節制
(4) 自分の特徴を知って，短所を改め長所を伸ばすこと。	(3) 自己を見つめ，自己の向上を図るとともに，個性を伸ばして充実した生き方を追求すること。	向上心，個性の伸長
(5) より高い目標を立て，希望と勇気をもち，困難があってもくじけずに努力して物事をやり抜くこと。	(4) より高い目標を設定し，その達成を目指し，希望と勇気をもち，困難や失敗を乗り越えて着実にやり遂げること。	希望と勇気， 克己と強い意志
(6) 真理を大切にし，物事を探究しようとする心をもつこと。	(5) 真実を大切にし，真理を探究して新しいものを生み出そうと努めること。	真理の探究，創造
(7) 誰に対しても思いやりの心をもち，相手の立場に立って親切にすること。 (8) 日々の生活が家族や過去からの多くの人々の支え合いや助け合いで成り立っていることに感謝し，それに応えること。	(6) 思いやりの心をもって人と接するとともに，家族などの支えや多くの人々の善意により日々の生活や現在の自分があることに感謝し，進んでそれに応え，人間愛の精神を深めること。	思いやり，感謝
(9) 時と場をわきまえて，礼儀正しく真心をもって接すること。	(7) 礼儀の意義を理解し，時と場に応じた適切な言動をとること。	礼儀
(10) 友達と互いに信頼し，学び合って友情を深め，異性についても理解しながら，人間関係を築いていくこと。	(8) 友情の尊さを理解して心から信頼できる友達をもち，互いに励まし合い，高め合うとともに，異性についての理解を深め，悩みや葛藤も経験しながら人間関係を深めていくこと。	友情，信頼
(11) 自分の考えや意見を相手に伝えるとともに，謙虚な心をもち，広い心で自分と異なる意見や立場を尊重すること。	(9) 自分の考えや意見を相手に伝えるとともに，それぞれの個性や立場を尊重し，いろいろなものの見方や考え方があることを理解し，寛容の心をもって謙虚に他に学び，自らを高めていくこと。	相互理解，寛容
(12) 法やきまりの意義を理解した上で進んでそれらを守り，自他の権利を大切にし，義務を果たすこと。	(10) 法やきまりの意義を理解し，それらを進んで守るとともに，そのよりよい在り方について考え，自他の権利を大切にし，義務を果たして，規律ある安定した社会の実現に努めること。	遵法精神，公徳心
(13) 誰に対しても差別をすることや偏見をもつことなく，公正，公平な態度で接し，正義の実現に努めること。	(11) 正義と公正さを重んじ，誰に対しても公平に接し，差別や偏見のない社会の実現に努めること。	公正，公平， 社会正義
(14) 働くことや社会に奉仕することの充実感を味わうとともに，その意義を理解し，公共のために役に立つことをすること。	(12) 社会参画の意識と社会連帯の自覚を高め，公共の精神をもってよりよい社会の実現に努めること。	社会参画， 公共の精神
	(13) 勤労の尊さや意義を理解し，将来の生き方について考えを深め，勤労を通じて社会に貢献すること。	勤労
(15) 父母，祖父母を敬愛し，家族の幸せを求めて，進んで役に立つことをすること。	(14) 父母，祖父母を敬愛し，家族の一員としての自覚をもって充実した家庭生活を築くこと。	家族愛， 家庭生活の充実
(16) 先生や学校の人々を敬愛し，みんなで協力し合ってよりよい学級や学校をつくるとともに，様々な集団の中での自分の役割を自覚して集団生活の充実に努めること。	(15) 教師や学校の人々を敬愛し，学級や学校の一員としての自覚をもち，協力し合ってよりよい校風をつくるとともに，様々な集団の意義や集団の中での自分の役割と責任を自覚して集団生活の充実に努めること。	よりよい学校生活， 集団生活の充実
(17) 我が国や郷土の伝統と文化を大切にし，先人の努力を知り，国や郷土を愛する心をもつこと。	(16) 郷土の伝統と文化を大切にし，社会に尽くした先人や高齢者に尊敬の念を深め，地域社会の一員としての自覚をもって郷土を愛し，進んで郷土の発展に努めること。	郷土の伝統と 文化の尊重， 郷土を愛する態度
	(17) 優れた伝統の継承と新しい文化の創造に貢献するとともに，日本人としての自覚をもって国を愛し，国家及び社会の形成者として，その発展に努めること。	我が国の伝統と 文化の尊重， 国を愛する態度
(18) 他国の人々や文化について理解し，日本人としての自覚をもって国際親善に努めること。	(18) 世界の中の日本人としての自覚をもち，他国を尊重し，国際的視野に立って，世界の平和と人類の発展に寄与すること。	国際理解， 国際貢献
(19) 生命が多くの生命のつながりの中にあるかけがえのないものであることを理解し，生命を尊重すること。	(19) 生命の尊さについて，その連続性や有限性なども含めて理解し，かけがえのない生命を尊重すること。	生命の尊さ
(20) 自然の偉大さを知り，自然環境を大切にすること。	(20) 自然の崇高さを知り，自然環境を大切にすることの意義を理解し，進んで自然の愛護に努めること。	自然愛護
(21) 美しいものや気高いものに感動する心や人間の力を超えたものに対する畏敬の念をもつこと。	(21) 美しいものや気高いものに感動する心をもち，人間の力を超えたものに対する畏敬の念を深めること。	感動，畏敬の念
(22) よりよく生きようとする人間の強さや気高さを理解し，人間として生きる喜びを感じること。	(22) 人間には自らの弱さや醜さを克服する強さや気高く生きようとする心があることを理解し，人間として生きることに喜びを見いだすこと。	よりよく生きる喜び

付録6

幼稚園教育要領

　教育は，教育基本法第1条に定めるとおり，人格の完成を目指し，平和で民主的な国家及び社会の形成者として必要な資質を備えた心身ともに健康な国民の育成を期すという目的のもと，同法第2条に掲げる次の目標を達成するよう行われなければならない。

1　幅広い知識と教養を身に付け，真理を求める態度を養い，豊かな情操と道徳心を培うとともに，健やかな身体を養うこと。

2　個人の価値を尊重して，その能力を伸ばし，創造性を培い，自主及び自律の精神を養うとともに，職業及び生活との関連を重視し，勤労を重んずる態度を養うこと。

3　正義と責任，男女の平等，自他の敬愛と協力を重んずるとともに，公共の精神に基づき，主体的に社会の形成に参画し，その発展に寄与する態度を養うこと。

4　生命を尊び，自然を大切にし，環境の保全に寄与する態度を養うこと。

5　伝統と文化を尊重し，それらをはぐくんできた我が国と郷土を愛するとともに，他国を尊重し，国際社会の平和と発展に寄与する態度を養うこと。

　また，幼児期の教育については，同法第11条に掲げるとおり，生涯にわたる人格形成の基礎を培う重要なものであることにかんがみ，国及び地方公共団体は，幼児の健やかな成長に資する良好な環境の整備その他適当な方法によって，その振興に努めなければならないこととされている。

　これからの幼稚園には，学校教育の始まりとして，こうした教育の目的及び目標の達成を目指しつつ，一人一人の幼児が，将来，自分のよさや可能性を認識するとともに，あらゆる他者を価値のある存在として尊重し，多様な人々と協働しながら様々な社会的変化を乗り越え，豊かな人生を切り拓き，持続可能な社会の創り手となることができるようにするための基礎を培うことが求められる。このために必要な教育の在り方を具体化するのが，各幼稚園において教育の内容等を組織的かつ計画的に組み立てた教育課程である。

　教育課程を通して，これからの時代に求められる教育を実現していくためには，よりよい学校教育を通してよりよい社会を創るという理念を学校と社会とが共有し，それぞれの幼稚園において，幼児期にふさわしい生活をどのように展開し，どのような資質・能力を育むようにするのかを教育課程において明確にしながら，社会との連携及び協働によりその実現を図っていくという，社会に開かれた教育課程の実現が重要となる。

　幼稚園教育要領とは，こうした理念の実現に向けて必要となる教育課程の基準を大綱的に定めるものである。幼稚園教育要領が果たす役割の一つは，公の性質を有する幼稚園における教育水準を全国的に確保することである。また，各幼稚園がその特色を生かして創意工夫を重ね，長年にわたり積み重ねられてきた教育実践や学術研究の蓄積を生かしながら，幼児や地域の現状や課題を捉え，家庭や地域社会と協力して，幼稚園教育要領を踏まえた教育活動の更なる充実を図っていくことも重要である。

　幼児の自発的な活動としての遊びを生み出すために必要な環境を整え，一人一人の資質・能力を育んでいくことは，教職員をはじめとする幼稚園関係者はもとより，家庭や地域の人々も含め，様々な立場から幼児や幼稚園に関わる全ての大人に期待される役割である。家庭との緊密な連携の下，小学校以降の教育や生涯にわたる学習とのつながりを見通しながら，幼児の自発的な活動としての遊びを通しての総合的な指導をする際に広く活用されるものとなることを期待して，ここに幼稚園教育要領を定める。

付録7

● 第1章 総 則

第1 幼稚園教育の基本

　幼児期の教育は，生涯にわたる人格形成の基礎を培う重要なものであり，幼稚園教育は，学校教育法に規定する目的及び目標を達成するため，幼児期の特性を踏まえ，環境を通して行うものであることを基本とする。

　このため教師は，幼児との信頼関係を十分に築き，幼児が身近な環境に主体的に関わり，環境との関わり方や意味に気付き，これらを取り込もうとして，試行錯誤したり，考えたりするようになる幼児期の教育における見方・考え方を生かし，幼児と共によりよい教育環境を創造するように努めるものとする。これらを踏まえ，次に示す事項を重視して教育を行わなければならない。

1　幼児は安定した情緒の下で自己を十分に発揮することにより発達に必要な体験を得ていくものであることを考慮して，幼児の主体的な活動を促し，幼児期にふさわしい生活が展開されるようにすること。

2　幼児の自発的な活動としての遊びは，心身の調和のとれた発達の基礎を培う重要な学習であることを考慮して，遊びを通しての指導を中心として第2章に示すねらいが総合的に達成されるようにすること。

3　幼児の発達は，心身の諸側面が相互に関連し合い，多様な経過をたどって成し遂げられていくものであること，また，幼児の生活経験がそれぞれ異なることなどを考慮して，幼児一人一人の特性に応じ，発達の課題に即した指導を行うようにすること。

　その際，教師は，幼児の主体的な活動が確保されるよう幼児一人一人の行動の理解と予想に基づき，計画的に環境を構成しなければならない。この場合において，教師は，幼児と人やものとの関わりが重要であることを踏まえ，教材を工夫し，物的・空間的環境を構成しなければならない。また，幼児一人一人の活動の場面に応じて，様々な役割を果たし，その活動を豊かにしなければならない。

第2 幼稚園教育において育みたい資質・能力及び「幼児期の終わりまでに育ってほしい姿」

1　幼稚園においては，生きる力の基礎を育むため，この章の第1に示す幼稚園教育の基本を踏まえ，次に掲げる資質・能力を一体的に育むよう努めるものとする。

　(1)　豊かな体験を通じて，感じたり，気付いたり，分かったり，できるようになったりする「知識及び技能の基礎」

　(2)　気付いたことや，できるようになったことなどを使い，考えたり，試したり，工夫したり，表現したりする「思考力，判断力，表現力等の基礎」

　(3)　心情，意欲，態度が育つ中で，よりよい生活を営もうとする「学びに向かう力，人間性等」

2　1に示す資質・能力は，第2章に示すねらい及び内容に基づく活動全体によって育むものである。

3　次に示す「幼児期の終わりまでに育ってほしい姿」は，第2章に示すねらい及び内容に基づく活動全体を通して資質・能力が育まれている幼児の幼稚園修了時の具体的な姿であり，教師が指導を行う際に考慮するものである。

　(1)　健康な心と体

　　　幼稚園生活の中で，充実感をもって自分のやりたいことに向かって心と体を十分に働かせ，見通しをもって行動し，自ら健康で安全な生活をつくり出すようになる。

　(2)　自立心

　　　身近な環境に主体的に関わり様々な活動を楽しむ中で，しなければならないことを自覚し，

付録7

自分の力で行うために考えたり，工夫したりしながら，諦めずにやり遂げることで達成感を味わい，自信をもって行動するようになる。

(3) 協同性

友達と関わる中で，互いの思いや考えなどを共有し，共通の目的の実現に向けて，考えたり，工夫したり，協力したりし，充実感をもってやり遂げるようになる。

(4) 道徳性・規範意識の芽生え

友達と様々な体験を重ねる中で，してよいことや悪いことが分かり，自分の行動を振り返ったり，友達の気持ちに共感したりし，相手の立場に立って行動するようになる。また，きまりを守る必要性が分かり，自分の気持ちを調整し，友達と折り合いを付けながら，きまりをつくったり，守ったりするようになる。

(5) 社会生活との関わり

家族を大切にしようとする気持ちをもつとともに，地域の身近な人と触れ合う中で，人との様々な関わり方に気付き，相手の気持ちを考えて関わり，自分が役に立つ喜びを感じ，地域に親しみをもつようになる。また，幼稚園内外の様々な環境に関わる中で，遊びや生活に必要な情報を取り入れ，情報に基づき判断したり，情報を伝え合ったり，活用したりするなど，情報を役立てながら活動するようになるとともに，公共の施設を大切に利用するなどして，社会とのつながりなどを意識するようになる。

(6) 思考力の芽生え

身近な事象に積極的に関わる中で，物の性質や仕組みなどを感じ取ったり，気付いたりし，考えたり，予想したり，工夫したりするなど，多様な関わりを楽しむようになる。また，友達の様々な考えに触れる中で，自分と異なる考えがあることに気付き，自ら判断したり，考え直したりするなど，新しい考えを生み出す喜びを味わいながら，自分の考えをよりよいものにするようになる。

(7) 自然との関わり・生命尊重

自然に触れて感動する体験を通して，自然の変化などを感じ取り，好奇心や探究心をもって考え言葉などで表現しながら，身近な事象への関心が高まるとともに，自然への愛情や畏敬の念をもつようになる。また，身近な動植物に心を動かされる中で，生命の不思議さや尊さに気付き，身近な動植物への接し方を考え，命あるものとしていたわり，大切にする気持ちをもって関わるようになる。

(8) 数量や図形，標識や文字などへの関心・感覚

遊びや生活の中で，数量や図形，標識や文字などに親しむ体験を重ねたり，標識や文字の役割に気付いたりし，自らの必要感に基づきこれらを活用し，興味や関心，感覚をもつようになる。

(9) 言葉による伝え合い

先生や友達と心を通わせる中で，絵本や物語などに親しみながら，豊かな言葉や表現を身に付け，経験したことや考えたことなどを言葉で伝えたり，相手の話を注意して聞いたりし，言葉による伝え合いを楽しむようになる。

(10) 豊かな感性と表現

心を動かす出来事などに触れ感性を働かせる中で，様々な素材の特徴や表現の仕方などに気付き，感じたことや考えたことを自分で表現したり，友達同士で表現する過程を楽しんだりし，表現する喜びを味わい，意欲をもつようになる。

付録7

第3 教育課程の役割と編成等

1 教育課程の役割

　　各幼稚園においては，教育基本法及び学校教育法その他の法令並びにこの幼稚園教育要領の示すところに従い，創意工夫を生かし，幼児の心身の発達と幼稚園及び地域の実態に即応した適切な教育課程を編成するものとする。

　　また，各幼稚園においては，6に示す全体的な計画にも留意しながら，「幼児期の終わりまでに育ってほしい姿」を踏まえ教育課程を編成すること，教育課程の実施状況を評価してその改善を図っていくこと，教育課程の実施に必要な人的又は物的な体制を確保するとともにその改善を図っていくことなどを通して，教育課程に基づき組織的かつ計画的に各幼稚園の教育活動の質の向上を図っていくこと（以下「カリキュラム・マネジメント」という。）に努めるものとする。

2 各幼稚園の教育目標と教育課程の編成

　　教育課程の編成に当たっては，幼稚園教育において育みたい資質・能力を踏まえつつ，各幼稚園の教育目標を明確にするとともに，教育課程の編成についての基本的な方針が家庭や地域とも共有されるよう努めるものとする。

3 教育課程の編成上の基本的事項

(1) 幼稚園生活の全体を通して第2章に示すねらいが総合的に達成されるよう，教育課程に係る教育期間や幼児の生活経験や発達の過程などを考慮して具体的なねらいと内容を組織するものとする。この場合においては，特に，自我が芽生え，他者の存在を意識し，自己を抑制しようとする気持ちが生まれる幼児期の発達の特性を踏まえ，入園から修了に至るまでの長期的な視野をもって充実した生活が展開できるように配慮するものとする。

(2) 幼稚園の毎学年の教育課程に係る教育週数は，特別の事情のある場合を除き，39週を下ってはならない。

(3) 幼稚園の1日の教育課程に係る教育時間は，4時間を標準とする。ただし，幼児の心身の発達の程度や季節などに適切に配慮するものとする。

4 教育課程の編成上の留意事項

　　教育課程の編成に当たっては，次の事項に留意するものとする。

(1) 幼児の生活は，入園当初の一人一人の遊びや教師との触れ合いを通して幼稚園生活に親しみ，安定していく時期から，他の幼児との関わりの中で幼児の主体的な活動が深まり，幼児が互いに必要な存在であることを認識するようになり，やがて幼児同士や学級全体で目的をもって協同して幼稚園生活を展開し，深めていく時期などに至るまでの過程を様々に経ながら広げられていくものであることを考慮し，活動がそれぞれの時期にふさわしく展開されるようにすること。

(2) 入園当初，特に，3歳児の入園については，家庭との連携を緊密にし，生活のリズムや安全面に十分配慮すること。また，満3歳児については，学年の途中から入園することを考慮し，幼児が安心して幼稚園生活を過ごすことができるよう配慮すること。

(3) 幼稚園生活が幼児にとって安全なものとなるよう，教職員による協力体制の下，幼児の主体的な活動を大切にしつつ，園庭や園舎などの環境の配慮や指導の工夫を行うこと。

5 小学校教育との接続に当たっての留意事項

(1) 幼稚園においては，幼稚園教育が，小学校以降の生活や学習の基盤の育成につながることに配慮し，幼児期にふさわしい生活を通して，創造的な思考や主体的な生活態度などの基礎を培うようにするものとする。

(2) 幼稚園教育において育まれた資質・能力を踏まえ，小学校教育が円滑に行われるよう，小学校の教師との意見交換や合同の研究の機会などを設け，「幼児期の終わりまでに育ってほしい

付録7

姿」を共有するなど連携を図り，幼稚園教育と小学校教育との円滑な接続を図るよう努めるものとする。

6　全体的な計画の作成

　各幼稚園においては，教育課程を中心に，第3章に示す教育課程に係る教育時間の終了後等に行う教育活動の計画，学校保健計画，学校安全計画などとを関連させ，一体的に教育活動が展開されるよう全体的な計画を作成するものとする。

第4　指導計画の作成と幼児理解に基づいた評価

1　指導計画の考え方

　幼稚園教育は，幼児が自ら意欲をもって環境と関わることによりつくり出される具体的な活動を通して，その目標の達成を図るものである。

　幼稚園においてはこのことを踏まえ，幼児期にふさわしい生活が展開され，適切な指導が行われるよう，それぞれの幼稚園の教育課程に基づき，調和のとれた組織的，発展的な指導計画を作成し，幼児の活動に沿った柔軟な指導を行わなければならない。

2　指導計画の作成上の基本的事項

(1)　指導計画は，幼児の発達に即して一人一人の幼児が幼児期にふさわしい生活を展開し，必要な体験を得られるようにするために，具体的に作成するものとする。

(2)　指導計画の作成に当たっては，次に示すところにより，具体的なねらい及び内容を明確に設定し，適切な環境を構成することなどにより活動が選択・展開されるようにするものとする。

　ア　具体的なねらい及び内容は，幼稚園生活における幼児の発達の過程を見通し，幼児の生活の連続性，季節の変化などを考慮して，幼児の興味や関心，発達の実情などに応じて設定すること。

　イ　環境は，具体的なねらいを達成するために適切なものとなるように構成し，幼児が自らその環境に関わることにより様々な活動を展開しつつ必要な体験を得られるようにすること。その際，幼児の生活する姿や発想を大切にし，常にその環境が適切なものとなるようにすること。

　ウ　幼児の行う具体的な活動は，生活の流れの中で様々に変化するものであることに留意し，幼児が望ましい方向に向かって自ら活動を展開していくことができるよう必要な援助をすること。

　その際，幼児の実態及び幼児を取り巻く状況の変化などに即して指導の過程についての評価を適切に行い，常に指導計画の改善を図るものとする。

3　指導計画の作成上の留意事項

　指導計画の作成に当たっては，次の事項に留意するものとする。

(1)　長期的に発達を見通した年，学期，月などにわたる長期の指導計画やこれとの関連を保ちながらより具体的な幼児の生活に即した週，日などの短期の指導計画を作成し，適切な指導が行われるようにすること。特に，週，日などの短期の指導計画については，幼児の生活のリズムに配慮し，幼児の意識や興味の連続性のある活動が相互に関連して幼稚園生活の自然な流れの中に組み込まれるようにすること。

(2)　幼児が様々な人やものとの関わりを通して，多様な体験をし，心身の調和のとれた発達を促すようにしていくこと。その際，幼児の発達に即して主体的・対話的で深い学びが実現するようにするとともに，心を動かされる体験が次の活動を生み出すことを考慮し，一つ一つの体験が相互に結び付き，幼稚園生活が充実するようにすること。

付録7

(3) 言語に関する能力の発達と思考力等の発達が関連していることを踏まえ，幼稚園生活全体を通して，幼児の発達を踏まえた言語環境を整え，言語活動の充実を図ること。

(4) 幼児が次の活動への期待や意欲をもつことができるよう，幼児の実態を踏まえながら，教師や他の幼児と共に遊びや生活の中で見通しをもったり，振り返ったりするよう工夫すること。

(5) 行事の指導に当たっては，幼稚園生活の自然の流れの中で生活に変化や潤いを与え，幼児が主体的に楽しく活動できるようにすること。なお，それぞれの行事についてはその教育的価値を十分検討し，適切なものを精選し，幼児の負担にならないようにすること。

(6) 幼児期は直接的な体験が重要であることを踏まえ，視聴覚教材やコンピュータなど情報機器を活用する際には，幼稚園生活では得難い体験を補完するなど，幼児の体験との関連を考慮すること。

(7) 幼児の主体的な活動を促すためには，教師が多様な関わりをもつことが重要であることを踏まえ，教師は，理解者，共同作業者など様々な役割を果たし，幼児の発達に必要な豊かな体験が得られるよう，活動の場面に応じて，適切な指導を行うようにすること。

(8) 幼児の行う活動は，個人，グループ，学級全体などで多様に展開されるものであることを踏まえ，幼稚園全体の教師による協力体制を作りながら，一人一人の幼児が興味や欲求を十分に満足させるよう適切な援助を行うようにすること。

4 幼児理解に基づいた評価の実施

幼児一人一人の発達の理解に基づいた評価の実施に当たっては，次の事項に配慮するものとする。

(1) 指導の過程を振り返りながら幼児の理解を進め，幼児一人一人のよさや可能性などを把握し，指導の改善に生かすようにすること。その際，他の幼児との比較や一定の基準に対する達成度についての評定によって捉えるものではないことに留意すること。

(2) 評価の妥当性や信頼性が高められるよう創意工夫を行い，組織的かつ計画的な取組を推進するとともに，次年度又は小学校等にその内容が適切に引き継がれるようにすること。

第5　特別な配慮を必要とする幼児への指導

1 障害のある幼児などへの指導

障害のある幼児などへの指導に当たっては，集団の中で生活することを通して全体的な発達を促していくことに配慮し，特別支援学校などの助言又は援助を活用しつつ，個々の幼児の障害の状態などに応じた指導内容や指導方法の工夫を組織的かつ計画的に行うものとする。また，家庭，地域及び医療や福祉，保健等の業務を行う関係機関との連携を図り，長期的な視点で幼児への教育的支援を行うために，個別の教育支援計画を作成し活用することに努めるとともに，個々の幼児の実態を的確に把握し，個別の指導計画を作成し活用することに努めるものとする。

2 海外から帰国した幼児や生活に必要な日本語の習得に困難のある幼児の幼稚園生活への適応

海外から帰国した幼児や生活に必要な日本語の習得に困難のある幼児については，安心して自己を発揮できるよう配慮するなど個々の幼児の実態に応じ，指導内容や指導方法の工夫を組織的かつ計画的に行うものとする。

第6　幼稚園運営上の留意事項

1 各幼稚園においては，園長の方針の下に，園務分掌に基づき教職員が適切に役割を分担しつつ，相互に連携しながら，教育課程や指導の改善を図るものとする。また，各幼稚園が行う学校評価については，教育課程の編成，実施，改善が教育活動や幼稚園運営の中核となることを踏まえ，カリキュラム・マネジメントと関連付けながら実施するよう留意するものとする。

付録7

2　幼児の生活は，家庭を基盤として地域社会を通じて次第に広がりをもつものであることに留意
し，家庭との連携を十分に図るなど，幼稚園における生活が家庭や地域社会と連続性を保ちつつ
展開されるようにするものとする。その際，地域の自然，高齢者や異年齢の子供などを含む人
材，行事や公共施設などの地域の資源を積極的に活用し，幼児が豊かな生活体験を得られるよう
に工夫するものとする。また，家庭との連携に当たっては，保護者との情報交換の機会を設けた
り，保護者と幼児との活動の機会を設けたりなどすることを通じて，保護者の幼児期の教育に関
する理解が深まるよう配慮するものとする。

3　地域や幼稚園の実態等により，幼稚園間に加え，保育所，幼保連携型認定こども園，小学校，
中学校，高等学校及び特別支援学校などとの間の連携や交流を図るものとする。特に，幼稚園教
育と小学校教育の円滑な接続のため，幼稚園の幼児と小学校の児童との交流の機会を積極的に設
けるようにするものとする。また，障害のある幼児児童生徒との交流及び共同学習の機会を設
け，共に尊重し合いながら協働して生活していく態度を育むよう努めるものとする。

第7　教育課程に係る教育時間終了後等に行う教育活動など

幼稚園は，第3章に示す教育課程に係る教育時間の終了後等に行う教育活動について，学校教育法
に規定する目的及び目標並びにこの章の第1に示す幼稚園教育の基本を踏まえ実施するものとする。
また，幼稚園の目的の達成に資するため，幼児の生活全体が豊かなものとなるよう家庭や地域におけ
る幼児期の教育の支援に努めるものとする。

付録7

● 第2章　ねらい及び内容

　この章に示すねらいは，幼稚園教育において育みたい資質・能力を幼児の生活する姿から捉えたものであり，内容は，ねらいを達成するために指導する事項である。各領域は，これらを幼児の発達の側面から，心身の健康に関する領域「健康」，人との関わりに関する領域「人間関係」，身近な環境との関わりに関する領域「環境」，言葉の獲得に関する領域「言葉」及び感性と表現に関する領域「表現」としてまとめ，示したものである。内容の取扱いは，幼児の発達を踏まえた指導を行うに当たって留意すべき事項である。

　各領域に示すねらいは，幼稚園における生活の全体を通じ，幼児が様々な体験を積み重ねる中で相互に関連をもちながら次第に達成に向かうものであること，内容は，幼児が環境に関わって展開する具体的な活動を通して総合的に指導されるものであることに留意しなければならない。

　また，「幼児期の終わりまでに育ってほしい姿」が，ねらい及び内容に基づく活動全体を通して資質・能力が育まれている幼児の幼稚園修了時の具体的な姿であることを踏まえ，指導を行う際に考慮するものとする。

　なお，特に必要な場合には，各領域に示すねらいの趣旨に基づいて適切な，具体的な内容を工夫し，それを加えても差し支えないが，その場合には，それが第1章の第1に示す幼稚園教育の基本を逸脱しないよう慎重に配慮する必要がある。

健　康
〔健康な心と体を育て，自ら健康で安全な生活をつくり出す力を養う。〕
1　ねらい
　(1)　明るく伸び伸びと行動し，充実感を味わう。
　(2)　自分の体を十分に動かし，進んで運動しようとする。
　(3)　健康，安全な生活に必要な習慣や態度を身に付け，見通しをもって行動する。
2　内　容
　(1)　先生や友達と触れ合い，安定感をもって行動する。
　(2)　いろいろな遊びの中で十分に体を動かす。
　(3)　進んで戸外で遊ぶ。
　(4)　様々な活動に親しみ，楽しんで取り組む。
　(5)　先生や友達と食べることを楽しみ，食べ物への興味や関心をもつ。
　(6)　健康な生活のリズムを身に付ける。
　(7)　身の回りを清潔にし，衣服の着脱，食事，排泄などの生活に必要な活動を自分でする。
　(8)　幼稚園における生活の仕方を知り，自分たちで生活の場を整えながら見通しをもって行動する。
　(9)　自分の健康に関心をもち，病気の予防などに必要な活動を進んで行う。
　(10)　危険な場所，危険な遊び方，災害時などの行動の仕方が分かり，安全に気を付けて行動する。
3　内容の取扱い
　上記の取扱いに当たっては，次の事項に留意する必要がある。
　(1)　心と体の健康は，相互に密接な関連があるものであることを踏まえ，幼児が教師や他の幼児との温かい触れ合いの中で自己の存在感や充実感を味わうことなどを基盤として，しなやかな心と体の発達を促すこと。特に，十分に体を動かす気持ちよさを体験し，自ら体を動かそうとする意欲が育つようにすること。
　(2)　様々な遊びの中で，幼児が興味や関心，能力に応じて全身を使って活動することにより，体を

付録7

239

動かす楽しさを味わい，自分の体を大切にしようとする気持ちが育つようにすること。その際，多様な動きを経験する中で，体の動きを調整するようにすること。

(3) 自然の中で伸び伸びと体を動かして遊ぶことにより，体の諸機能の発達が促されることに留意し，幼児の興味や関心が戸外にも向くようにすること。その際，幼児の動線に配慮した園庭や遊具の配置などを工夫すること。

(4) 健康な心と体を育てるためには食育を通じた望ましい食習慣の形成が大切であることを踏まえ，幼児の食生活の実情に配慮し，和やかな雰囲気の中で教師や他の幼児と食べる喜びや楽しさを味わったり，様々な食べ物への興味や関心をもったりするなどし，食の大切さに気付き，進んで食べようとする気持ちが育つようにすること。

(5) 基本的な生活習慣の形成に当たっては，家庭での生活経験に配慮し，幼児の自立心を育て，幼児が他の幼児と関わりながら主体的な活動を展開する中で，生活に必要な習慣を身に付け，次第に見通しをもって行動できるようにすること。

(6) 安全に関する指導に当たっては，情緒の安定を図り，遊びを通して安全についての構えを身に付け，危険な場所や事物などが分かり，安全についての理解を深めるようにすること。また，交通安全の習慣を身に付けるようにするとともに，避難訓練などを通して，災害などの緊急時に適切な行動がとれるようにすること。

人間関係

〔他の人々と親しみ，支え合って生活するために，自立心を育て，人と関わる力を養う。〕

1 ねらい

(1) 幼稚園生活を楽しみ，自分の力で行動することの充実感を味わう。

(2) 身近な人と親しみ，関わりを深め，工夫したり，協力したりして一緒に活動する楽しさを味わい，愛情や信頼感をもつ。

(3) 社会生活における望ましい習慣や態度を身に付ける。

2 内 容

(1) 先生や友達と共に過ごすことの喜びを味わう。

(2) 自分で考え，自分で行動する。

(3) 自分でできることは自分でする。

(4) いろいろな遊びを楽しみながら物事をやり遂げようとする気持ちをもつ。

(5) 友達と積極的に関わりながら喜びや悲しみを共感し合う。

(6) 自分の思ったことを相手に伝え，相手の思っていることに気付く。

(7) 友達のよさに気付き，一緒に活動する楽しさを味わう。

(8) 友達と楽しく活動する中で，共通の目的を見いだし，工夫したり，協力したりなどする。

(9) よいことや悪いことがあることに気付き，考えながら行動する。

(10) 友達との関わりを深め，思いやりをもつ。

(11) 友達と楽しく生活する中できまりの大切さに気付き，守ろうとする。

(12) 共同の遊具や用具を大切にし，皆で使う。

(13) 高齢者をはじめ地域の人々などの自分の生活に関係の深いいろいろな人に親しみをもつ。

3 内容の取扱い

上記の取扱いに当たっては，次の事項に留意する必要がある。

(1) 教師との信頼関係に支えられて自分自身の生活を確立していくことが人と関わる基盤となることを考慮し，幼児が自ら周囲に働き掛けることにより多様な感情を体験し，試行錯誤しながら諦めずにやり遂げることの達成感や，前向きな見通しをもって自分の力で行うことの充実感を味わ

うことができるよう，幼児の行動を見守りながら適切な援助を行うようにすること。

(2) 一人一人を生かした集団を形成しながら人と関わる力を育てていくようにすること。その際，集団の生活の中で，幼児が自己を発揮し，教師や他の幼児に認められる体験をし，自分のよさや特徴に気付き，自信をもって行動できるようにすること。

(3) 幼児が互いに関わりを深め，協同して遊ぶようになるため，自ら行動する力を育てるようにするとともに，他の幼児と試行錯誤しながら活動を展開する楽しさや共通の目的が実現する喜びを味わうことができるようにすること。

(4) 道徳性の芽生えを培うに当たっては，基本的な生活習慣の形成を図るとともに，幼児が他の幼児との関わりの中で他人の存在に気付き，相手を尊重する気持ちをもって行動できるようにし，また，自然や身近な動植物に親しむことなどを通して豊かな心情が育つようにすること。特に，人に対する信頼感や思いやりの気持ちは，葛藤やつまずきをも体験し，それらを乗り越えることにより次第に芽生えてくることに配慮すること。

(5) 集団の生活を通して，幼児が人との関わりを深め，規範意識の芽生えが培われることを考慮し，幼児が教師との信頼関係に支えられて自己を発揮する中で，互いに思いを主張し，折り合いを付ける体験をし，きまりの必要性などに気付き，自分の気持ちを調整する力が育つようにすること。

(6) 高齢者をはじめ地域の人々などの自分の生活に関係の深いいろいろな人と触れ合い，自分の感情や意志を表現しながら共に楽しみ，共感し合う体験を通して，これらの人々などに親しみをもち，人と関わることの楽しさや人の役に立つ喜びを味わうことができるようにすること。また，生活を通して親や祖父母などの家族の愛情に気付き，家族を大切にしようとする気持ちが育つようにすること。

環　境

> 周囲の様々な環境に好奇心や探究心をもって関わり，それらを生活に取り入れていこうとする力を養う。

1　ねらい

(1) 身近な環境に親しみ，自然と触れ合う中で様々な事象に興味や関心をもつ。

(2) 身近な環境に自分から関わり，発見を楽しんだり，考えたりし，それを生活に取り入れようとする。

(3) 身近な事象を見たり，考えたり，扱ったりする中で，物の性質や数量，文字などに対する感覚を豊かにする。

2　内　容

(1) 自然に触れて生活し，その大きさ，美しさ，不思議さなどに気付く。

(2) 生活の中で，様々な物に触れ，その性質や仕組みに興味や関心をもつ。

(3) 季節により自然や人間の生活に変化のあることに気付く。

(4) 自然などの身近な事象に関心をもち，取り入れて遊ぶ。

(5) 身近な動植物に親しみをもって接し，生命の尊さに気付き，いたわったり，大切にしたりする。

(6) 日常生活の中で，我が国や地域社会における様々な文化や伝統に親しむ。

(7) 身近な物を大切にする。

(8) 身近な物や遊具に興味をもって関わり，自分なりに比べたり，関連付けたりしながら考えたり，試したりして工夫して遊ぶ。

(9) 日常生活の中で数量や図形などに関心をもつ。

付録7

(10) 日常生活の中で簡単な標識や文字などに関心をもつ。

(11) 生活に関係の深い情報や施設などに興味や関心をもつ。

(12) 幼稚園内外の行事において国旗に親しむ。

3 内容の取扱い

上記の取扱いに当たっては，次の事項に留意する必要がある。

(1) 幼児が，遊びの中で周囲の環境と関わり，次第に周囲の世界に好奇心を抱き，その意味や操作の仕方に関心をもち，物事の法則性に気付き，自分なりに考えることができるようになる過程を大切にすること。また，他の幼児の考えなどに触れて新しい考えを生み出す喜びや楽しさを味わい，自分の考えをよりよいものにしようとする気持ちが育つようにすること。

(2) 幼児期において自然のもつ意味は大きく，自然の大きさ，美しさ，不思議さなどに直接触れる体験を通して，幼児の心が安らぎ，豊かな感情，好奇心，思考力，表現力の基礎が培われることを踏まえ，幼児が自然との関わりを深めることができるよう工夫すること。

(3) 身近な事象や動植物に対する感動を伝え合い，共感し合うことなどを通して自分から関わろうとする意欲を育てるとともに，様々な関わり方を通してそれらに対する親しみや畏敬の念，生命を大切にする気持ち，公共心，探究心などが養われるようにすること。

(4) 文化や伝統に親しむ際には，正月や節句など我が国の伝統的な行事，国歌，唱歌，わらべうたや我が国の伝統的な遊びに親しんだり，異なる文化に触れる活動に親しんだりすることを通じて，社会とのつながりの意識や国際理解の意識の芽生えなどが養われるようにすること。

(5) 数量や文字などに関しては，日常生活の中で幼児自身の必要感に基づく体験を大切にし，数量や文字などに関する興味や関心，感覚が養われるようにすること。

言 葉

┌───┐
経験したことや考えたことなどを自分なりの言葉で表現し，相手の話す言葉を聞こうとする意欲や態度を育て，言葉に対する感覚や言葉で表現する力を養う。
└───┘

1 ねらい

(1) 自分の気持ちを言葉で表現する楽しさを味わう。

(2) 人の言葉や話などをよく聞き，自分の経験したことや考えたことを話し，伝え合う喜びを味わう。

(3) 日常生活に必要な言葉が分かるようになるとともに，絵本や物語などに親しみ，言葉に対する感覚を豊かにし，先生や友達と心を通わせる。

2 内 容

(1) 先生や友達の言葉や話に興味や関心をもち，親しみをもって聞いたり，話したりする。

(2) したり，見たり，聞いたり，感じたり，考えたりなどしたことを自分なりに言葉で表現する。

(3) したいこと，してほしいことを言葉で表現したり，分からないことを尋ねたりする。

(4) 人の話を注意して聞き，相手に分かるように話す。

(5) 生活の中で必要な言葉が分かり，使う。

(6) 親しみをもって日常の挨拶をする。

(7) 生活の中で言葉の楽しさや美しさに気付く。

(8) いろいろな体験を通じてイメージや言葉を豊かにする。

(9) 絵本や物語などに親しみ，興味をもって聞き，想像をする楽しさを味わう。

(10) 日常生活の中で，文字などで伝える楽しさを味わう。

3 内容の取扱い

上記の取扱いに当たっては，次の事項に留意する必要がある。

(1) 言葉は，身近な人に親しみをもって接し，自分の感情や意志などを伝え，それに相手が応答し，その言葉を聞くことを通して次第に獲得されていくものであることを考慮して，幼児が教師や他の幼児と関わることにより心を動かされるような体験をし，言葉を交わす喜びを味わえるようにすること。

(2) 幼児が自分の思いを言葉で伝えるとともに，教師や他の幼児などの話を興味をもって注意して聞くことを通して次第に話を理解するようになっていき，言葉による伝え合いができるようにすること。

(3) 絵本や物語などで，その内容と自分の経験とを結び付けたり，想像を巡らせたりするなど，楽しみを十分に味わうことによって，次第に豊かなイメージをもち，言葉に対する感覚が養われるようにすること。

(4) 幼児が生活の中で，言葉の響きやリズム，新しい言葉や表現などに触れ，これらを使う楽しさを味わえるようにすること。その際，絵本や物語に親しんだり，言葉遊びなどをしたりすることを通して，言葉が豊かになるようにすること。

(5) 幼児が日常生活の中で，文字などを使いながら思ったことや考えたことを伝える喜びや楽しさを味わい，文字に対する興味や関心をもつようにすること。

表　現

感じたことや考えたことを自分なりに表現することを通して，豊かな感性や表現する力を養い，創造性を豊かにする。

1　ねらい

(1) いろいろなものの美しさなどに対する豊かな感性をもつ。

(2) 感じたことや考えたことを自分なりに表現して楽しむ。

(3) 生活の中でイメージを豊かにし，様々な表現を楽しむ。

2　内　容

(1) 生活の中で様々な音，形，色，手触り，動きなどに気付いたり，感じたりするなどして楽しむ。

(2) 生活の中で美しいものや心を動かす出来事に触れ，イメージを豊かにする。

(3) 様々な出来事の中で，感動したことを伝え合う楽しさを味わう。

(4) 感じたこと，考えたことなどを音や動きなどで表現したり，自由にかいたり，つくったりなどする。

(5) いろいろな素材に親しみ，工夫して遊ぶ。

(6) 音楽に親しみ，歌を歌ったり，簡単なリズム楽器を使ったりなどする楽しさを味わう。

(7) かいたり，つくったりすることを楽しみ，遊びに使ったり，飾ったりなどする。

(8) 自分のイメージを動きや言葉などで表現したり，演じて遊んだりするなどの楽しさを味わう。

3　内容の取扱い

上記の取扱いに当たっては，次の事項に留意する必要がある。

(1) 豊かな感性は，身近な環境と十分に関わる中で美しいもの，優れたもの，心を動かす出来事などに出会い，そこから得た感動を他の幼児や教師と共有し，様々に表現することなどを通して養われるようにすること。その際，風の音や雨の音，身近にある草や花の形や色など自然の中にある音，形，色などに気付くようにすること。

(2) 幼児の自己表現は素朴な形で行われることが多いので，教師はそのような表現を受容し，幼児自身の表現しようとする意欲を受け止めて，幼児が生活の中で幼児らしい様々な表現を楽しむことができるようにすること。

(3) 生活経験や発達に応じ，自ら様々な表現を楽しみ，表現する意欲を十分に発揮させることがで

付録7

243

きるように，遊具や用具などを整えたり，様々な素材や表現の仕方に親しんだり，他の幼児の表現に触れられるよう配慮したりし，表現する過程を大切にして自己表現を楽しめるように工夫すること。

付録7

●第3章　教育課程に係る教育時間の終了後等に行う教育活動などの留意事項

1　地域の実態や保護者の要請により，教育課程に係る教育時間の終了後等に希望する者を対象に行う教育活動については，幼児の心身の負担に配慮するものとする。また，次の点にも留意するものとする。

(1) 教育課程に基づく活動を考慮し，幼児期にふさわしい無理のないものとなるようにすること。その際，教育課程に基づく活動を担当する教師と緊密な連携を図るようにすること。

(2) 家庭や地域での幼児の生活も考慮し，教育課程に係る教育時間の終了後等に行う教育活動の計画を作成するようにすること。その際，地域の人々と連携するなど，地域の様々な資源を活用しつつ，多様な体験ができるようにすること。

(3) 家庭との緊密な連携を図るようにすること。その際，情報交換の機会を設けたりするなど，保護者が，幼稚園と共に幼児を育てるという意識が高まるようにすること。

(4) 地域の実態や保護者の事情とともに幼児の生活のリズムを踏まえつつ，例えば実施日数や時間などについて，弾力的な運用に配慮すること。

(5) 適切な責任体制と指導体制を整備した上で行うようにすること。

2　幼稚園の運営に当たっては，子育ての支援のために保護者や地域の人々に機能や施設を開放して，園内体制の整備や関係機関との連携及び協力に配慮しつつ，幼児期の教育に関する相談に応じたり，情報を提供したり，幼児と保護者との登園を受け入れたり，保護者同士の交流の機会を提供したりするなど，幼稚園と家庭が一体となって幼児と関わる取組を進め，地域における幼児期の教育のセンターとしての役割を果たすよう努めるものとする。その際，心理や保健の専門家，地域の子育て経験者等と連携・協働しながら取り組むよう配慮するものとする。

付録7

学習指導要領等の改善に係る検討に必要な専門的作業等協力者（五十音順）

（職名は平成29年6月現在）

伊地知　　裕	鹿児島県鹿屋市立寿北小学校長
植 田 誠 治	聖心女子大学教授
大 友 　 智	立命館大学教授
大 庭 昌 昭	新潟大学准教授
岡 出 美 則	日本体育大学教授
小 川 史 子	栃木県宇都宮市立姿川第一小学校主幹教諭
加 賀 美 　 猛	山梨県甲府市立中道南小学校長
菊 地 　 正	特定非営利活動法人高津総合型スポーツクラブSELF 副理事長
杉 崎 弘 周	新潟医療福祉大学准教授
鈴 木 美 江	埼玉県幸手市立八代小学校長
清 田 美 紀	広島県東広島市教育委員会指導主事
徳 永 隆 治	安田女子大学教授
内 藤 康 司	滋賀県教育委員会主査
長 岡 佳 孝	山形県天童市立天童中部小学校長
長 町 裕 子	香川県教育委員会主任指導主事
橋 　 憲 市	群馬県教育委員会健康体育課補佐（学校体育係長）
長谷川　　智	新潟県燕市教育委員会主幹
細 越 淳 二	国士舘大学教授
水 島 宏 一	日本大学教授
物 部 博 文	横浜国立大学教授
安 江 美 保	ノートルダム清心女子大学准教授

なお，文部科学省においては，次の者が本書の編集に当たった。

澤 川 和 宏　　スポーツ庁政策課長

塩 川 達 大　　スポーツ庁政策課学校体育室長

八 木 和 宏　　生涯学習政策局社会教育課長

　　　　　　　　（前スポーツ庁政策課学校体育室長）

瀬 倉 信 康　　スポーツ庁政策課学校体育室室長補佐

髙 﨑 淳 也　　スポーツ庁国際課課長補佐

　　　　　　　　（前スポーツ庁政策課学校体育室室長補佐）

高 田 彬 成　　スポーツ庁政策課教科調査官

森　　良 一　　スポーツ庁政策課教科調査官

高 橋 修 一　　スポーツ庁政策課教科調査官

小学校学習指導要領（平成 29 年告示）解説
体育編　　　　　　　MEXT 1-1711

平成 30 年 2 月 28 日	初版発行
令和 6 年 9 月 6 日	4 版発行
著作権所有	文部科学省

東京都北区堀船 2 丁目17-1
発　行　者　　　東 京 書 籍 株 式 会 社
代表者　　渡辺能理夫

東京都北区堀船 1 丁目28-1
印　刷　者　　　株式会社リーブルテック

東京都北区堀船 2 丁目17-1
発　行　所　　　東 京 書 籍 株 式 会 社
電　話　　03−5390−7247

定価 323円（本体 294円＋税 10%）